LES ŒUVRES COMPLETES DE

VOLTAIRE

78A

VOLTAIRE FOUNDATION
OXFORD
2010

© 2010 VOLTAIRE FOUNDATION LTD

ISBN 978 0 7294 0988 9

Voltaire Foundation Ltd
University of Oxford
99 Banbury Road
Oxford OX2 6JX

A catalogue record for this book
is available from the British Library

OCV: le sigle des *Œuvres complètes de Voltaire*

www.voltaire.ox.ac.uk

Direction de l'édition

1968 · THEODORE BESTERMAN · 1974

1974 · W. H. BARBER · 1993

1989 · ULLA KÖLVING · 1998

1998 · HAYDN T. MASON · 2001

2000 · NICHOLAS CRONK ·

Sous le haut patronage de

L'ACADÉMIE FRANÇAISE

L'ACADÉMIE ROYALE DE LANGUE ET DE
LITTÉRATURE FRANÇAISES DE BELGIQUE

THE AMERICAN COUNCIL OF LEARNED SOCIETIES

LA BIBLIOTHÈQUE NATIONALE DE RUSSIE

THE BRITISH ACADEMY

L'INSTITUT ET MUSÉE VOLTAIRE

L'UNION ACADÉMIQUE INTERNATIONALE

Ouvrage publié avec le concours du

CENTRE NATIONAL DU LIVRE

Writings of 1776-1777

The publication of this volume
has been generously sponsored by
the British Academy

CONTENTS OF VOLUME 78

CONTENTS

CONTENTS

x

ILLUSTRATIONS

xi

ABBREVIATIONS

Arsenal	Bibliothèque de l'Arsenal, Paris
Bengesco	Georges Bengesco, *Voltaire: bibliographie de ses œuvres*, 4 vol. (Paris, 1882-1890)
BnC	*Catalogue général des livres imprimés de la Bibliothèque nationale: auteurs, tome 214, Voltaire*, ed. H. Frémont *et al.*, 2 vol. (Paris, 1978)
BnF	Bibliothèque nationale de France, Paris
Bodley	Bodleian Library, Oxford
BV	M. P. Alekseev and T. N. Kopreeva, *Bibliothèque de Voltaire: catalogue des livres* (Moscow, 1961)
CLT	F. M. Grimm, *Correspondance littéraire, philosophique et critique, par Grimm, Diderot, Raynal, Meister, etc.*, ed. Maurice Tourneux, 16 vol. (Paris, 1877-1882)
D	Voltaire, *Correspondence and related documents*, ed. Th. Besterman, in *Œuvres complètes de Voltaire*, vol.85-135 (Oxford, 1968-1977)
DP	Voltaire, *Dictionnaire philosophique*
EM	Voltaire, *Essai sur les mœurs*, ed. R. Pomeau, 2 vol. (Paris, 1990)
GpbV	Voltaire's library, National Library of Russia, St Petersburg
ImV	Institut et musée Voltaire, Geneva

Kehl	*Œuvres complètes de Voltaire*, ed. J. A. N. de Caritat, marquis de Condorcet, J. J. M. Decroix and Nicolas Ruault, 70 vol. (Kehl, 1784-1789)
LP	Voltaire, *Lettres philosophiques*, ed. G. Lanson, rev. André M. Rousseau, 2 vol. (Paris, 1964)
M	*Œuvres complètes de Voltaire*, ed. Louis Moland, 52 vol. (Paris, 1877-1885)
n.a.fr.	nouvelles acquisitions françaises (BnF)
OCV	*Œuvres complètes de Voltaire* (Oxford, 1968-) [the present edition]
OH	Voltaire, *Œuvres historiques*, ed. R. Pomeau (Paris, 1957)
PMLA	*Proceedings of the Modern Language Association*
QE	Voltaire, *Questions sur l'Encyclopédie*
RlhF	*Revue d'histoire littéraire de la France*
SVEC	*Studies on Voltaire and the eighteenth century*
Taylor	Taylor Institution, Oxford
Trapnell	William H. Trapnell, 'Survey and analysis of Voltaire's collective editions', *SVEC* 77 (1970), p.103-99
VF	Voltaire Foundation, Oxford
VST	René Pomeau, René Vaillot, Christiane Mervaud *et al.*, *Voltaire en son temps*, 2nd ed., 2 vol. (Oxford, 1995)

KEY TO THE CRITICAL APPARATUS

The critical apparatus, printed at the foot of the page, gives variant readings from the manuscripts and editions discussed in the introductions to the texts.

Each variant consists of some or all of the following elements:
- The number of the text line or lines to which the variant relates.
- The sigla of the sources of the variant as given in the list of editions. Simple numbers, or numbers followed by letters, stand for separate editions of the work; letters followed by numbers are collections, w being reserved for collected editions of Voltaire's works, and T for collected editions of his theatre; an asterisk after the siglum indicates a specific copy of the edition, usually containing manuscript corrections.
- A colon, indicating the start of the variant; any editorial remarks after the colon are enclosed within square brackets.
- The text of the variant itself, preceded and followed by one or more words from the base text, to indicate its position.

The following signs and typographic conventions are employed:

- Angle brackets (< >) encompass deleted matter.
- Beta (β) stands for the base text.
- The forward arrow (→) means 'adopted by'.
- A superior V precedes text in Voltaire's hand.
- Up (↑) and down (↓) arrows precede text added above or below the line.
- A superior + indicates, when necessary, the end of material introduced by one of the above signs.
- A pair of slashes (//) indicates the end of a paragraph or other section of text.

KEY TO BIBLIOGRAPHICAL DESCRIPTIONS

In bibliographical descriptions the following conventions are employed:
- Pi (π) refers to unsigned gatherings extra to the regular sequence of preliminary matter.
- Chi (χ) refers to unsigned gatherings extra to the regular sequence of the text.
- The dollar symbol ($) means 'a typical gathering'.
- The plus-minus symbol ($\pm$) indicates a cancel.

ACKNOWLEDGEMENTS

The *Œuvres complètes de Voltaire* rely on the competence and patience of the personnel of many research libraries around the world. We wish to thank them for their generous assistance, in particular the staff of the Bibliothèque nationale de France and the Bibliothèque de l'Arsenal, Paris; the Institut et musée Voltaire, Geneva; the Taylor Institution Library, Oxford; and the National Library of Russia, St Petersburg. We would also like to thank Stephen Ashworth, Leah Morin and Dominique Lussier for their help with this volume. We are particularly grateful to Haydn Mason for his comments on the proofs.

PREFACE

As this volume demonstrates, the protean quality of Voltaire's activities never ceases to elicit wonderment. A classical tragedy, *Irène*, which he endlessly amends and improves is joined, *inter alia*, with polemical works to which no reference at all is made elsewhere. The *Lettre d'un bénédictin* and the *Lettre du révérend père Polycarpe*, reports Robert Granderoute, leave no trace 'dans les correspondences, les journaux ou les mémoires que nous avons consultés'.[1] Once again, the duality of abundant display and total concealment holds sway.

The years 1776-1777 are filled with disillusionment, all the more because they start upon a high note. Turgot had become *contrôleur-général des finances* in 1774. Having read his *Arrêt du Conseil* of 13 September authorizing freedom to the grain market, Voltaire's joys are most sanguine: 'Il me semble que voilà de nouveaux cieux et une nouvelle terre' (D19130, 28 September 1774). This optimism still prevails in 1776, when he predicts that, with Malesherbes and Turgot both in power, this 'révolution' can be sure of success (D19843, 4 January 1776). Alas! In May the former will resign as minister and the latter will be dismissed. Appalled at the news, Voltaire opines that it is as though everyone has lost a father in Turgot (D20130, 18 May 1776), to whom he sends an 'Epître', lamenting that this 'philosophe indulgent, ministre citoyen' has suffered this fate at the hands of 'un peuple aimable et vain [...], impétueux, frivole, et surtout inconstant'.[2] His last protector in France has disappeared (D20751, 4 August 1777); d'Argental alone remains a friend in Paris (D20753, 5 August 1777); Frederick the Great is his last surviving correspondent (D20809, 22 September

---

[1] See his introduction below, p.248.
[2] See below, *Epître à un homme*, lines 12-13.

1777). This sense of desolation, which will be dominant until Voltaire's return to Paris in February 1778, has been described at some length in the Preface to *OCV*, vol.80B.

Nonetheless, there is as always work for him to do. 'C'est mon destin depuis longtemps de combattre contre l'injustice et je remplis encore ce devoir dans les derniers jours de ma vie', he had written in 1775 (D19443, 27 April 1775). So he takes up once again the campaign to liberate the *mainmortables* of Saint-Claude, held by the monastic chapter in conditions of serfdom. For Voltaire this represented an especially notorious instance of *l'Infâme* at work. The two *Lettres* in this volume are the last he will compose on their behalf. In his last days at Ferney he recognises that this is a battle he will not win (D20983, 13 January 1778). Yet the rage he feels at this injustice is channeled into towering irony of the most acerbic kind. The 'révérend père Polycarpe' is destroyed from within: 'je tremblais pour le plus sacré de nos droits seigneuriaux [...], celui d'avoir des esclaves' (lines 3-4); 'L'Eglise excommuniera les auteurs qui prendront la défense du peuple' (lines 135-36). While Theodore Besterman contends with some justification that this was the most important of all the *philosophe*'s campaigns in its wider political significance,[3] Voltaire's victory here would be only posthumous.

His principal concerns lie elsewhere, in reflexions on abstract justice (as the *Prix de la justice et de l'humanité* of 1777 pre-eminently shows: see *OCV*, vol.80B) and on classical tragedy. The letters of these years resound with his concern over *Irène* and, to a lesser extent, *Agathocle*. When their author returns to Paris, the intensity only heightens. Mme Du Deffand is convinced that his desire to put on *Irène* at the Comédie-Française is the reason for his presence in the capital; in her conversation with him, as she relates to Horace Walpole, 'il n'a que cet objet dans sa tête' (D21077, 22 February 1778). This, after all, was his first opportunity to deal directly with the Comédie actors since *Oreste* and *Rome sauvée* in

[3] Th. Besterman, *Voltaire* (London, 1969), p.503.

1750. Perry Gethner refers to the frantic revisions and a characteristic explosion of Voltairean anger when he is unhappy with them. *Irène* is now remembered essentially for the sixth performance on 30 March 1778, when the public and the actors at the Comédie-Française honoured Voltaire in a crowning ceremony that must be viewed as a personal apotheosis of the author rather than of the play he'd written. Yet *Irène* mattered fundamentally to Voltaire, as Anne Sanderson's meticulous account of the extraordinary number of corrections he made to it demonstrates. [4] For him it was to be 'ma dernière volonté [...] mon testament' (D20856, 25 October 1777). Voltaire's total commitment throughout his life to his tragedies is of course well known. Here, however, another factor intervenes. *Irène* was to be the herald of a 'nouveau genre', and the saviour of the French theatre from the 'barbarie' into which it had fallen (D20885, 10 November 1777). Here we see, *en filigrane*, the anguish which he had felt at the appearance of Pierre Le Tourneur's *Shakespeare traduit de l'anglais* (1776), supported by the massive weight of public opinion from the Royal Family downwards. Although Voltaire had echoed a fair number of English opinions on Shakespeare in the pre-Garrick period (as he points out in the *Lettre à l'Académie française*), the Zeitgeist had, by 1778, relentlessly moved on.

The apprehension of death is found everywhere in the correspondence of these final years, and with it, the perhaps inevitable musing on mortality. The Genevan pastor Moultou reported (possibly with some satisfaction) that 'La religion l'occupe toujours beaucoup' (D20719, 5 June 1777). This preoccupation is evident in the *Dialogue de Maxime de Madaure, entre Sophronime et Adélos*. The sage Sophronime describes a universe in which 'tout corps organisé', even down to the mineral world, 'est formé pour la destruction'. Hence the proper response is 'savoir souffrir ce qui est inévitable' (lines 77-80). And yet... the paradox remains. For all this 'organisation' is not an accident but

[4] *SVEC* 228 (1984), p.129-70.

the work of 'l'éternel Géomètre' (lines 168-69); and only God can provide the faculties of thought and feeling. But then, replies the sceptical Adélos, he is 'un fabricateur qui a fait nécessairement des ouvrages nécessairement sujets à la destruction' (lines 228-29). But no; that cannot be the whole truth either. Let us, then, fall back on the certain knowledge that knowledge is rewarded... though not in the Elysian fields. While the contradictions must remain, Voltaire's deist convictions are undoubted.

Haydn Mason

Lettre de Monsieur de Voltaire à Messieurs de l'Académie française

Critical edition

by

Haydn Mason

CONTENTS

INTRODUCTION

The final stages in Voltaire's lifelong battle with Shakespeare are reached with the *Lettre à l'Académie française* in 1776. From around 1760 he had become more systematically hostile, for reasons that are also bound up with non-literary matters. A letter to Mme Du Deffand eloquently gives the key to preoccupations with national status in more than one sphere: 'je suis fâché contre les Anglais. Non seulement ils m'ont pris Pondichéry [...] mais ils viennent d'imprimer que leur Shakespeare est infiniment supérieur à Corneille' (D9452, 9 December 1760). The English victories in the Seven Years War had been made all the more painful by the appearance of a 'Parallèle entre Shakespeare et Corneille', an anonymous article published in the *Journal encyclopédique* on 15 October (a second 'Parallèle entre Otway et Racine' would appear in the same journal on 1 November). Voltaire's grievance at the very notion of comparability between the English dramatist and the author of such classical texts as *Le Cid* is set forth in the *Appel à toutes les nations de l'Europe* (1761), a thoroughgoing broadside against Shakespeare, with particular stress on *Hamlet* and *Othello* (*M*, vol.24, p.192-211). The *Appel*, which he describes as a 'plaidoyer contre Shakespeare' (D9683, 19 March 1761) marks the end of any possible future temporising. [1]

In England, Shakespeare had acquired a fervent disciple in David Garrick who, from the moment that he became Director of the Theatre Royal, Drury Lane in 1747, had striven unremittingly to promote the Bard's image. Furthermore, his repeated visits to Paris (in 1751, 1761 and 1763) had helped to increase the interest

---

[1] D. Williams, 'Voltaire's war with England: the appeal to Europe 1760-1764', *SVEC* 79 (1979), p.79-100. Though Williams refers to the *Appel* as a 'watershed' (p.93) in Voltaire's role as an intermediary between English and French culture, he is also at pains to make clear that 'there is far more continuity and consistency than contradiction or change in Voltaire's position' (p.80).

already aroused by the 8-volume edition of the *Théâtre anglais* by La Place, published in 1746-1749, as he staged salon performances of scenes from Shakespeare tragedies. [2] In addition, French visitors to Drury Lane included d'Holbach, Grimm, Suard, Morellet, Chastellux and Mme Necker; several of them wrote enthusiastically about Garrick. [3] His services to Shakespeare were to reach their crowning glory in 1769, when he put on a great Jubilee in the playwright's own birthplace, Stratford-on-Avon. [4]

Although Voltaire was not specifically mentioned at the Jubilee, he was recognizable to all in the role of a heckler, dressed in a costume adorned with silvery frogs, who went among the crowd uttering Voltairean criticisms of Shakespeare. This caricature was the consequence of the growing number of attacks made by the *philosophe* during the 1760s from the *Appel* onwards, [5] leading to the declaration regarding 'les Anglais avec qui je suis en guerre' (D15141, 15 July 1768, to the duchesse de Choiseul). The stage was set, therefore, for the appearance in Paris in March 1776 of Pierre Le Tourneur's *Shakespeare traduit de l'anglais, dédié au roi* (Paris, 1776) who in his preface announced the project in ringing fanfare terms (p.ii-v):

Jamais, en effet, homme de génie ne pénétra plus avant que Shakespeare dans l'abîme du cœur humain, et ne fit mieux parler aux passions le langage de la Nature. [...] Jusqu'ici ce Père du Théâtre Anglais ne s'est montré aux regards d'une Nation rivale et superbe dans son goût que

---

[2] He had particularly impressed Diderot, who mentions Garrick admiringly on several occasions: R. Desné, 'Voltaire et Shakespeare', *Revue de littérature comparée* 41 (1967), p.532-71. Both Grimm and Marmontel also praised his acting: F. M. Wiltshire, 'Garrick's role in the Shakespeare controversy in France', *L'Age du théâtre en France*, ed. D. Trott and N. Boursier (Edmonton, 1988), p.219-30.

[3] Wiltshire, 'Garrick's role', p.220-22.

[4] This three-day event, though much spoilt by the worst downpour in living memory, definitively established the cult of Shakespeare in England, the spectacle achieving signal success with a hundred performances in London during the 1769-1770 season: M. Willems, *La Genèse du mythe shakespearien 1660-1780* (Paris, 1979), p.343. See also F. E. Halliday, *The Cult of Shakespeare* (London, 1957), p.66-73.

[5] See T. Besterman, *Voltaire on Shakespeare*, *SVEC* 54 (1967), p.81-172.

dans une sorte de travestissement ridicule qui défigurait ses belles proportions. Nous avons eu le courage de le délivrer de ces faux brillants. [...] Shakespeare peut paraître avec confiance dans la patrie des Corneille, des Racine et des Molière, et demander aux Français le tribut de gloire que chaque peuple doit au génie.

Only two volumes were published that year, [6] and Voltaire would not live to see any of the later ones. But Le Tourneur had announced his intention to bring out the whole of Shakespeare's dramatic works. [7] Besides, the first volumes, complete with notes and commentaries (thereby making it the first critical edition of Shakespeare in French), came accompanied by nothing less than a dedication to the king, which was sufficient evidence that Louis XVI had already accorded the enterprise his protection and favour. In addition, the work included a selection of extracts from English writings on Shakespeare, an account of the Jubilee by Garrick and a lengthy refutation of criticisms made, not by Voltaire, but by Marmontel (who was well known in England through translations of his *contes moraux*). [8] Most crushingly of all, the subscription list carried over a thousand names, [9] indicating universal support from across Europe (except for the German-speaking countries, who had their own translation): an ironic *Appel à toutes les nations de l'Europe*, indeed; while the French contingent comprised Louis XVI, Marie Antoinette and several members of

[6] *Othello* in vol.1, *The Tempest* and *Julius Caesar* in vol.2.

[7] 'Le Théâtre de Shakespear est traduit en entier': 'Prospectus', P. Le Tourneur, *Préface du Shakespeare: traduit de l'anglais*, ed. J. Gury (Geneva, 1990). This was to be fully accomplished by 1783, with the single exception of *Pericles Prince of Tyre*, which had not appeared in the authoritative 1623 First Folio edition of Shakepeare's plays and was thought not to be by him.

[8] R. L. Dawson, 'Marmontel made in Britain', *Australian journal of French studies* 38 (2001), p.107-83. This refusal to quote Voltaire might possibly be seen as a gesture of respect. More probably, it was intended as an insult, and it was perceived as such: *Préface du Shakespeare*, p.37.

[9] André M. Rousseau, *L'Angleterre et Voltaire*, 3 vol., *SVEC* 145-147 (1976), vol.2, p.484n.

the royal family, as well as several prestigious figures (see below, p.11).

Voltaire did not, apparently, take note of the Le Tourneur publication until July. But when he did (D20220, 19 July 1776, to d'Argental), his anger was incandescent:

Auriez-vous lu deux volumes de ce misérable, dans lesquels il veut nous faire regarder Shakespeare comme le seul modèle de la véritable tragédie? Il l'appelle, *le dieu du théâtre*.[10] Il sacrifie tous les Français, sans exception, à son idole [...] Il ne daigne pas même nommer Corneille et Racine [...] Avez-vous lu son abominable grimoire dont il y aura encore cinq volumes?[11] Avez-vous une haine assez vigoureuse contre cet impudent imbécile? Souffrirez-vous l'affront qu'il fait à la France? [...] Il n'y a point en France assez de piloris pour un pareil faquin. Le sang pétille dans mes vieilles veines.

Worse yet, Le Tourneur has acquired a following in France; 'et pour comble de calamité et d'horreur, c'est moi qui autrefois parlai le premier de ce Shakespeare, c'est moi qui le premier montrai aux Français quelques perles que j'avais trouvées dans son énorme fumier'.[12]

This was the first shot in the new battle, doubtless a *lettre ostensible* intended for public consumption in the capital. The patriotic stance which Voltaire takes up here will develop in succeeding letters: 'je plaide pour la France' (D20225, to D'Alembert, 26 July), and to it is added the role of a hero unappreciated by his own countrymen and isolated: 'Je sais que je vais me faire de cruels ennemis, mais peut-être un jour la nation me saura gré de m'être sacrifié pour elle' (D20232, 30 July, to d'Argental); 'Serai-je

---

[10] Le Tourneur refers to Shakespeare as 'comme le Dieu créateur' in the 'Prospectus': *Préface du Shakespeare*, p.55.

[11] In fact, there would be 20 volumes in all, extending to 1783.

[12] D20220, 19 July 1776, to d'Argental. Technically, Voltaire was by no means the first Frenchman to mention Shakespeare, since references go back as far as Nicholas Clément's *Catalogue* (1675-1684: D. Williams, *Voltaire: literary critic*, *SVEC* 48, 1966, p.299); but, as Williams contends, 'this claim is broadly acceptable as a general truth', *Commentaires sur Corneille*, *OCV*, vol.53, p.280n.

le seul qui défendrai la patrie après avoir été maltraité par elle?'
(D20282, 7 September, to Condorcet). Indeed, the 'insurgents
d'Amérique' have gained an ally in their War of Independence,
since 'je ne veux point être l'esclave des Anglais' (D20331,
6 October, to Necker).

But Voltaire had already demonstrated that this was not merely
a rhetorical display. On 26 July, only a week after his first reaction
to Le Tourneur's work, he despatches to D'Alembert 'mon factum
contre notre ennemi' (D20225), for the latter to read, he says, to
Marmontel and La Harpe. But the audience is evidently meant to be
much wider, embracing the whole Académie, as his letter to
d'Argental of 30 July (D20232) makes clear. D'Alembert, as
secrétaire perpétuel of the Académie since 1772, would surely
have recognised Voltaire's intentions immediately on receiving
the *Lettre*. On 4 August, he reports back to Voltaire that he had
performed this service on the previous day at an ordinary meeting
of the Académie before eleven *Immortels* and had been favourably
received. So he is persuaded that it will go down well at the meeting
that will be open to the public on 25 August (D20242).

However, D'Alembert accompanies these encouraging remarks
with a warning that 'quelques légers changements' will have to be
made. This tactful advice in fact covers a number of essential
modifications. It will be 'indispensable' to replace the name of Le
Tourneur by the generic term of 'Traducteurs'.[13] Similarly, any
suggestion of a 'personnalité offensante' must be excised. This
appears to have been advice received from the academicians, for to
it D'Alembert adds some remarks on his own account, that the
'grossièretés' which Voltaire quotes might be replaced by 'quelques passages ridicules'. He also advises Voltaire that the *Lettre*
would come over best as 'une réclamation, au moins indirecte, de
cette compagnie, contre le mauvais goût qu'une certaine classe de
littérateurs s'efforce d'accréditer'.

---

[13] *Shakespeare traduit de l'anglais* had been a collective work, in which the comte
de Catuélan and J. Fontaine-Malherbe had also collaborated.

These amendments are needed by 19 August. If Voltaire cannot meet that deadline, D'Alembert expresses himself ready to do all that is required. In the event, Voltaire was unable to make the necessary changes, and he instructs D'Alembert to remove Le Tourneur's name and also to introduce more acceptable phrases, while at the same time hinting at what may not be pronounced in public. [14] But while all these expressions may have to be given up, he is adamant on one point that must remain: 'mon invocation à la reine et à nos princesses'. He is counting upon the queen for protection, since she is a lover of tragic theatre and 'le soutien du bon goût' (D20253, 13 August).

For his part, D'Alembert is prepared for the fray: 'Je regarde ce jour comme un jour de bataille, où il faut tâcher de n'être pas comme à Crécy et à Poitiers [...]. Il faut que Shakespeare ou Racine demeurent sur la place [...]. Je crierai dimanche en allant à la charge, Vive St Denis Voltaire, et meure George Shakespeare' (D20266, 20 August). [15] Nor was the nationalist fervour that had been excited by the Shakespearian invasion limited to D'Alembert. In the *Correspondance littéraire* for March 1776, Meister had remarked upon the extraordinary interest evoked by Le Tourneur:

Il y a longtemps que nous n'avons vu paraître un ouvrage qui ait mérité plus de critiques et plus d'éloges, sur lequel on ait disputé plus vivement, sur lequel enfin l'opinion publique ait été plus partagée et plus incertaine. [16]

He distinguishes between the two camps: on one side, the conservative element, those who have been 'nourris dès l'enfance

---

[14] Voltaire quotes some of the contested phrases: 'la bête à deux dos', 'pisser', 'dépuceler' and 'fils de putain' in a letter to La Harpe (D20258, 15 August). He had already pointed out to D'Alembert that the last of these expressions could be found in Molière (D20248, 10 August).

[15] There may well be some self-conscious irony in D'Alembert's pretended *rodomontade*. But even taking that into consideration, the evocation here of battles lost over 400 years ago is a remarkable testimony to a national consciousness shaken by the recent defeats in the Seven Years War.

[16] *CLT*, vol.ii, p.225.

dans la crainte et dans le respect de nos grands modèles', whose 'culte exclusif et superstitieux [...] ne diffère en rien de l'intolérance théologique'; on the other, those who find that 'les plans de Shakespeare, dans leur plus grand désordre, sont d'un effet plus théâtral et plus attachant'. Meister is clearly torn. He appreciates the new qualities in Shakespeare, yet he fears the damage that might be wrought on the young writers by following a dangerous model (*CLT*, vol.11, p.215-17). The *Lettre à l'Académie* must therefore be seen in the context of a grand *querelle* between the partisans of classical taste and the partisans of genius.

On 25 August the academicians (twenty-four in all), seated around a table while behind them were ranged members of the public, heard D'Alembert deliver the *Lettre*. The audience included a number of British subjects, headed by the ambassador, Lord Stormont. Amongst them was Mrs Elizabeth Montagu, author of a study defending Shakespeare[17] and ardent disciple of the Bard. According to her report the letter was 'coldly received, most of the Academicians much disapproved of Voltaire'. Although a dozen applauded, 'many of them shrugged up their shoulders and gave many signs of disapprobation'.[18] In comparison, Meister's account in the *Correspondance littéraire* is more balanced. He declared that the *Lettre* was listened to patiently by 'un très grand nombre d'Anglais' (*CLT*, vol.11, p.319) and considered that Mrs Montagu's view of the proceedings was most biased (*CLT*, vol.12, p.7).

By contrast, D'Alembert saw the public reaction in a totally different light. Having sent first word post-haste to Voltaire by the marquis de Villevieille, who promised to 'crever quelques chevaux

[17] *An Essay on the writings and genius of Shakespeare, compared with the Greek and Roman dramatic poets, with some remarks upon the misrepresentations of Mons. de Voltaire* (London, 1769). The title makes abundantly clear that she had long since decided upon the target of her attacks. This work would appear in a French translation under the title *Apologie de Shakespeare en réponse à la critique de M. de Voltaire* (Paris, 1777).

[18] Letter to her sister, 7 September (Rousseau, *L'Angleterre et Voltaire*, vol.2, p.486).

de poste' in order to bring the news to the *philosophe* as quickly as possible, he described the occasion the next day in highly favourable terms: 'Vos réflexions ont fait très grand plaisir, et ont été fort applaudies; les citations de Shakespeare [...] ont fort diverti l'assemblée. On m'en a fait répéter plusieurs endroits.' Unsurprisingly, 'les Anglais [...] sont sortis mécontents', but also 'quelques Français'. Although he was regrettably obliged to make some excisions so as not to 'scandaliser les dévots et les dames', he had evoked much laughter, which had greatly contributed 'au gain complet de la bataille' (D20272, 27 August). The temper of this account is supported by d'Argental, who was also present and who likewise refers to the 'applaudissements', which left no doubt that the occasion was a triumph (D20275, 20 September).

Clearly, reactions to the *Lettre* at the Académie were mixed, just as they were in Paris as a whole. Meister had expressed apprehension over the very choice of the Académie for such a controversial speech, fearing that Voltaire's 'déclaration de guerre' might stir up sectarian quarrels in such an august place, seeing that 'Tous les esprits sont déjà dans une grande fermentation' (*CLT*, vol.11, p.299). In the event, no such damaging consequences seem to have occurred within the Académie itself, perhaps largely thanks to D'Alembert's diplomacy.

But the king was not so conciliatory. Angry that the Académie had allowed the reading to take place within its hallowed walls, he ensured that the *Lettre* would not obtain an official *permis d'imprimer* from the *garde des sceaux*. To mark his displeasure even further, Louis XVI refused a request from the academicians for an extra 1500 livres annually for prizes. D'Alembert reports to Voltaire that the 'dévots de Versailles' had persuaded the king that the attack on Shakespeare was 'injurieux à la religion' (D20371, 1 October). Voltaire fears that copies of the work sent by him to d'Argental, Condorcet and La Harpe have been confiscated (D20335, 7 October). But if there was any official intervention in this respect, it does not seem to have lasted long, since Condorcet and Richelieu both inform Voltaire shortly that their copies have arrived (D20333, D20334), while D'Alembert is able to announce that he has seen the *Lettre* for sale in the Tuileries (D20348). It had in fact received a *permission tacite* (D20341, 11 October).

Notwithstanding, Voltaire's reaction was one of incredulous despair, all the more so at the news that his *Lettre* had been deemed at Versailles to be 'un ouvrage contre la religion'. He fears that this will definitively put paid to any chance of his ever returning to Paris: 'je vois bien qu'il faudra que je meure sur les bords de votre lac [de Genève] sans revoir ceux de la Seine' (D20331, 6 October, to Necker). This last remark serves to explain why he had tried to seek out the protection of the queen. D'Alembert tries to console him: 'Comptez que vous êtes protégé ici plus que vous ne pensez et que vous vous êtes concilié une personne bien considérable et qui a d'autant plus de crédit qu'elle est fort aimable'. He urges Voltaire to complete the tragedy *Irène* on which the latter is embarked (D20412, 19 November). The hopes of seeing the capital again resurface the following year (e.g., D20682, 2 June 1777), as the impact of the *Lettre* fades into the background.

What emerges clearly, however, is that Voltaire was able to count on only a handful of friends as totally supportive. The subscribers to Le Tourneur's work included moderates like Chamfort, Saint-Lambert, Choiseul, Richelieu, Turgot and even d'Argental.[19] Diderot himself subscribed for no fewer than six copies.[20] As for Sedaine, who had not known Shakespeare before, the discovery was a veritable *coup de foudre*. Meister describes it as 'la joie d'un fils qui retrouve un père qu'il n'a jamais vu' (*CLT*, vol.11, p.215-16). Doubtless, many others were initiated into Shakespeare's writings through Le Tourneur. Lekain's comment to Voltaire that 'presque toute la jeunesse de Paris est pour Le Tourneur' (D20232, 30 July 1776, Voltaire to d'Argental) supports

---

[19] A fuller list is provided in *VST*, vol.2, p.521.

[20] Desné, 'Voltaire et Shakespeare', p.565. It may be that Diderot was purchasing on behalf of foreign correspondents like Catherine of Russia; but this has to remain purely speculative.

the general impression that the tide is turning definitively in favour of the Bard.[21]

1. *Reception*

The public reception of the *Lettre* appears to have been patchy. The *Journal encyclopédique* simply reported the event without commentary, and printed the work *in extenso*.[22] The *Mercure* is similarly cursory, though a little more expansive in comment (September 1776, p.153):

M. D'Alembert a lu ensuite une lettre fort étendue que M. de Voltaire adresse à l'Académie au sujet de Shakespeare, que les nouveaux Traducteurs ont annoncé comme le génie par excellence du Théâtre et que M. de Voltaire remet à sa place, en faisant voir que si le poète anglais s'est élevé au-dessus de la barbarie de son siècle, il n'a pu se défendre dans ses compositions dramatiques, du mauvais goût et de l'oubli des règles et des bienséances théâtrales.

But the *Correspondance littéraire*, as we have noted, gave the *Lettre* rather more space.

The *Lettre* provoked a more extensive riposte from one of Voltaire's old adversaries, Elie Fréron, who took him to task in the pages of the *Année littéraire* for his unsympathetic and overly partisan treatment of Shakespeare. Fréron attributes Voltaire's reaction to his jealousy of the praise heaped on the English author, and to his advancing age:

n'est-il pas alors du devoir de l'amitié [...] de supprimer ces fruits humiliants d'une raison qui s'égare? Un ami sage et véritablement jaloux de la gloire de M. de Voltaire, se serait bien gardé de donner à la lettre la publicité qu'elle a reçue; il se serait rappelé que le public pardonne

---

[21] Voltaire will return to Shakespeare for one last time, in a further letter to the Académie that will serve as a preface to *Irène*. He reiterates his preference for Corneille and Racine over Shakespeare, in reply to Mrs Montagu. But the tone is now much more moderate and ironic: 'Mais pourquoi faire une querelle nationale d'un objet de littérature?' (see below, p.112).

[22] October 1776, p.142; November 1776, p.122-28, 504-20.

difficilement, même aux grands hommes, les petitesses et les saillies chagrines de l'amour-propre.[23]

As anxious as ever to lose no opportunity to pillory Voltaire, Fréron devotes many pages to a detailed rebuttal of his criticisms, alleging that he has failed to understand that the genius of the English language makes it more supple and varied than the rigorous metres of French tragedy. He reports too that further criticisms of the *Lettre* had recently been voiced by a commentator well placed to judge Voltaire's views on Shakespeare.

The critic in question was the chevalier James Rutlidge, an Irishman resident in France. In his *Observations à MM. de l'Académie française au sujet d'une lettre de M. de Voltaire* (n.p.n.d.), Rutlidge forcefully defends Shakespeare, claiming that Voltaire has no understanding of the English playwright and that his translations are not faithful to the original text. He himself had been to England to see Garrick play, and the experience had destroyed all his former prejudices against Shakespeare (p.19). In his opinion, Voltaire's 'insipide ironie' had utterly failed to 'réveiller la vanité française' (p.4). While he shares Voltaire's view that Le Tourneur should not have referred to Shakespeare as 'Dieu', he felt that 'pour "Créateur", c'est une autre affaire' (p.6). Rutlidge had recently brought out a satirical play, *Le Bureau d'esprit*, in which (IV.8) the 'bel esprit' (Condorcet) reads aloud in the salon of Mme de Folincourt (Mme Geoffrin) a letter against Shakespeare from Voltaire (although he is not named).[24] This leads to the burning of Le Tourneur's translations by those present, so that no one will ever know how much Voltaire has plagiarised from Shakespeare. Voltaire's rage against Le Tourneur was doubtless made yet more furious by this contemporary who had on several occasions taken upon himself to attack him.

[23] *L'Année littéraire* (Paris, 1776), vol.6, p.146.

[24] André M. Rousseau thinks that this may have been the original inspiration of Voltaire's decision to write his letter to the Académie (*L'Angleterre et Voltaire*, vol.2, p.493).

Predictably, the English reaction to the *Lettre* followed along the same lines as had Mrs Montagu. Walpole and Gibbon both deplored the work, as did those who read it in translation, including the *Monthly review*, the *London chronicle* and the *Critical review*.[25] Volunteers came forward to offer a translation of Mrs Montagu's *Essay*, which would not, however, appear before 1777.[26] Prior to this, a *Discours sur Shakespeare et sur M. de Voltaire*, by Giuseppe Baretti, an Italian living in London, had, like Rutlidge, criticized Voltaire's translations and had deplored his increasingly negative approach, though the intemperate nature of Baretti's attack did not command unqualified support, even amongst English writers.[27]

2. *Voltaire's 'Lettre'*

The work begins with a reminder to the academicians of their prestigious role and traditions, having been called upon to judge Corneille's *Le Cid* as early as 1637. By referring to their 'décision impartiale',[28] Voltaire sought to remove his *Lettre* from the realm of diatribe and to elevate it to the level of a superior debate on classical tragedy, debated before the highest court in the land.

There follows a brief statement of the historical context. Certain Frenchmen, unnamed, have imported an utterly extravagant 'image de la divinité de Shakespeare', which the author deflates by a bathetic comparison with the pleasure-palaces of Vauxhall and, even more so, with 'rost-beef' (*sic*). He suggests instead a different approach, based on his own experience of English literature: the man who had introduced Shakespeare to the

---

[25] Rousseau crisply sums up this chorus of indignant replies: 'Pour l'Angleterre, la cause était entendue et jugée' (*L'Angleterre et Voltaire*, vol.2, p.489).

[26] J. Gury believes it to be by Mme Adélaïde, the aunt of Louis XVI.

[27] Rousseau, *L'Angleterre et Voltaire*, vol.2, p.492-93.

[28] Both Voltaire and his audience would probably have appreciated the inherent sarcasm of this phrase, since the judgment on Corneille's play was uncompromisingly hostile: *Le Cid*, ed. W. D. Howarth (London, 1988), p.68-79.

French, along with many other English writers – only, he acidly observes, to be accused of high treason. However, by 1760 he had felt the need to modify the 'extrémité' of this new fashion; hence his translation of *Julius Caesar*, designed to show Shakespeare's limitations when compared with Corneille's *Cinna*.

This leads on to a series of critical analyses, of *Othello*, *Macbeth*, *Henry V* and *Hamlet*. In each case, Voltaire points out with asperity the vulgarities, often obscene, which are embedded in the play. Yet, although they may only be 'les petites négligences d'un vrai génie', they must be faithfully translated, 'ne fût-ce que pour consoler la France', he adds ironically. Paradoxically, although many of these 'plaisanteries' were cut in performances on the English stage, Voltaire argues for their retention, so as to preserve 'le monument respectable d'un génie unique'. Even so, the unities are ignored; Shakespeare does not write in the Greek tradition but in that of the medieval farces and the Passion plays.

Voltaire then turns challengingly to the 'Traducteur'. Why, in a work dedicated to the sovereign and supported by the queen and princesses, does he not anywhere mention a single French work? This permits an easy transition to such literature, and more specifically Racine's *Bajazet*, which he represents as the best possible instance of a tragic exposition. He then aligns, following it, and virtually without comment, the opening scene from *Romeo and Juliet*, which contains lubricious jokes. A similar strategy succeeds it, contrasting Corneille's *Pompée* with *King Lear*, after which Voltaire repeats his review of Kames's *Elements of Criticism* and the Scotsman's remarks about lines from *Hamlet* and Racine's *Iphigénie*, showing quite different ways of portraying natural calm.

From these detailed comments the author passes to generic observations on Shakespeare. The dramatist is summed up in a paradox that Voltaire had never ceased to elaborate ever since the *Lettres philosophiques*: 'ce Shakespeare, si sauvage, si bas, si effréné, et si absurde, avait des étincelles de génie' (lines 437-38). The explanation, he considers, is historical, and to be sought in the

15

times when Shakespeare lived. Whereas Spanish tragedy, also invading Italy, had 'infected' England, as *Gorboduc* (1561) demonstrates, France was providentially saved from this contagion by its forty years of civil wars. Only with the coming of civil order under Richelieu and afterwards Louis XIV did classical tragedy become possible. By contrast England flourished, but not with good taste. The *Siècle de Louis XIV* came too late for Calderón, Lope de Vega and Guillem de Castro, as it did for Shakespeare.

But this does not of itself account for the continuing popularity of barbaric taste in England, now that civilised theatre has prevailed in France. Voltaire discovers the reason for this in the popular love of the marvellous and the constant need for sensational novelties. In this respect, Shakespeare has appealed exclusively to the English and to no one else.[29] The rest of Europe is pleased by the universal criteria of good taste, handed down from ancient Greece and Rome.

In the concluding section Voltaire appeals directly to the academicians, as he had done at the outset. The *Immortels* are asked, rhetorically, to decide whether to abandon Racinian tragedy for an accumulated list of aberrations like 'des femmes qu'on étrangle' or 'des prêtres ivres', or to exchange a court for a beer hall and a palace for a brothel.

There follows a brief coda, Voltaire evoking the picture of a 'Gilles couvert de lambeaux' who penetrates the court of Louis XIV at Versailles and urges the courtiers to 'quitter Corneille, Racine et Molière pour un saltimbanque qui a des saillies heureuses, et qui fait des contorsions' (lines 584-88). The last question put to the academicians is brief and sardonic: 'Comment croyez-vous que cette offre serait reçue?' No answer is required.

Little in the *Lettre* is new. Voltaire had already tackled his particular *bête noire*, *Hamlet*, in the *Dissertation sur la tragédie classique et moderne*, which serves as a *Préface* to *Sémiramis* (1748:

[29] As Besterman has pointed out (*Voltaire on Shakespeare*, p.206, n.49), Voltaire did not consider the productions by J.-F. Ducis of *Hamlet* (1769) and *Romeo* (1772) to be genuine Shakespeare.

16

OCV, vol.30A), and again in the *Appel*, where he indulges in a *Plan*, evidently written with satiric intent. The insalubrious remarks in *Othello* had been quoted in the *Appel*, while the controversy over 'Not a mouse stirring' is taken from Kames's *Elements of criticism* (1764). Lope de Vega and Calderón appear in the *Commentaires sur Corneille*, the latter at some length (*OCV*, vol.53, p.295-301). However, some of the comparisons are new, such as those between *Bajaʒet* and *Romeo*, while *Troilus* is included textually for the first time. All this suggests that Voltaire may have returned to his Shakespeare in composing the *Lettre*, though possibly the passages involved had been long since highlighted by him. This will become clearer when the relevant *Marginalia* have appeared.

Be that as it may, Voltaire has not moved on in the *Lettre* from the opinions declared in the *Appel*, except to become yet more forthright. But the main concern remains the same as it had been ever since the *Lettres philosophiques*, when he had observed about Shakespeare that 'le mérite de cet auteur a perdu le théâtre anglais' (*LP*, vol.2, p.79). Now that Shakespeare had become so popular in France, that danger imperilled the French stage as well, and Voltaire's cosmopolitan tolerance could no longer be maintained in face of the new flood of Anglomania.

3. *Manuscripts*[30]

MS I

A Messieurs de / l'Académie Française / par M.ʳ de Voltaire.

4°. 27f., unnumbered. A contemporary copy, with numerous hand-written corrections by Voltaire, and with some passages crossed out. Offered by J. Pearson, *A Catalogue of Shakespeareana* (London, 1899), vol.2, p.480, no.88i; sold to Marsden J. Perry, by him to A. S. W. Rosenbach in 1919, and by him to Folger in 1921.

Washington, Folger Shakespeare Library, MS W.b.116.

---

[30] See Andrew Brown, 'Calendar of Voltaire manuscripts other than correspondence', *SVEC* 77 (1970), p.27, no.95.

MS2

$26\frac{1}{2}$ f. A contemporary copy with corrections by D'Alembert. It passed at sales by Charavay (Paris 11 April 1876, p.15, no.155, and Paris 19 May 1883, p.43, no.228), and at Sotheby (London 10 April 1893), p.3, no.47. The present location of MS2 is unknown.

MS3

A copy of a 1776 edition (most likely L76B) with three pages of additional matter, two manuscript corrections, one by Wagnière. It passed at the Barbier sale (Paris 6 May 1823), p.46, no.437.

See Bengesco, vol.2, p.338-39 for details of publication. We have not been able to consult this manuscript.

Paris: Archives de l'Académie française.

4. *Editions*

Further information on the collective editions may be found on p.339-41 below.

L76A

LETTRE / DE / *M^R. DE VOLTAIRE* / A / L'ACADÉMIE / FRANÇAISE, / LUE / *Dans cette Académie à la solemnité* / *de la* ST. LOUIS *le 25 Auguste* / 1776.

8°. Sig. A-B⁸, C⁴ [-C4. A-B $4, C $2 signed, arabic]; pag. 38. Quire catchwords.

[1] title; [2] blank; 3-28 Première partie; 29-38 Seconde partie.

Bengesco 1868 does not mention this edition, which is of Swiss origin.

Paris, BnF: Arsenal 8- BL- 38014.

L76B

LETTRE / DE / *M. DE VOLTAIRE* / A / L'ACADÉMIE / FRANÇAISE. / *LUE dans cette Académie à la* / *solemnité de la SAINT-LOUIS,* / *le 25 Auguste 1776.*

8°. Sig. A-B⁸ [$4 signed, -A1, arabic, except A4, roman]; pag. 32. Quire catchwords.

[1] title; [2] Avertissement; [3]-23 Première partie. A Messieurs de l'Académie française; 24-32 Première partie. A Messieurs de l'Académie française.

'Voltaire voulait que sa *Lettre* fût imprimée par le libraire de l'Académie (voyez la lettre à d'Alembert du 13 auguste [D20253]), et nous savons, par D'Alembert, qu'on imprima l'ouvrage à Paris; mais le garde des sceaux refusa la permission de le vendre (D'Alembert à Voltaire, 1er octobre [D20321]). [...] Dans le commencement de septembre, les Cramer avaient imprimé la *Lettre de M. de Voltaire à l'Académie française, etc.*' (Bengesco, vol.2, p.336). The typography of the volume supports Bengesco's assertion that this edition was printed in Geneva, but its typography and composition are quite distinct from those of L76A.

Bengesco 1868.

Paris, BnF: Yf 12125. Yale, Beinecke: BEIN Hfd3 76.

L76C

JOURNAL / ENCYCLOPÉDIQUE / OU / UNIVERSEL, / DÉDIÉ / *A SON ALT. SÉRÉNISSIME* / Mgr. le Duc de Bouillon, / &. &. &. [rule] / ANNÉE 1776. / [rule] / TOME III. / *PARTIE III.* / [large armorial device] / A BOUILLON, / De l'Imprimerie du Journal. / [ornamental rule] / Avec Approbation & Privilege.

504-520 *Lettre de M. de Voltaire à l'académie française, lue dans cette académie à la solemnité de la St. Louis le 25 Auguste 1776.*

The first part of Voltaire's *Lettre*. The title contains the following footnote by the editor: 'A la tête de cet écrit, annoncé dans notre premier journal d'Octobre, p.142 et qui vient d'etre imprimé à Paris, on trouve l'avis suivant: *Dans la lecture publique qui a été faite de cette lettre, le jour de St. Louis 1776, à la séance de l'académie française, on a retranché quelques passages de Shakespear, dont l'indécence prouve combien son critique a raison, mais ne permettait pas qu'on les lût dans une si grave assemblée.*'

L76D

JOURNAL / ENCYCLOPÉDIQUE / OU / UNIVERSEL, /

DÉDIÉ / *A SON ALT. SÉRÉNISSIME* / Mgr. le Duc de Bouillon, &. &. &. [*rule*] / ANNÉE 1776. / [*rule*] / TOME VIII. / *PARTIE I.* / [*large armorial device*] / A BOUILLON, / De l'Imprimerie du Journal. / [*ornamental rule*] / *Avec Approbation & Privilege.*

121-28 *Fin de la lettre de M. de Voltaire à l'Académie française,* &.

The second part of Voltaire's *Lettre*.

EJ77 (1777)

Vol.15: 1-32 Lettre à MM. de l'Académie française sur la nouvelle traduction de Shakspeare.

W68 (1777)

Vol.30: 503-24 Lettre de M. de Voltaire à messieurs de l'Académie française, lue dans cette académie, à la solemnité de la Saint Louis, le 25 auguste 1776.

The base text of this edition.

K

Vol.49: 309-34 Lettre de M. de Voltaire a l'Académie française; lue dans cette académie, à la solemnité de la Saint Louis, le 25 auguste 1776.

5. *English translation*

A / LETTER / FROM / M. VOLTAIRE / TO THE / FRENCH ACADEMY: / CONTAINING AN / APPEAL TO THAT SOCIETY / ON THE / MERITS / Of the English Dramatic Poet / SHAKESPEARE: / Read before the ACADEMY on the Day of St.LOUIS, / MDCCLXXVI. / Translated from the Original Edition, just published at Paris. / WITH A / DEDICATION / TO THE / MARQUIS OF GRANBY, / AND A / PREFACE, / BY THE EDITOR. / [*double rule*] / LONDON: / Printed for J. BEW, No. 28, Pater-noster-Row, / MDCCLXXVII.

12°. Sig. π, a⁴, B – F⁴, G [$1 signed]. Page catchwords.

Title [verso blank]; [i]-v Dedication; [vi] blank; [i]- ii Preeace [*sic*] by the Editor; [1]-42 A Letter from M. Voltaire to the French Academy.

The translator is unknown (see H. B. Evans, 'A provisional bibliography of English editions and translations of Voltaire', *SVEC* 8, 1959, p.44, no.77).

6. *Principles of this edition*

The base text is w68. Variants are collated from MS1, L76A, L76B, L76C, L76D, EJ77, K.

Treatment of the base text

The spelling of names and places, but not the use of italics, has been retained. The original punctuation and paragraphing have been respected. The following aspects of orthography and grammar have been modified to conform with modern usage:

I. Consonants

– *p* was not used in: long-tems.
– *s* was used in: isle.
– *t* was not used in: changemens, couronnemens, décens, différens, divertissemens, élémens, enfans, événemens, frappans, naissans, regardans, suivans.
– *x* was used instead of *s* in: loix.
– *x* was used instead of *z* in: seixième.
– double consonants were used in: alloyaux, appellé, s'apperçoit, fidelle, serrail.

II. Vowels

– *y* was used instead of *i* in: voye.

III. Accents

1. The acute accent

– was used in: modéla, rétranchées.
– was used instead of the grave accent in: abrége, fidélement, piéces, sacrilége.
– was not used in: Jesus, secretaire, serrail.

2. The grave accent

– was used in: cùm (Latin word), maximè (Latin word).
– was not used in: fidelle.

3. The circumflex accent

– was used in: âmenés, dâme, dégaîne, dégaînerons, exâmen, fâmeux, sâcramentales (Spanish word), testâment, vîte.
– was used instead of the acute accent in: extrêmité.
– was not used in: ame, assiduement, entraine, isle, théatrale, theatre.

IV. Hyphenation

– the hyphen was used in: Jules-César, long-tems, non-seulement, partout, Pastor-fido, sur-tout, très-bien, très-grand, très-grands, très-hautement, très-humble, très-inutile, très-obéissant.

V. Capitalisation

– initial capitals were attributed to: Décembre.
– initial capitals were not attributed to: ancien (testament), nouveau (testament).

VI. Various

– the ampersand was used throughout.
– book titles were not italicised.
– Saint was abbreviated St.

LETTRE DE MONSIEUR DE VOLTAIRE
À MESSIEURS DE L'ACADÉMIE FRANÇAISE.
Lue dans cette Académie, à la solemnité de la Saint-Louis, le 25 Auguste 1776

PREMIÈRE PARTIE

MESSIEURS,

Le cardinal de Richelieu, le grand Corneille, et George Scudéri,[1] qui osait se croire son rival, soumirent *le Cid*, tiré du théâtre espagnol,[2] à votre jugement.[3] Aujourd'hui nous avons recours à cette même décision impartiale, à l'occasion de quelques tragédies étrangères dédiées au roi notre protecteur; nous réclamons son jugement et le vôtre.

5

a-b L76A, L76B, K: À l'Académie
a-1 MSI: A Messieurs de / l'Académie Française / par M. de Voltaire. / Messieurs,
      EJ77: Lettre à Messieurs de l'Académie Française. / *Sur la nouvelle traduction de* Shakespear. / Messieurs:
f-1 L76A: 1776. [*new title page*] Première partie. à Messieurs de l'Académie Française. Messieurs,
      L76B: 1776. [*new title page*] Avertissement. Dans la lecture publique qui a été faite de cette lettre, le jour de S. Louis 1776, on a retranché quelques passages de Shakespear, dont l'indécence prouve combien son critique a raison, mais ne permettait pas qu'on les lût dans une si grave Assemblée. ¶Première
      K: 1776. [*new title page*] A Messieurs de l'Académie Française.¶Première
6 MSI: tragédies dédiées
6-8 MSI: votre protecteur. ¶Une

---

[1] Georges de Scudéry (1601-1667), playwright, whose hostile *Observations sur Le Cid* appeared shortly after Corneille's tragedy had been produced in 1637. See Corneille, *Le Cid*, ed. W. D. Howarth (London, 1988).

[2] *Le Cid* was based on *Las Mocedades del Cid* (1621) by Guilhem de Castro.

[3] Thanks largely to Scudéry's criticisms, the play was referred to the Académie, which appointed Chapelain to the task. His *Sentiments de l'Académie* (1637) were essentially negative.

Une partie de la nation anglaise a érigé depuis peu un temple au fameux comédien poète Shakespear, et a fondé un jubilé[4] en son honneur. Quelques Français ont tâché d'avoir le même enthou- 10 siasme. Ils transportent chez nous une image de la divinité de Shakespear, comme quelques autres imitateurs ont érigé depuis peu à Paris un vaux-hall;[5] et comme d'autres se sont signalés en appelant les aloyaux des roost-beef, et en se piquant d'avoir à leur table du roost-beef de mouton. Ils se promenaient en frac les 15 matins, oubliant que le mot de frac vient du français, comme viennent presque tous les mots de la langue anglaise. La cour de Louis XIV avait autrefois poli celle de Charles II; aujourd'hui Londres nous tire de la barbarie.[6]

Enfin donc, messieurs, on nous annonce une traduction de 20

9 MSI: fondé ce qu'elle appelle un
13-15 MSI: Waux-hall; et comme d'autres se promènent en frac
16 MSI: mot *frac*
16-17 MSI: comme en viennent tant de mots
18 L76B, EJ77, K: Charles second
20 MSI: vous annonce

[4] See F. E. Halliday, *The Cult of Shakespeare* (London, 1957), p.66-73, and Le Tourneur's account of it: *Préface du Shakespeare, traduit de l'anglais*, ed. J. Gury (Geneva, 1990), p.xv-xxxviii.

[5] Vauxhall was known principally for its pleasure gardens in the eighteenth and nineteenth centuries but, as Voltaire indicates, the French had recently borrowed at least the name for a place of resort of their own. In his *Nouveau dictionnaire historique de Paris* (1904), Gustave Pessard points out (p.816) that the rue de Lancry 'a été percée en 1766, entre les rues de Bondy et des Marais, sur l'emplacement d'un Vauxhall ou salle de danse, qu'un sieur Torré avait établi en 1761 dans les terrains appartenant à un certain Lancry'.

[6] Voltaire's tribute to the English language echoes de Jaucourt's article 'Langue anglaise' (1765) in the *Encyclopédie*, which states that English 'est moins pure, moins claire, moins correcte que la *langue* française, mais plus riche, plus épique et plus énergique' (vol.9, p.266).

Shakespear, et on nous instruit qu'il fut le *dieu créateur de l'art sublime du théâtre, qui reçut de ses mains l'existence et la perfection.* (*a*)[7]

Le traducteur ajoute que Shakespear est *vraiment inconnu en France, ou plutôt défiguré.* Les choses sont donc bien changées en France de ce qu'elles étaient il y a environ cinquante années, lorsqu'un homme de lettres, qui a l'honneur d'être votre confrère, fut le premier parmi vous qui apprit la langue anglaise, le premier qui fit connaître Shakespear, qui en traduisit librement quelques morceaux en vers (ainsi qu'il faut traduire les poètes), qui fit connaître Pope, Driden, Milton; le premier même qui osa expliquer les éléments de mathématique du grand Newton, et qui osa rendre justice à la sagesse profonde de Loke, le seul métaphysicien raisonnable qui eût peut-être paru jusqu'alors sur la terre.[8]

Non seulement il y a encore de lui quelques morceaux de vers

25

30

35

(*a*) Page 3 du programme.

21   MS1: instruit, ce sont les termes du programme, qu'il
23-24 MS1: [note *a* absent]. ¶Les traducteurs ajoutent
27   MS1: homme qui
31-32 MS1: expliquer la philosophie du
32   K: de la philosophie du
33-35 MS1: Loke. ¶Non

[7] Voltaire refers to the *Programme*, which is now lost. The phrase 'le dieu du théâtre' was a particular source of annoyance to Voltaire, who quotes it in the first letter to Le Tourneur (D20220) and several times later.

[8] In the *Lettres philosophiques*, Letter 13 is titled 'Sur M. Locke', and Letter 14 'Sur Descartes et Newton'. Letter 16 discusses the Newtonian theory of gravitation, Letter 17 Newton's optics. Letter 18, 'Sur la tragédie', is mainly devoted to Shakespeare but also includes a lengthy reference to Dryden. Letter 22 bears the title, 'Sur Mr Pope et quelques autres poètes fameux'. Milton does not figure in the *Lettres philosophiques*, and comes in for a quite severe comment in the *Essai sur la poésie épique* (*OCV*, vol.3B, p.479-99).

imités de Milton,[9] mais il engagea M. Dupré de Saint-Maur[10] à apprendre l'anglais, et à traduire Milton, du moins en prose.

Quelques-uns de vous savent quel fut le prix de toutes ces peines qu'il prit d'enrichir notre littérature de la littérature anglaise; avec quel acharnement il fut persécuté pour avoir osé proposer aux Français d'augmenter leurs lumières par les lumières d'une nation qu'ils ne connaissaient guère alors que par le nom du duc de Marleborough, et dont la religion était en plusieurs points différente de la nôtre. On regarda cette entreprise comme un crime de haute trahison, et comme une impiété. Ce déchaînement ne discontinua point; et l'objet de tant de haine ne prit enfin d'autre parti que celui d'en rire.

Malgré cet acharnement contre la littérature et la philosophie anglaises, elles s'accréditèrent insensiblement en France. On traduisit bientôt tous les livres imprimés à Londres. On passa d'une extrémité à l'autre. On ne goûtait plus que ce qui venait de ce pays, ou qui passait pour en venir. Les libraires, qui sont des marchands de modes, vendaient des romans anglais comme on vend des rubans et des dentelles de point sous le nom d'Angleterre.

Le même homme qui avait été la cause de cette révolution dans les esprits, fut obligé en 1760, par des raisons assez connues, de commenter les tragédies du grand Corneille, et vous consulta

36-37 MS1: Monsieur Dupré de S^t. Maure à traduire
41 MS1: de cette nation savante et philosophe. On
44 MS1: regarda en France cette
45 MS1: trahison. Ce
46 L76A, EJ77, K: tant de haines
48 MS1: <Néanmoins> Au milieu de ce déchaînement contre
49 L76A, L76B, EJ77, K: anglaise
50 MS1: tous leurs livres, on passa

[9] *OCV*, vol.3B, p.481.
[10] Dupré de Saint-Maur's *Le Paradis perdu de Milton* (1729) went through eleven reprints by 1792. See *OCV*, vol.3B, p.206-208, 271-72. Voltaire had previously distanced himself from any personal contribution, in the article 'Epopée' in the *Questions sur l'Encyclopédie*.

assidûment sur cet ouvrage. Il joignit à la célèbre pièce de Cinna une traduction de *Jules César* de Shakespear, pour servir à comparer la manière dont le génie anglais avait traité la conspira- 60 tion de Brutus et de Cassius contre César, avec la manière dont Corneille a traité assez différemment la conspiration de Cinna et d'Emilie contre Auguste.[11]

Jamais traduction ne fut si fidèle. L'original anglais est tantôt en vers, tantôt en prose; tantôt en vers blancs, tantôt en vers rimés. 65 Quelquefois le style est d'une élévation incroyable; c'est César qui dit qu'il ressemble à l'étoile polaire et à l'Olympe.[12] Dans un autre endroit il s'écrie: *Le danger sait bien que je suis plus dangereux que lui. Nous naquîmes tous deux d'une même portée, le même jour; mais je suis l'aîné et le plus terrible.*[13] Quelquefois le style est de la plus 70 grande naïveté; c'est la lie du peuple qui parle son langage; c'est un savetier qui propose à un sénateur de le *ressemeler.*[14] Le commen-

---

[11] *OCV*, vol.54, p.108-237.

[12] *Julius Caesar*, III.i.60: 'But I am constant as the Northern Star'; see *OCV*, vol.54, p.225, line 1505: 'Je suis plus affermi que l'étoile du nord'; III.i.74: 'Wilt thou lift up Olympus?'; see *OCV*, vol.54, p.226, line 1522: 'Prétends-tu faire ébranler l'Olympe?' Shakespeare texts are quoted from William Shakespeare, *The Complete plays*, ed. S. Wells and G. Taylor (London, 1997).

[13] *Julius Caesar*, II.ii.44-47: 'Danger knows full well / That Caesar is more dangerous than he. / We are two lions littered in one day, / and I the elder and more terrible.' See *OCV*, vol.54, p.215, lines 1189-92: 'Le danger sait bien / Que César est encore plus dangereux que lui. / Nous sommes deux lions de la même portée; / Je suis l'aîné; je suis le plus vaillant des deux.'

[14] *Julius Caesar*, I.i.17-20: 'I can mend you [...] cobble you'. According to Beuchot (*M*, vol.30, p.353), Voltaire later added the following note, which is one of two additional notes of the manuscript kept at the Académie française (see Introduction, p.18): 'Depuis la publication de ces Lettres [the work was published in two, largely artificial sections] à l'Académie, une dame anglaise [Mrs Montagu, see Introduction, n.17] ne pouvant souffrir que tant de turpitudes fussent révélées en France, a écrit comme on le verra [see Voltaire's preface to *Irène*], un livre entier pour justifier ces infamies. Elle accuse le premier des Français qui cultiva la langue anglaise dans Paris de ne pas savoir cette langue: elle n'osa pas, à la vérité, prétendre qu'il a mal traduit aucune de ces inconcevables sottises déférées à l'Académie française; elle lui reproche de n'avoir pas donné au mot de *course* le même sens qu'elle lui donne, et d'avoir mis au propre le mot *carve*, qu'elle met au figuré. Je suis persuadé, madame,

tateur de Corneille tâcha de se prêter à cette grande variété; non seulement il traduisit les vers blancs en vers blancs, les vers rimés en vers rimés, la prose en prose; mais il rendit figure pour figure. Il 75 opposa l'ampoulé à l'enflure, la naïveté, et même la bassesse, à tout ce qui est naïf et bas dans l'original. C'était la seule manière de faire connaître Shakespear. Il s'agissait d'une question de littérature, et non d'un marché de typographie; il ne fallait pas tromper le public.

Quand le traducteur reproche à la France de n'avoir aucune 80 traduction exacte de Shakespear, il devait donc traduire exactement. Il ne devait pas, dès la première scène de *Jules César*, mutiler lui-même son *dieu de la tragédie*. Il copie fidèlement son modèle, je l'avoue, en introduisant sur le théâtre des charpentiers, des bouchers, des cordonniers, des savetiers, avec des sénateurs 85 romains; mais il supprime tous les quolibets de ce savetier qui parle aux sénateurs. Il ne traduit pas la charmante équivoque sur le mot qui signifie âme, et sur le mot qui veut dire *semelle* de souliers. Une telle réticence n'est-elle pas un sacrilège envers son dieu?

Quel a été son dessein, quand, dans la tragédie d'*Othello*, tirée 90 du roman de Cintio[15] et de l'ancien théâtre de Milan, il ne fait rien dire au bas et dégoûtant Jago, et à son compagnon Roderigo, de ce que Shakespear leur fait dire?

80-93 MS1: [*paragraphs are in plural:*] Quand les traducteurs reprochent [...] dire?
81 MS1: de ce poète, il
90-91 EJ77: tirée de l'ancien
92 MS1: au scélérat Jago

---

que cet académicien a pénétré le vrai sens, c'est-à-dire le sens barbare d'un comédien du seizième siècle, homme sans éducation, sans lettres, qui enchérit encore sur la barbarie de son temps, et qui certainement n'écrivait pas comme Addison et Pope. Mais qu'importe? Que gagnerez-vous en disant que, du temps d'Elizabeth, *course* ne signifiait pas *course*? Cela prouverait-il que ces farces monstrueuses (comme on les a si bien nommées) doivent être jouées à Paris et à Versailles, au lieu de nos chefs-d'oeuvre immortels, comme l'a osé prétendre M. Letourneur?' See also below, n.61.

[15] Givaldi Cinthio, *Hecatommithi* (Venice, 1566).

Morbleu! vous êtes volé; cela est honteux, vous dis-je; mettez votre robe; on crève votre cœur; vous avez perdu la moitié de votre âme. Dans 95
ce moment, oui, dans ce moment, un vieux bélier noir saillit votre brebis blanche... Morbleu! vous êtes un de ceux qui ne serviraient pas Dieu si le diable vous le commandait. Parce que nous venons vous rendre service, vous nous traitez de ruffiens. (b) Vous avez une fille couverte en ce moment par un cheval de Barbarie; vous entendrez hennir vos petits- 100
fils; vous aurez des chevaux de course pour cousins germains, et des chevaux de manège pour beaux-frères.

– Qui es-tu, misérable profane?

– Je suis, monsieur, un homme qui vient vous dire que le More et votre fille font maintenant la bête à deux dos. (c)[16] 105

Dans la tragédie de *Macbeth*, après que le héros s'est enfin déterminé à assassiner son roi dans son lit, lorsqu'il vient de déployer toute l'horreur de son crime et de ses remords qu'il surmonte, arrive le portier de la maison, qui débite des plaisanteries de Polichinel; il est relevé par deux chambellans du roi, dont l'un 110 demande à l'autre quelles sont les trois choses que l'ivrognerie provoque. C'est, lui répond son camarade, *d'avoir le nez rouge, de*

(*b*) Terme lombard qui ne fut adopté que depuis en Angleterre.
(*c*) Ancien proverbe italien.

95-97   MS1: âme... morbleu,
98-99   MS1: commandait. Vous avez en ce moment pour gendre un cheval
102-106   MS1: beauxfrères... ¶On supprime <en cet endroit et ailleurs par respect pour cette assemblée plusieurs traits de l'indécence la plus grossière> ᵛ↑ici plusieurs traits, par respect pour cette assemblée. On ne peut pas prononcer au Louvre ce que Shakespear prononçait si familièrement devant la reine Elisabeth⁺. ¶Dans
111   MS1: les choses
112   EJ77, K: provoque?
112-16   MS1: camarade de dormir, et d'avoir le nez rouge. Si

[16] *Othello*, I.i.86-118.

29

dormir, et de pisser. (*d*) Il y ajoute tout ce que le réveil peut produire dans un jeune débauché, et il emploie les termes de l'art avec les expressions les plus cyniques. [17]   115

Si de telles idées et de telles expressions sont en effet cette belle nature qu'il faut adorer dans Shakespear, son traducteur ne doit pas les dérober à notre culte. Si ce ne sont que les petites négligences d'un vrai génie, la fidélité exige qu'on les fasse connaître, ne fût-ce que pour consoler la France, en lui montrant qu'ailleurs il y a peut-   120
être aussi des défauts.

Vous pourrez connaître, messieurs, comment Shakespear déve-loppe les tendres et respectueux sentiments du roi Henri V pour Catherine, fille du malheureux roi de France Charles VI. Voici la déclaration de ce héros, dans la tragédie de son nom, au cinquième   125
acte.

Si tu veux, ma Catau, que je fasse des vers pour toi, ou que je danse, tu me perds; car je n'ai ni parole, ni mesure pour versifier, et je n'ai point de force en mesure pour danser. J'ai pourtant une mesure raisonnable en force. S'il fallait gagner une dame au jeu de saute grenouille, sans me   130
vanter, je pourrais bientôt la sauter en épousée, etc. [18]

C'est ainsi, messieurs, que le dieu de la tragédie fait parler le plus grand roi de l'Angleterre, et sa femme, pendant trois scènes entières. Je ne répéterai pas les mots propres que les crocheteurs prononcent parmi nous, et qu'on fait prononcer à la reine dans cette   135

(*d*) Nous demandons pardon aux lecteurs honnêtes, et surtout aux dames, de traduire fidèlement. Mais nous sommes obligés d'étaler l'infamie dont des Welches ont voulu couvrir la France depuis quelques années.

117   MS1: ses traducteurs ne doivent pas
129-32   MS1: danser. ¶C'est

[17] *Macbeth*, II.iii.27. Voltaire has misread the text. The dialogue is between the Porter, who speaks these lines, and the Thane Macduff, one of the 'deux chambellans du roi'.

[18] *Henry V*, V.ii.133-49.

pièce. Si le secrétaire de la librairie française [19] traduit la tragédie de Henri V fidèlement comme il l'a promis, ce sera une école de bienséance et de délicatesse qu'il ouvrira pour notre cour. Quelques-uns de vous, messieurs, savent qu'il existe une tragédie de Shakespear intitulée *Hamlet*, dans laquelle un esprit   140 apparaît d'abord à deux sentinelles et à un officier, sans leur rien dire; après quoi il s'enfuit au chant du coq. [20] L'un des regardants dit que les esprits ont l'habitude de disparaître quand le coq chante vers la fin de décembre, à cause de la naissance de notre sauveur.

Ce spectre est le père d'Hamlet, en son vivant roi de   145 Danemarck. Sa veuve Gertrude, mère d'Hamlet, a épousé le frère du défunt peu de temps après la mort de son mari. Cet Hamlet, dans un monologue, s'écrie: *Ah! fragilité est le nom de la femme! quoi! n'attendre pas un petit mois! quoi! avant d'avoir usé les souliers avec lesquels elle avait suivi le convoi de mon père! Oh ciel! les*   150 *bêtes, qui n'ont point de raison, auraient fait un plus long deuil.* [21]

Ce n'est pas la peine d'observer qu'on tire le canon aux réjouissances de la reine Gertrude et de son nouveau mari, [22] et à un combat d'escrime au cinquième acte, [23] quoique l'action se passe dans le neuvième siècle, où le canon n'était pas inventé. Cette petite   155

136   MS1: Si on traduit
137   MS1: comme on nous l'a promis
137-38   MS1: sera pour notre cour une école de bienséance et de délicatesse.
143-44   MS1: chante dans l'Avent, à cause
155   MS1: 8me siècle
          EJ77: huitième

[19] Le Tourneur had been appointed Censeur Royal and Secrétaire-Général de la Librairie, on the advice, apparently, of C.-F. Lebrun, secretary to the Chancelier Maupeou: *Préface du Shakespeare*, p.18, n.10.
[20] *Hamlet*, I.i.37-49, 107-21. Again, the text has been rather carelessly read. While the stage directions at the beginning specify 'two sentinels', they are in fact joined by a third before the Ghost appears.
[21] *Hamlet*, I.ii.146-51.
[22] *Hamlet*, I.ii.125-28.
[23] *Hamlet*, V.ii.227-54.

inadvertance n'est pas plus remarquable que celle de faire jurer Hamlet par saint Patrice,[24] et d'appeler Jésus notre sauveur,[25] dans le temps où le Danemarck ne connaissait pas plus le christianisme que la poudre à canon.

Ce qui est important, c'est que le spectre apprend à son fils dans un assez long tête-à-tête, que sa femme et son frère l'ont empoisonné par l'oreille.[26] Hamlet se dispose à venger son père; et pour ne pas donner d'ombrage à Gertrude, il contrefait le fou pendant toute la pièce.

Dans un des accès de sa prétendue folie, il a un entretien avec sa mère Gertrude. Le grand chambellan du roi se cache derrière une tapisserie. Le héros crie qu'il entend un rat; il court au rat, et tue le grand chambellan.[27] La fille de cet officier de la couronne, qui avait du tendre pour Hamlet, devient réellement folle; elle se jette dans la mer, et se noie.[28]

Alors le théâtre au cinquième acte représente une église et un cimetière, quoique les Danois, idolâtres au premier acte, ne fussent pas devenus chrétiens au cinquième.[29] Des fossoyeurs creusent la fosse de cette pauvre fille; ils se demandent si une fille qui s'est noyée doit être enterrée en terre sainte.[30] Ils chantent des vaudevilles dignes de leur profession et de leurs mœurs, ils déterrent, ils montrent au public des têtes de morts.[31] Hamlet et

160

165

170

175

170-71 MS1, EJ77: noie. Le théâtre

[24] *Hamlet*, I.v.140.
[25] *Hamlet*, I.i.140; spoken by a sentry.
[26] *Hamlet*, I.v.59-80. The act of murder is ascribed by the Ghost to Claudius alone.
[27] *Hamlet*, III.iv.23.
[28] *Hamlet*, IV.iii; IV.v; IV.vii. In fact, Ophelia falls into a brook when a branch breaks beneath her; but her subsequent reaction suggests a passive acceptance of her fate, 'As one incapable of her own distress' (IV.vii.150).
[29] Compare n.25.
[30] *Hamlet*, V.i.1-2.
[31] *Hamlet*, V.i.60-94.

le frère de sa maîtresse tombent dans une fosse, et s'y battent à coups de poing. [32]

Un de vos confrères, messieurs, avait osé remarquer que ces   180
plaisanteries, qui peut-être étaient convenables du temps de Shakespear, n'étaient pas d'un tragique assez noble du temps des lords Carteret, [33] Chesterfield, [34] Littelton, [35] etc., enfin on les avait retranchées sur le théâtre de Londres le plus accrédité; et M. Marmontel, dans un de ses ouvrages, en a félicité la nation anglaise.   185
On abrège tous les jours Shakespear, dit-il, *on le châtie; le célèbre Garrik vient tout nouvellement de retrancher sur son théâtre la scène des fossoyeurs et presque tout le cinquième acte. La pièce et l'auteur n'en ont été que plus applaudis.* [36]

Le traducteur ne convient pas de cette vérité; il prend le parti des   190
fossoyeurs. Il veut qu'on les conserve comme le monument respectable d'un génie unique. Il est vrai qu'il y a cent endroits dans cet ouvrage et dans tous ceux de Shakespear, aussi nobles, aussi décents, aussi sublimes, amenés avec autant d'art; mais le traducteur donne la préférence aux fossoyeurs; il se fonde sur ce   195
qu'on a conservé cette abominable scène sur un autre théâtre de Londres; il semble exiger que nous imitions ce beau spectacle.

190-97   MS1: [*passage in plural:*] Les traducteurs ne conviennent [...] spectacle.

[32] *Hamlet*, V.v.247-60.
[33] Presumably John Carteret, second earl Granville, Lord Lieutenant of Ireland, (1690-1763), who is mentioned in Voltaire's letter to Jonathan Swift (D328, [March 1728]).
[34] Philip Dormer Stanhope, fourth earl of Chesterfield (1694-1773), a friend of Voltaire, whom he had visited in Brussels in 1741, and with whom he had several times corresponded.
[35] George Lyttelton, first baron Lyttelton (1709-1773), also a correspondent of Voltaire.
[36] Marmontel. According to Beuchot, 'c'est dans son *Discours de la tragédie*, qui fait partie du volume intitulé *Chefs-d'œuvre dramatiques* (1773, in-4°), que Marmontel s'exprime ainsi' (*M*, vol.30, p.438). Garrick's changes to *Hamlet* are discussed by George Winchester Stone in 'Garrick's long lost alteration of *Hamlet*', *PMLA* 49.3 (1934), p.890-92.

Il en est de même de cette heureuse liberté avec laquelle tous les acteurs passent en un moment d'un vaisseau en pleine mer, à cinq cents milles sur le continent, d'une cabane dans un palais, d'Europe   200
en Asie. Le comble de l'art, selon lui, ou plutôt la beauté de la nature est de représenter une action, ou plusieurs actions à la fois, qui durent un demi-siècle. En vain le sage Despréaux, législateur, du bon goût dans l'Europe entière, a dit dans son *Art poétique*:

> Un rimeur, sans péril, delà les Pyrénées,   205
> Sur la scène en un jour renferme des années;
> C'est là que le héros d'un spectacle grossier,
> Enfant au premier acte, est barbon au dernier. [37]

En vain on lui citerait l'exemple des Grecs, qui trouvèrent les trois unités dans la nature. En vain on lui parlerait des Italiens, qui   210
longtemps avant Shakespear ranimèrent les beaux arts au commencement du seizième siècle, et qui furent fidèles à ces trois grandes lois, du bon sens, unité de lieu, unité de temps, unité d'action. En vain on lui ferait voir la *Sophonisbe* de l'archevêque Trissino, [38] la *Rosemonde* et l'*Oreste* du Ruccellaï, [39] la *Didon* du   215
Dolce, [40] et tant d'autres pièces composées en Italie près de cent ans avant que Shakespear écrivît dans Londres, toutes asservies à ces règles judicieuses établies par les Grecs; en vain lui remontrerait-on que l'*Aminte* du Tasse [41] et le *Pastor fido* du Guarini [42] ne s'écartent point de ces mêmes règles, et que cette difficulté   220
surmontée est un charme qui enchante tous les gens de goût.

En vain s'appuierait-on de l'exemple de tous les peintres, parmi

201   MS1: selon les traducteurs ou
207   K: Là souvent le héros
219   K: de Guarini

---

[37] Boileau, *Art poétique*, ch.3, lines 14-17. The reference is to Lope de Vega.
[38] Giangiorgi Trissono (1478-1550). *Sofonisba* (1515) is a tragedy conceived on classical lines.
[39] Giovanni Rucellai (1475-1525).
[40] Lodovico Dolce (*c*.1510-1568), whose tragedy *Didone* dates from 1547.
[41] Torquato Tasso (1544-1595), author of *Aminte* (1573).
[42] Giovanni Guarini (1538-1612). *Il Pastor fido* appeared in 1590.

lesquels il s'en trouve à peine un seul qui ait peint deux actions différentes sur la même toile. On décide aujourd'hui, messieurs, que les trois unités sont une loi chimérique, parce que Shakespear 225 ne l'a jamais observée, et parce qu'on veut nous avilir jusqu'à faire croire que nous n'avons que ce mérite.

Il ne s'agit pas ici de savoir si Shakespear fut le créateur du théâtre en Angleterre. Nous accorderons aisément qu'il l'emportait sur tous ses contemporains; mais certainement l'Italie avait 230 quelques théâtres réguliers dès le quinzième siècle. On avait commencé longtemps auparavant par jouer la passion en Calabre dans les églises, et on l'y joue même encore: mais, avec le temps, quelques génies heureux avaient commencé à effacer la rouille dont ce beau pays était couvert depuis les inondations de tant de 235 barbares. On représenta de vraies comédies du temps même du Dante;[43] c'est pourquoi le Dante intitula comédie son enfer, son purgatoire, et son paradis. Riccoboni[44] nous apprend que la *Floriana* fut alors représentée à Florence.

Les Espagnols et les Français ont toujours imité l'Italie; ils 240 commencèrent malheureusement par jouer en plein air la passion, les mystères de l'Ancien et du Nouveau Testament: ces facéties infâmes ont duré en Espagne jusqu'à nos jours: nous avons trop de

223   MS1, EJ77: il ne s'en trouve pas un seul
224-25   MS1: Les traducteurs décident que
226   MS1: parce qu'ils veulent nous déshonorer jusqu'à
      K: ne les a jamais observées;
228   K: pas de savoir
237   MS1, L76A, L76B, L76C, EJ77, K: Dante; et c'est
242   MS1: Mystères, l'ancien
242-43   MS1: facéties scandaleuses ont duré jusqu'à nos jours en Espagne.

[43] (1265-1321). The *Inferno*, *Purgatorio* and *Paradiso* make up the *Divina commedia* (1308-1321).
[44] Louis Riccoboni, *Histoire du théâtre italien*, vol.1 (Paris, 1728). According to Riccoboni, the (anonymous) *Floriana* is written in the style of the *Ballate Carnascialesche* of Florence, but he does not say that it was performed there (p.32).

preuves qu'on les jouait à l'air chez nous aux quatorzième et
quinzième siècles; voici ce que rapporte la chronique de Metz,   245
composée par le curé de Saint-Euchaire. [45] 'L'an 1437 fut fait le jeu
de la passion de notre Seigneur en la plaine de Véximel, et fut Dieu
un sire appelé *Seigneur Nicole Dom Neufchâtel*, curé de Saint-
Victour de Metz, lequel fut presque mort en croix, s'il ne fût été
secouru; et convint qu'un autre prêtre fut mis en la croix pour   250
parfaire le personnage du crucifiement pour ce jour, et le lendemain
ledit curé de Saint-Victour parfit la résurrection, et fit très
hautement son personnage; et dura ledit jeu jusqu'à la nuit; et
autre prêtre qui s'appelait maître Jean de Nicey, qui était chapelain
de Métrange, fut Judas, lequel fut presque mort en pendant, car le   255
cœur lui faillit, et fut bien hâtivement dépendu et porté en voie; et
était la gueule d'enfer très bien faite avec deux gros culs d'acier; et
elle ouvrait et clouait quand les diables y voulaient entrer et sortir.'
    Dans le même temps des troupes ambulantes jouaient les mêmes
farces en province; mais les confrères de la passion s'établissaient à   260
Paris dans les lieux fermés. On sait assez que ces confrères
achetèrent l'hôtel des ducs de Bourgogne, et y jouèrent leurs
pieuses extravagances.
    Les Anglais copièrent ces divertissements grossiers et barbares:
les ténèbres de l'ignorance couvraient l'Europe; tout le monde   265

244-45   MS1: l'air au XIV et XVme siècle.
245   MS1: ce qu'en rapporte
247-48   EJ77: Seigneur; Nicole
260   MS1: province; et les
        L76A, L76B, L76C, EJ77, K: en Provence
261   L76A, L76B, L76C, EJ77, K: dans des lieux
264   EJ77: Des Anglais
264-67   MS1: divertissements dans toute leur grossièreté, et dans toute leur
barbarie. On trouve dans

[45] The following quotation is taken from Warburton's 'Note to *Richard III*',
appended at the end of the text in *The Plays of William Shakespeare* (London, 1765;
reprint New York, 1968), V.363.

cherchait le plaisir, et on ne pouvait en trouver d'honnête. On voit dans une édition de Shakespear à la suite de Richard III, qu'ils jouaient des miracles en plein champ sur des théâtres de gazon de cinquante pieds de diamètre. Le diable y paraissait tondant les soies de ses cochons; de là vint le proverbe anglais, *grand cri et peu de* 270 *laine*.[46]

Dès le temps de Henri VII, il y eut un théâtre permanent établi à Londres, qui subsiste encore:[47] il était très en vogue dans la jeunesse de Shakespear, puisque, dans son éloge, on le loue d'avoir gardé les chevaux des curieux à la porte: il n'a donc point inventé 275 l'art théâtral, il l'a cultivé avec de très grands succès. C'est à vous, messieurs, qui connaissez Polieucte et Athalie, à voir si c'est lui qui l'a perfectionné?

Le traducteur s'efforce d'immoler la France à l'Angleterre dans un ouvrage qu'il dédie au roi de France, et pour lequel il a obtenu 280 des souscriptions de notre reine et de nos princesses. Aucun de nos compatriotes dont les pièces sont traduites et représentées chez toutes les nations de l'Europe, et chez les Anglais mêmes, n'est cité

266 L76A, L76B, L76C, EJ77, K: d'honnêtes
270 L76A, L76B, L76C, EJ77, K: cochons; et de-là
278 MSI, L76C, K: perfectionné.
279 MSI: Les traducteurs s'efforcent
280 MSI: qu'ils dédient
280-81 MSI: France. Aucun
282-83 L76B, L76C: traduites et représentées chez les Anglais

[46] 'Great cry and little wool' (Warburton's note, *The Plays of William Shakespeare*, V.363). According to Brewer's *Dictionary of Phrase and Fable*: 'This is derived from the ancient mystery of *David and Abigail*, in which Nabal is represented as shearing his sheep, and the Devil, who is made to attend the churl, imitates the act by 'shearing a hog'. Originally, the proverb ran thus: 'Great cry and little wool, as the devil said when he sheared the hogs" (London and New York, 1992, p.305).
[47] Theatre Royal, Drury Lane, which Voltaire had often visited during his stay in London. The original theatre on the site dates back to 1663, hence posterior to Shakespeare.

dans sa préface de cent trente pages. Le nom du grand Corneille ne s'y trouve pas une seule fois.   285

Si le traducteur est secrétaire de la librairie de Paris, pourquoi n'écrit-il que pour une librairie étrangère? pourquoi veut-il humilier sa patrie? pourquoi dit-il que *de légers Aristarques de Paris ont pesé dans leur étroite balance le mérite de Shakespear; qu'il n'a jamais été ni traduit, ni connu en France; qu'ils savent cependant la*   290 *somme exacte de ses beautés, et de ses défauts; que les oracles de ces petits juges effrontés des nations et des arts, sont reçus sans examen, et parviennent, à force d'échos, à former une opinion.*[48] (*e*) Nous ne méritons pas, ce me semble, ce mépris que monsieur le traducteur nous prodigue. S'il s'obstine à décourager ainsi les talents naissants   295 des jeunes gens qui voudraient travailler pour le théâtre français, c'est à vous, Messieurs, de les soutenir dans cette pénible carrière. C'est surtout à ceux qui, parmi vous, ont fait l'étude la plus approfondie de cet art, à vouloir bien leur montrer la route qu'ils doivent suivre, et les écueils qu'ils doivent éviter.   300

Quel sera, par exemple, le meilleur modèle d'exposition dans une tragédie? sera-ce celle de Bajazeth, dont je rappelle ici quelques vers qui sont dans la bouche de tous les gens de lettres, et dont le

(*e*) Page 130 du discours sur les préfaces.

284   MSI: leur préface
      MSI: Corneille <et de Racine> ne
285-87   MSI: fois. ¶Pourquoi veulent-ils
286   EJ77: librarie de France, pourquoi
288   MSI: disent-ils
290-91   MSI: France; que les oracles
293   MSI: opinion. [*note absent*] ¶Nous
294-95   MSI: que les traducteurs nous prodiguent. S'ils s'obstinent
         EJ77: que le traducteur nous
299   L76C: bien montrer
302-303   MSI: Bajazet [*in the margin*] <que tout le monde sait par cœur, et dont je me contenterai de rappeller ici ces beaux vers que le>

[48] See *Préface du Shakespeare*, p.cxxx-cxxxi.

maréchal de Villars cita les derniers avec tant d'énergie, quand il
alla commander les armées en Italie à l'âge de quatre-vingts ans?   305

ACOMAT

Que faisaient cependant nos braves Janissaires?
Rendent-ils au Sultan des hommages sincères?
Dans le secret des cœurs, Osmin, n'as-tu rien lu?
Amurat jouit-il d'un pouvoir absolu?

OSMIN

Amurat est content, si nous le voulons croire,   310
Et semble se promettre une heureuse victoire;
Mais en vain par ce calme il croit nous éblouir.
Il affecte un repos dont il ne peut jouir.
C'est en vain que, forçant ses soupçons ordinaires,
Il se rend accessible à tous les Janissaires.   315
Ils regrettent le temps à leur grand cœur si doux,
Lorsqu'assurés de vaincre, ils combattaient sous vous.

ACOMAT

Quoi! tu crois, cher Osmin, que ma gloire passée,
Flatte encor leur valeur, et vit dans leur pensée?
Tu crois qu'ils me suivraient encor avec plaisir,   320
Et qu'ils reconnaîtraient la voix de leur Visir? [49] etc.

Cette exposition passe pour un chef-d'œuvre de l'esprit humain.
Tout y est simple sans bassesse, et grand sans enflure, point de
déclamation, rien d'inutile. Acomat développe tout son caractère
en deux mots, sans vouloir se peindre. Le lecteur s'aperçoit à peine   325
que les vers sont rimés, tant la diction est pure et facile: il voit d'un

304 MS1: derniers vers avec
311 MS1, L76B, EJ77: semblait
312 MS1, L76B, EJ77: croit les éblouir,
320 MS1: <Tu crois> ᵛ↑Crois-tu⁺

[49] I.i.29-38, 47-52.

coup d'œil la situation du sérail et de l'empire: il entrevoit sans confusion les plus grands intérêts.

Aimeriez-vous mieux la première scène de Romeo et de Juliette, l'un des chefs-d'œuvre de Shakespear, qui nous tombe en ce 330 moment sous la main? La scène est dans une rue de Vérone, entre Grégoire et Samson, deux domestiques de Capulet.

SAMSON

Grégoire, sur ma parole, nous ne porterons pas de charbon.

GRÉGOIRE

Non, car nous serions charbonniers. (*f*)

SAMSON

J'entends que quand nous serons en colère nous dégainerons. 335

GRÉGOIRE

Eh oui! pendant que tu es en vie, dégaine ton cou du collier.

SAMSON

Je frappe vite quand je suis poussé.

GRÉGOIRE

Oui; mais tu n'es pas souvent poussé à frapper.

SAMSON

Un chien de la maison de Montaigu, *l'ennemie de la maison de Capulet notre maître*,[50] suffit pour m'émouvoir. 340

GRÉGOIRE

Se mouvoir, c'est remuer; et être vaillant, c'est être droit. (Il y a ici

(*f*) Ce sont de nobles métaphores de la canaille.

341-42 MSI: droit; ainsi

[50] The underlined passage is a gloss by Voltaire.

une équivoque d'une obscénité grossière.)[51] Ainsi, si tu es ému, tu t'enfuiras.

SAMSON

Un chien de cette maison me fera tenir tout droit. Je prendrai le haut du pavé sur tous les hommes de la maison Montaigu, et sur toutes les filles. 345

GRÉGOIRE

Cela prouve que tu es un poltron de laquais; car le poltron, le faible se retire toujours à la muraille.

SAMSON

Cela est vrai; c'est pourquoi les filles, étant les plus faibles, sont toujours poussées à la muraille. Ainsi je pousserai les gens de Montaigu hors de la muraille, et les filles de Montaigu à la muraille. 350

GRÉGOIRE

La querelle est entre nos maîtres les Capulet et les Montaigu, et entre nous et leurs gens.

SAMSON

Oui, nous et nos maîtres, c'est la même chose. Je me montrerai tyran comme eux. Je serai cruel avec les filles; je leur couperai la tête. 355

GRÉGOIRE

La tête des filles (*g*)?

(*g*) Il faut savoir que *head* signifie tête, et *maid*, pucelle. *Maiden head*, tête de fille, signifie pucelage.

342   EJ77: obscénité infâme)
348-52   MSI: muraille. La querelle
355-59   MSI: tête. ¶Le respect

[51] The note in parenthesis is by Voltaire.

SAMSON

Eh oui; les têtes des filles, ou les pucelages. Tu prendras la chose
dans le sens que tu voudras, [52] etc.

Le respect et l'honnêteté ne me permettent pas d'aller plus loin.
C'est là, messieurs, le commencement d'une tragédie, où deux   360
amants meurent de la mort la plus funeste. Il y a plus d'une pièce de
Shakespear où l'on trouve plusieurs scènes dans ce goût. C'est à
vous à décider quelle méthode nous devons suivre, ou celle de
Shakespear, *le dieu de la tragédie*, ou celle de Racine.

Je vous demande encore à vous, messieurs, et à l'académie de la   365
Crusca, [53] et à toutes les sociétés littéraires de l'Europe, à quelle
exposition de tragédie il faudra donner la préférence, ou du
Pompée du grand Corneille, quoiqu'on lui ait reproché un peu
d'enflure, ou au roi Léar de Shakespear, qui est si naïf?

Vous lisez dans Corneille: 370

Le destin se déclare, et nous venons d'entendre
Ce qu'il a décidé du beau-père et du gendre;
Quand les dieux étonnés semblaient se partager,
Pharsale a décidé ce qu'ils n'osaient juger.
. . . .
Tel est le titre affreux dont le droit de l'épée,   375
Justifiant César, a condamné Pompée;
Ce déplorable chef du parti le meilleur,
Que sa fortune lasse abandonne au malheur,
Devient un grand exemple, et laisse à la mémoire,

360 MS I: là le
363 MS I: décider, Messieurs, quelle
372 MS I: a résolu du

[52] *Romeo and Juliet*, I.i.25.
[53] Florence; Voltaire was a member (see P. M. Conlon, 'Voltaire's election to the
Accademia della Crusca', *SVEC* 6, 1958, p.133-39).

Des changements du sort une éclatante histoire.[54]   380

Vous lisez dans l'exposition du roi Léar:

LE COMTE DE KENT
N'est-ce pas là votre fils, milord?

LE COMTE DE GLOCESTER
Son éducation a été à ma charge. J'ai souvent rougi de le reconnaître; mais à présent je suis plus hardi.

LE COMTE DE KENT
Je ne puis vous concevoir.   385

LE COMTE DE GLOCESTER
Oh! la mère de ce jeune drôle pouvait concevoir très bien; elle eut bientôt un ventre fort arrondi, (h)[55] et elle eut un enfant dans un berceau avant d'avoir un mari dans son lit.

Trouvez-vous quelque faute à cela?... Quoique ce coquin soit venu impudemment dans le monde avant qu'on l'envoyât   390 chercher, sa mère n'en était pas moins jolie; et il y a eu du plaisir à le faire. Enfin, ce fils de p..... [56] doit être reconnu, etc.

Jugez maintenant, cours de l'Europe, académiciens de tous les pays, hommes bien élevés, hommes de goût dans tous les états.

(h) Il y a dans l'original un mot plus cynique que celui de ventre.

387   MS1: bientôt un enfant
        MS1: [note absent.]
391-93   MS1: jolie. ¶Jugez
393-94   L76C: tous pays
394-424   MS1: états. ¶Il est peu de pièces de Shakespear où l'on retrouve de telles scènes. J'ai vu mettre de la bière, du vin et de l'eau de vie sur la table dans la tragédie de Hamlet, et j'ai vu les acteurs en boire. César en attendant au Capitole propose aux

54 *Pompée*, I.i.1-4, 13-18.
55 Shakespeare has 'round-wombed'.
56 See Introduction, p.15.

Je fais plus, j'ose demander justice à la reine de France, à nos   395
princesses, aux filles de tant de héros, qui savent comment les héros
doivent parler.

Un grand juge d'Ecosse,[57] qui a fait imprimer des éléments de
critique anglaise en trois volumes, dans lesquels on trouve des
réflexions judicieuses et fines, a pourtant eu le malheur de comparer   400
la première scène du monstre nommé Hamlet à la première scène
du chef-d'œuvre de notre Iphigénie; il affirme que ces vers d'Arcas,

> Avez-vous dans les airs entendu quelque bruit?
> Les vents nous auraient-ils exaucés cette nuit?
> Mais tout dort, et l'armée et les vents, et Neptune,[58]   405

ne valent pas cette réponse vraie et convenable de la sentinelle dans
Hamlet, Je n'ai pas entendu une souris trotter.

Oui, monsieur, un soldat peut répondre ainsi dans un corps-de-
garde; mais non pas sur le théâtre devant les premières personnes
d'une nation, qui s'expriment noblement, et devant qui il faut   410
s'exprimer de même.

Si vous demandez pourquoi ce vers, *Mais tout dort, et l'armée, et
les vents, et Neptune,* est d'une beauté admirable, et pourquoi les
vers suivants sont plus beaux encore, je vous dirai que c'est parce

---

sénateurs de boire un coup avec lui. Dans la tragédie de Cléopâtre, on voit arriver sur
le rivage de Misène la galère du jeune Pompée; on voit Auguste, Antoine, Lépide,   5
Pompée, Agrippa Mécène, boire ensemble. Lépide qui est ivre demande à Antoine,
qui est ivre aussi, comment est fait un crocodile. Il est fait comme lui-même, répond
Antoine, il est aussi large qu'il a de largeur, et aussi haut qu'il a de hauteur. Il se
remue avec ses organes, il vit de ce qui le nourrit etc. Tous les convives sont
échauffés de vin, ils chantent au chorus une chanson à boire, et Auguste dit en   10
balbutiant *qu'il aimerait mieux jeuner quatre jours, que de trop boire en un seul.* ¶Rimer
397-424   EJ77: parler. ¶Rimer en 1593 dans un livre dédié au fameux comte de
Dorset, sur
406   L76A, L76C, K: convenable du sentinelle

[57] Lord Kames, *Elements of criticism.* See T. Besterman, *Voltaire on Shakespeare,*
SVEC 54 (1967), p.85-89.
[58] Racine, *Iphigénie,* I.i.7-9.

44

qu'ils expriment avec harmonie de grandes vérités qui sont le   415
fondement de la pièce. Je vous dirai qu'il n'y a ni harmonie ni vérité
intéressante dans ce quolibet d'un soldat, *je n'ai pas entendu une*
souris trotter. [59] Que ce soldat ait vu ou n'ait pas vu passer de souris,
cet événement est très inutile à la tragédie d'*Hamlet*; ce n'est qu'un
discours de gilles, un proverbe bas qui ne peut faire aucun effet. Il y   420
a toujours une raison pour laquelle toute beauté est beauté, et toute
sottise est sottise.

Les mêmes réflexions que je fais ici devant vous, messieurs, ont
été faites en Angleterre par plusieurs gens de lettres. Rimer même,
le savant Rimer, dans un livre dédié au fameux comte Dorset en   425
1693, sur l'excellence et la corruption de la tragédie, pousse la
sévérité de sa critique jusqu'à dire *qu'il n'y a point de singe en*
Afrique, (*i*) *point de babouin qui n'ait plus de goût que Shakespear.* [60]
Permettez-moi, messieurs, de prendre un milieu entre Rimer et le
traducteur de Shakespear, et de ne regarder ce Shakespear ni   430
comme un dieu, ni comme un singe. [61]

(*i*) Page 124.

424-25   MS 1: Rimer en 1593, dans un livre dédié au fameux comte Dorsets
428   MS 1: [*note absent.*]
429-30   MS 1: les traducteurs
431-33   MS 1: singe. [*no new title*] ¶J'ai
        L76A, L76B: singe. [*new title page*] SECONDE PARTIE. [L76B:
PREMIÈRE   PARTIE] / À / MESSIEURS / DE / L'ACADÉMIE
FRANÇAISE. / MESSIEURS,
        L76D: *Fin de la lettre de M. de Voltaire à l'académie française, etc.* ¶J'ai
        EJ77, K: singe. [*new title page*] SECONDE PARTIE. ¶Messieurs,

[59] *Hamlet*, I.i.8: 'Not a mouse stirring'.
[60] Voltaire has accurately referred to Thomas Rymer, *A Short view of tragedy; its*
original, excellency, and corruption (London, 1693): 'There is not a monkey but
understands Nature better; not a pug in Barbary that has not a truer taste of things',
ed. J. V. Price (London, 1994).
[61] Here, Beuchot (*M*, vol.30, p.363) includes the second 'posthumous' note by
Voltaire (see above, n.14): 'On a mis dans un journal qu'il y avait des bouffonneries
dans cette lettre: certes il ne s'y trouve d'autres bouffonneries que celles de

LETTRE DE M. DE VOLTAIRE À MESSIEURS DE L'ACADÉMIE FRANÇAISE.

SECONDE PARTIE [62]

Messieurs,

J'ai exposé fidèlement à votre tribunal le sujet de la querelle entre la France et l'Angleterre. Personne assurément ne respecte plus que moi les grands hommes que cette île a produits; et j'en ai donné assez de preuves. La vérité qu'on ne peut déguiser devant vous, m'ordonne de vous avouer que ce Shakespear si sauvage, si bas, si effréné et si absurde, avait des étincelles de génie. [63] Oui, messieurs, dans ce chaos obscur composé de meurtres et de bouffonneries, d'héroïsme et de turpitude, de discours des halles et de grands intérêts, il y a des traits naturels et frappants. C'était ainsi à peu près que la tragédie était traitée en Espagne, sous Philippe II, du vivant de Shakespear. Vous savez qu'alors l'esprit

435

440

434   MS1: France et ces traducteurs. Personne
435   MS1: que l'Angleterre a
437-38   MS1, EJ77: sauvage avait du génie
440   MS1, EJ77: et de bassesse, de
441   MS1: et sublimes. C'était
442   MS1, EJ77: ainsi que

Shakespeare, que l'académicien est obligé de rapporter. Nous ne sommes pas assez grossiers en France pour bouffonner avec les premières personnes de l'Etat qui composent l'Académie.' See also Besterman, *Voltaire on Shakespeare*, p.202.

[62] The arbitrary division of the *Lettre* into two parts appears to be unjustified.

[63] The paradox goes back to the *Lettres philosophiques*, though expressed somewhat differently: 'il avait un génie plein de force et de fécondité, de naturel et de sublime, sans la moindre étincelle de bon goût', *LP*, vol.2, p.79.

de l'Espagne dominait en Europe et jusque dans l'Italie. Lopez de Véga[64] en est un grand exemple. 445

Il était précisément ce que fut Shakespear en Angleterre, un composé de grandeur et d'extravagance. Quelquefois digne modèle de Corneille, quelquefois travaillant pour les petites maisons, et s'abandonnant à la folie la plus brutale, le sachant très bien, et l'avouant publiquement dans des vers[65] qu'il nous a 450 laissés, et qui sont peut-être parvenus jusqu'à vous. Ses contemporains, et encore plus ses prédécesseurs, firent de la scène espagnole un monstre qui plaisait à la populace. Ce monstre fut promené sur les théâtres de Milan et de Naples. Il était impossible que cette contagion n'infectât pas l'Angleterre; elle corrompit le 455 génie de tous ceux qui travaillèrent pour le théâtre longtemps avant Shakespear. Le lord Buckurst, l'un des ancêtres du lord Dorset, avait composé la tragédie de Gorboduc.[66] C'était un bon roi, mari d'une bonne reine; ils partageaient, dès le premier acte, leur royaume entre deux enfants, qui se querellèrent pour ce partage: 460 le cadet donnait à l'aîné un soufflet au second acte. L'aîné, au troisième acte, tuait le cadet; la mère, au quatrième, tuait l'aîné; le roi, au cinquième, tuait la reine Gorboduc;[67] et le peuple soulevé tuait le roi Gorboduc; de sorte qu'à la fin il ne restait plus personne.

Ces essais sauvages ne purent parvenir en France; ce royaume 465 alors n'était pas même assez heureux pour être en état d'imiter les vices et les folies des autres nations. Quarante ans de guerres civiles

448 MS1, EJ77: Corneille, souvent travaillant
451 MS1: laissés. Ses
463 EJ77: reine et

[64] The Spanish dramatist (1562-1635) had already been mentioned as a contemporary of Shakespeare in the opening lines of the eighteenth *Lettre philosophique* (*LP*, vol.2, p.79), while a direct comparison is made in the *Discours de M. de Voltaire à sa réception à l'Académie française* of 1746 (*OCV*, vol.30A, p.26).

[65] Lope de Vega, *Arte nuevo de hacer comedias en este tiempo*, ch.30.

[66] *Gorboduc or, the tragedy of Ferrex and Porrex*, by Thomas Norton and Thomas Sackville, first earl of Dorset and Baron Buckhurst (1561).

[67] An obvious slip.

écartaient les arts et les plaisirs. Le fanatisme marchait dans toute la France le poignard dans une main et le crucifix dans l'autre. Les campagnes étaient en friche, les villes en cendres. La cour de Philippe Second[68] n'y était connue que par le soin qu'elle prenait d'attiser le feu qui nous dévorait. Ce n'était pas le temps d'avoir des théâtres. Il a fallu attendre les jours du cardinal de Richelieu pour former un Corneille, et ceux de Louis XIV pour nous honorer d'un Racine.

Il n'en était pas ainsi à Londres quand Shakespear établit son théâtre. C'était le temps le plus florissant de l'Angleterre; mais ce ne pouvait être encore celui du bon goût. Les hommes sont réduits, dans tous les genres, à commencer par des Thespis[69] avant d'arriver à des Sophocle. Cependant tel fut le génie de Shakespear, que ce Thespis fut Sophocle quelquefois. On entrevit sur sa charrette, parmi la canaille de ses ivrognes barbouillés de lie, des héros dont le front avait des traits de majesté.

Je dois dire que, parmi ces bizarres pièces, il en est plusieurs où l'on trouve de beaux traits pris dans la nature, et qui tiennent au sublime de l'art, quoiqu'il n'y ait aucun art chez lui.

C'est ainsi qu'en Espagne Diamante[70] et Guillain de Castro,[71] semèrent dans leurs deux tragédies monstrueuses du *Cid*, des beautés dignes d'être exactement traduites par Pierre Corneille. Ainsi, quoique Calderon[72] eût étalé dans son *Héraclius* l'ignorance

470

475

480

485

490

471   MSI, L76B, L76D: Philippe II
483   MSI: front était plein de majesté
484   MSI: que dans toutes ses bizarres
484-85 MSI: il n'en est pas une seule où l'on ne trouve quelques traits
489-98 MSI: Corneille. ¶Vous

[68] King of Spain (1527-1598).
[69] Greek poet, sixth century BC, generally considered to be the creator of Greek tragedy.
[70] (1625-1687); Voltaire's chronology is clearly faulty here.
[71] (1569-1631).
[72] See *Commentaires sur Corneille*, *OCV*, vol.55, p.575-632, and David Williams's discussion, *OCV*, vol.53 (1974), p.254-61, 275-301.

la plus grossière, et un tissu des folies les plus absurdes, cependant il mérita que Corneille daignât encore prendre de lui la situation la plus intéressante de son *Héraclius* français,[73] et surtout ces vers admirables qui ont tant contribué au succès de cette pièce:

> O malheureux Phocas! ô trop heureux Maurice!
> Tu retrouves deux fils pour mourir après toi,
> Et je n'en puis trouver pour régner après moi.[74]

495

Vous voyez, messieurs, que dans les pays et dans les temps où les beaux arts ont été le moins en honneur, il s'est pourtant trouvé des génies qui ont brillé au milieu des ténèbres de leur siècle. Ils tenaient de ce siècle où ils vécurent, toute la fange dont ils étaient couverts; ils ne devaient qu'à eux-mêmes l'éclat qu'ils répandirent sur cette fange. Après leur mort ils furent regardés comme des dieux par leurs contemporains, qui n'avaient rien vu de semblable. Ceux qui entrèrent dans la même carrière furent à peine regardés. Mais enfin quand le goût des premiers hommes d'une nation s'est perfectionné, quand l'art est plus connu, le discernement du peuple se forme insensiblement. On n'admire plus en Espagne ce qu'on admirait autrefois. On n'y voit plus un soldat servir la messe sur le théâtre, et combattre en même temps dans une bataille; on n'y voit plus Jésus-Christ se battre à coup de poing avec le diable, et danser avec lui une sarabande.

500

505

510

En France, Corneille commença par suivre les pas de Rotrou;[75]

---

491   K: tissu de folies
494   L76B, L76D, K: aux succès
505   MS1:   furent regardés à peine. Mais
511   MS1:   <Dieu> ᵛ↑Jésus-Christ⁺
511-12   MS1:   danser une sarabande avec lui.

---

[73] 1647. Voltaire translated Calderón's *Héraclius* (1659) in order to establish a comparison with Corneille's play of the same name, *OCV*, vol.55, p.575-715; see also David Williams's discussion, *OCV*, vol.53, p.295-301.

[74] *Héraclius*, IV.iii.1384-86.

[75] Jean de Rotrou, dramatist (1609-1650).

Boileau commença par imiter Régnier;[76] Racine encore jeune se modela sur les défauts de Corneille; mais peu à peu on saisit les vraies beautés; on finit surtout par écrire avec sagesse et avec pureté. *Sapere est principium et fons*;[77] et il n'y a plus de vraie gloire parmi nous que pour ce qui est bien pensé et bien exprimé. 515

Quand des nations voisines ont à peu près les mêmes mœurs, les mêmes principes, et ont cultivé quelque temps les mêmes arts, il paraît qu'elles devraient avoir le même goût. Aussi l'*Andromaque* et la *Phèdre* de Racine, heureusement traduites en anglais par de bons auteurs, réussirent beaucoup à Londres.[78] Je les ai vu jouer autrefois; on y applaudissait comme à Paris. Nous avons encore quelques-unes de nos tragédies modernes très bien accueillies chez cette nation judicieuse et éclairée.[79] Heureusement il n'est donc pas vrai que Shakespear ait fait exclure tout autre goût que le sien, et qu'il soit un dieu aussi jaloux que le prétend son pontife, qui veut nous le faire adorer. 520 525

Tous nos gens de lettres demandent comment en Angleterre les premiers de l'état, les membres de la société royale, tant d'hommes si instruits, si sages, peuvent encore supporter tant d'irrégularités, et de bizarreries, si contraires au goût que l'Italie et la France ont introduit chez les nations policées, tandis que les Espagnols ont enfin renoncé à leurs *autos sacramentales*. Me trompé-je en remarquant que partout, et principalement dans les pays libres, 530 535

517   MSI: est et principium
526-27   MSI: éclairée. Il est donc faux que
528-29   MSI: et que ce soit un Dieu aussi jaloux que le prétendent ses traducteurs.
530   MSI: Mais tous nos
532   MSI: instruits et si

[76] Mathurin Régnier, poet (1573-1613).
[77] Horace, *Ars poetica*, line 309. Voltaire has omitted *et* before *principium*.
[78] *Andromaque* had been played in a translation by Ambrose Philips as *The Distrest mother* (1712) at the Theatre Royal in 1727-1728. *Phèdre* was translated by Edmund Smith as *Phaedra and Hippolytus* (1706).
[79] See André M. Rousseau, *L'Angleterre et Voltaire*, 3 vol., *SVEC* 145-147 (1976), vol.2, p.375-446. Rousseau amply documents his conclusion that Voltaire was the 'premier des dramaturges anglais du siècle' (p.445).

le peuple gouverne les esprits supérieurs? Partout les spectacles chargés d'événements incroyables plaisent au peuple; il aime à voir des changements de scènes, des couronnements de rois, des processions, des combats, des meurtres, des sorciers, des cérémo- 540
nies, des mariages, des enterrements: il y court en foule; il y entraîne longtemps la bonne compagnie, qui pardonne à ces énormes défauts, pour peu qu'ils soient ornés de quelques beautés, et même quand ils n'en ont aucune. Songeons que la scène romaine fut plongée dans la même barbarie du temps même d'Auguste. 545
Horace s'en plaint à cet empereur dans sa belle épître *Cum tot sustineas*;[80] et c'est pourquoi Quintilien prononça depuis que les Romains n'avaient point de tragédie: *In tragedia maxime claudicamus.*[81]

Les Anglais n'en ont pas plus que les Romains. Leurs avantages 550
sont assez grands d'ailleurs.

Il est vrai que l'Angleterre a l'Europe contr'elle en ce seul point; la preuve en est qu'on n'a jamais représenté sur aucun théâtre étranger aucune des pièces de Shakespear.[82] Lisez ces pièces, messieurs; et la raison pour laquelle on ne peut les jouer ailleurs, se 555
découvrira bientôt à votre discernement: il en est de cette espèce de tragédie comme il en était, il n'y a pas longtemps, de notre musique instrumentale: elle ne plaisait qu'à nous.

540-41   MSI: cérémonies de mariage
543-52   MSI: ornés par des traits naturels et hardis. Shakespear a beaucoup de ces traits. L'amour de la gloire nationale se joint au plaisir que font ces beautés. On finit par aimer jusqu'aux défauts qui les défigurent, on les défend contre le reste de l'Europe. ¶Il est si vrai
545   K: temps d'Auguste
552-53   MSI: point, qu'on
558   MSI: <instrumentale>
558-59   MSI: nous. J'avoue

[80] Horace, *Epistles*, II.i: the opening words.
[81] Quintilian, *Institutio oratoria*, I.xcix.Q has 'in comedia'.
[82] The performances of the Shakespearean adaptations by J.-F. Ducis of *Hamlet* (1769) and *Roméo et Juliette* (1772) evidently did not count in Voltaire's opinion.

J'avoue qu'on ne doit pas condamner un artiste qui a saisi le goût de sa nation; mais on peut le plaindre de n'avoir contenté qu'elle. 560 Appelle[83] et Phydias[84] forcèrent tous les différents états de la Grèce et tout l'empire romain à les admirer. Nous voyons aujourd'hui le Transilvain, le Hongrois, le Courlandais[85] se réunir avec l'Espagnol, le Français, l'Allemand, l'Italien, pour sentir également les beautés de Virgile et d'Horace; quoique 565 chacun de ces peuples prononce différemment la langue d'Horace et de Virgile. Vous ne trouvez personne en Europe qui pense que les grands auteurs du siècle d'Auguste soient *au-dessous des singes et des babouins*.[86] Sans doute Pantolabus et Crispinus[87] écrivirent contre Horace de son vivant, et Virgile essuya les critiques de 570 Bavius;[88] mais après leur mort ces grands hommes ont réuni les voix de toutes les nations. D'où vient ce concert éternel? Il y a donc un bon et un mauvais goût.

On souhaite avec justice que ceux de messieurs les académiciens qui ont fait une étude sérieuse du théâtre veuillent bien nous instruire 575 sur les questions que nous avons proposées. Qu'ils jugent si la nation qui a produit Iphigénie et Athalie doit les abandonner pour voir sur le théâtre des hommes et des femmes qu'on étrangle, des crocheteurs, des sorciers, des bouffons et des prêtres ivres; si notre cour si longtemps renommée pour sa politesse et pour son goût doit être 580

570 EJ77: Horace, de son temps Virgile
578-93 MS1: étrangle, des échafauds, des sorciers et des bouffons.//
578-79 EJ77: crocheteurs, des bouffons, et des prêtres: si

[83] Apelles, Greek painter (fourth century BC).
[84] Phydias, Greek sculptor (*c.*480-430 BC).
[85] Inhabitant of a region in Latvia, west of Riga.
[86] See above, n.60.
[87] Both of these appeared in book 1 of Horace's *Satires*: Pantolabus (satire 8, line 11) and Crispinus (satire 1, line 120, satire 3, line 139). See N. Rudd, *The Satires of Horace* (Cambridge, 1966).
[88] According to the *Dictionary of Greek and Roman antiquities*, ed. Sir William Smith ([London], 1870), vol.1, p.478, Bavius and his fellow critic Maevius 'would probably never have been heard of but for the well-known line of Virgil (*Eclogues*, III.90): "Qui Bavium non odit amet tua carmina, Maevi" '.

changée en un cabaret de bière et de brandevin; (*j*) et si le palais
d'une vertueuse souveraine doit être un lieu de prostitution.
Figurez-vous, messieurs, Louis XIV dans sa galerie de Versailles, entouré de sa cour brillante; un gilles couvert de lambeaux
perce la foule des héros, des grands hommes et des beautés qui   585
composent cette cour; il leur propose de quitter Corneille, Racine et
Molière pour un saltimbanque qui a des saillies heureuses, et qui fait
des contorsions. Comment croyez-vous que cette offre serait reçue?
Je suis, avec un profond respect,

MESSIEURS,   590

Votre très humble et très obéissant

serviteur,

VOLTAIRE.

(*j*) Il est peu de pièces de Shakespear où l'on ne trouve de telles scènes.
J'ai vu mettre de la bière et de l'eau-de-vie sur la table dans la tragédie
d'Hamlet, et j'ai vu les acteurs en boire. César, en allant au capitole,
propose aux sénateurs de *boire un coup avec lui*.[89] Dans la tragédie de
Cléopâtre, on voit arriver sur le rivage de Misène la galère du jeune   5
Pompée: on voit Auguste, Antoine, Lépide, Pompée, Agrippa, Mécène,
boire ensemble. Lépide, qui est ivre, demande à Antoine, qui est ivre
aussi, comment est fait un crocodile. Il est fait comme lui-même, répond
Antoine; il est aussi large qu'il a de largeur, et aussi haut qu'il a de
hauteur. Il se remue avec ses organes, il vit de ce qui le nourrit, etc.[90]   10
Tous les convives sont échauffés de vin; ils chantent en chorus une
chanson à boire; et Auguste dit, en balbutiant, qu'*il aimerait mieux jeûner
quatre jours, que de trop boire en un seul.*[91]

581-83   EJ77: et le palais d'une Souveraine en un lieu de prostitution. Figurez-
vous
584   EJ77: gille ivre, couvert
587-88   EJ77: pour un gille de village; comment
589-93   L76D: suis, etc. ¶VOLTAIRE.//
        EJ77: suis avec un profond respect etc. ¶FIN.//

[89] *Julius Caesar*, II.ii.126.
[90] *Antony and Cleopatra*, II.vii.41-43.
[91] *Antony and Cleopatra*, II.vii.98-99.

53

Irène, tragédie

Critical edition

by

Perry Gethner

CONTENTS

INTRODUCTION[1]

1. *Composition*

In late 1776, Voltaire began work on *Irène*, his last play, which would premiere on 16 March 1778, shortly before the author's death on 30 May. From his correspondence, it is possible to piece together a fairly detailed history of the play's composition.[2] Dropping the first hint that he was working on a new full-length work in verse on 18 October 1776 (D20353), he revealed on 1 January 1777 that he had overcome his reluctance and shown a copy of the 'abrégé' (probably a first complete draft) to Mme Denis (D20493). On 4 February he announced that he had started work on another tragedy, *Agathocle*, though without abandoning *Irène* (D20550), only to declare a month later (*c*.5 March) that he had completed both tragedies but was not satisfied with either (D20594). By 25 October 1777 Voltaire had decided that *Irène* should be performed first and sent the manuscript to d'Argental (D20856). To celebrate the wedding of his house-guest, the marquis de Villette, in November, Voltaire organised a private performance of *Irène* (D20885) and, prior to the wedding, gave a preliminary reading of the work (D20886). In mid-December he sent a large number of revisions to his Paris correspondents and indicated that he was still rethinking certain basic elements of the play (D20952, D20956).

Voltaire took the decisive move toward public performance on 1 January 1778 when he authorised his Parisian friends to arrange for a reading of *Irène* to the actors of the Comédie-Française

---

[1] I would like to thank Haydn Mason, François Jacob, Russell Goulbourne and especially Julia Effertz for their invaluable assistance.

[2] On the genesis of the play, see also René Pomeau, *On a voulu l'enterrer 1770-1791* (Oxford, 1994); Lily Willens, 'Voltaire's *Irène* and his illusion of theatrical success', *SVEC* 185 (1980), p.87-101.

(D20966, D20967); although this preliminary step could have been dispensed with, given Voltaire's pre-eminent rank among the playwrights of the age, he preferred to follow standard protocol in order to avoid any risk of antagonising the troupe. The reading, which took place on 2 January, was undertaken by the actor Monvel, since Lekain, the great man's protégé, was ill. Monvel's reading moved his fellow actors to tears and cries of joy (D20970), and the work was immediately accepted. But Voltaire decided that the tragedy was not yet ready and withdrew the manuscript, insisting on the need for major revisions, both stylistic and structural (D20985). Condorcet wrote on 19 January that he, Turgot and the drama censor Suard were in agreement on what sorts of changes the play needed, insisting that their aim was to hold Voltaire to the standard of perfection in style and character-isation to which he had accustomed them (D20996). On 1 February Mme Denis wrote that the revisions were complete, though her uncle's insistence on working on them night and day over several weeks had made him ill (D21020). However, even after his arrival in Paris on 12 February, Voltaire continued to make changes, as he consulted with friends and rehearsed the play with individual cast members.[3] According to C. Beauchâteau, Voltaire's revisions during the weeks preceding the premiere were extensive, including major changes to one act and numerous corrections to two others (D21098, commentary). The most substantive of these changes, announced to d'Argental on 12 February (and which the latter had obviously requested), involved the removal of several scenes from the end of act 4, which were then added, with some revisions, to the beginning of act 5 (D21035); this redrafting process can be seen most clearly in MS1.[4]

Some of the alterations that Voltaire made to his tragedy during its extended period of gestation are easy to identify, if not always easy to explain. He originally wrote it in three acts, realising that

[3] See D21086, in which Voltaire sends his lead actor Molé some text changes.
[4] See below, 'Manuscripts' section.

the plot, consisting solely of the heroine's remorse at loving her husband's murderer, was too 'simple' and insufficiently eventful to warrant the five-act format (D20471). Perhaps fearing objections from the actors if he submitted a work in three acts, he commented that for a gifted actress like Mlle Sainval a five-act tragedy would be necessary (D20477). He changed his mind at some point between 7 April 1777 (D20625), when he still referred to *Irène* as being in three acts, and 2 June (D20682), where he speaks of a five-act structure. At no point did he specify his reasons for expanding the work, though it is likely that, in addition to the fear of rejection by the Comédie-Française, his desire to present himself as the heir to Racine caused him to make constant comparisons to the earlier playwright's work and especially to *Bérénice* with its particularly simple plot (for example, D20471).

Another conspicuous alteration was the play's title. Voltaire originally named his tragedy after the male protagonist, *Alexis Comnène*: 'On a parlé d'un Alexis Commene [*sic*], d'un Nicéphore' (D20593, 5 March 1777, letter from Condorcet; see also D20850, D20854). D'Argental was still calling it *Alexis* on 15 November (D20899), but Voltaire effectively changed the play's title to *Irène* in November (D20885, D20886, D20901). [5] Why he made the title change is unclear, but it was probably not in reaction to Mme Du Deffand's view that she found the hero's name unfavourable for rhyming (D21047, commentary, 16 February 1778). Carlson suggests that Voltaire reconfigured the play to give the heroine the more prominent role once he realised that his protégé Lekain would not be playing the male lead. [6] This is possible, but it rests on the hypothesis that Voltaire somehow learned of Lekain's refusal prior to Thibouville's announcement of it in a letter of 11 January 1778 (whereas the title change was made some months earlier).

---

[5] Moultou, who clearly had access to a manuscript, referred to it as *Irène et Alexis* the following 4 January (D20972), but this is the sole case where the double title is used and is probably due to a misunderstanding.

[6] Marvin Carlson, *Voltaire and the theatre of the eighteenth century* (Westport and London, 1998), p.152.

One thing, however, is sure: Voltaire's goal was to create the maximum amount of pathos and tears, and in order to accomplish this he could not help but focus on his heroine's internal conflict and final suicide. This, perhaps combined with a desire to rival *Bérénice* (see D20972), may well have been the main reason for the title change.

An amusing modification involved the name of the heroine's father, which Voltaire was persuaded to change from Basile to Léonce. The marquis de Villette told him that the name Basile risked provoking laughter from a Paris audience, owing to the current fad of calling out the line 'Basile, allez vous coucher' (from Beaumarchais's recent comedy, *Le Barbier de Séville*, 1773) as a substitute method for booing a performer. Although Voltaire was familiar neither with the fad nor with Beaumarchais's play, he agreed to the switch. As he himself pointed out, the name Basile never occurred within a rhyme and the new name had the same number of syllables, so no real rewriting was needed (D20856; Villevieille recounts the same story in D20854).[7]

Far more complex are Voltaire's repeated attempts to rework the personalities and conflicts of the two central characters. The playwright insisted that he did not want Alexis to behave like the stereotypical gentle and 'raisonnable' lover (D20952); instead, he wanted an energetic hero whose wild passion would lead him into irrational and irresponsible actions. While admitting that it is inexcusable for Alexis to demand to marry Irène on the very day of her husband's death, he insisted that such a 'tort' was very much in character for 'un homme enivré de sa passion', whom he further described as 'fougueux', 'écervelé' and 'tendre' (D20952). On 19 December 1777 he stated that he had revised the role to make the conduct of Alexis more pardonable, but hoped that he had not made him too innocent (D20956). Presumably, he moved from a scenario in which Alexis returns to Constantinople for the sole

---

[7] MS1 is the only manuscript in which 'Bazile' was originally used, but crossed out and replaced by 'Léonce' throughout. See V.105-106 variant, for the sole instance where 'Bazile' originally occurred at the rhyme.

purpose of overthrowing the usurper and with the conspiracy already planned, to one where he mounts the revolt only when he learns that the emperor has wrongfully ordered his execution, apparently with no advance preparation (see D20972).

Even after the play had been read to the actors, Voltaire was still worried that he had not achieved the proper balance within his hero's character or the proper contrast between him and his rival: 'Vous sentez combien il est difficile de nuancer tellement les choses qu'Alexis soit intéressant en étant pourtant un peu coupable, et que Nicéphore ne soit point odieux, afin qu'ils servent l'un et l'autre à augmenter la pitié qu'on doit avoir pour Irène' (D20985). Although Voltaire considered reworking the role of his villain to make him less hateful (D20928), he instead gave Nicéphore the briefest possible appearance in the play (one scene of roughly forty lines). Condorcet, having learned the contents of the preceding letter, proposed making Nicéphore a thoroughly tyrannical figure who orders the death of his innocent wife – a fate from which only the return of Alexis can save her. Only in this way, he argued, could the revolt of Alexis and his hopes to marry Irène on the spot be justified; also, Irène's sacrifice would seem more touching if it were no longer absolutely indispensable (D20996). Voltaire would follow this advice, but since he never allowed Nicéphore to give a reason for wanting his wife's death, the emperor's behaviour seems just as incomprehensible as it is odious. Moreover, since Alexis, motivated by what is perhaps excessive gallantry, never clearly informs Irène of her husband's designs against her life, she loses what might be her best reason to agree to a speedy remarriage.

If the role of Alexis troubled Voltaire, that of Irène bothered him so much that, at one point, he seemed to consider abandoning work on the play, commenting that 'je peignais des couleurs les plus vives et les plus tendres, un tableau qu'il faut jeter dans le feu. [...] celui-là aurait été intéressant s'il n'avait pas été ridicule' (D20477). Right from the beginning (15 December 1776) he feared that audiences would make fun of a woman who kills herself, as he put it, to avoid sleeping with her husband's murderer, even though she adores the murderer and has no love for her husband. Such a plot, he added, resembles stories of female Christian martyrs from *The Golden Legend*, which are too unbelievable and allow for excessive divine intervention (D20471). He continued to feel torn between his concern that the plot was too opposed to the French nature (D20477) and his belief that the role of the empress was 'très honnête, très touchant, et même si on veut assez théâtral' (D20493).

One of the strongest objections that Voltaire tried to counter is that Irène, being a devout Christian, ought not to commit suicide. He insisted that since she (twice) asks pardon from God with her dying breath, audiences will weep over her, rather than condemn her. He even thought that God will likewise forgive her: 'Son dernier mot étant un acte de contrition, il est clair qu'elle est sauvée' (D20885).[8] Yet he still wondered whether the empress's suicide was adequately motivated. As Irène would seem ridiculous if she remained faithful to the memory of a wicked husband, she needs to feel some self-reproach; hence, it becomes crucial to give her fanatical father a strong influence over her (D20928). At the same time, Voltaire was concerned whether Irène's deep religious convictions would make her appear as a 'dévote impertinente' who kills herself more out of piety than love. He insisted that her suicide is not a rational and calmly premeditated act; instead, her whole tragedy is 'd'amour, et d'amour effréné', for which Nicéphore's death is just the occasion. Unlike Ydace, the heroine of *Agathocle* whom he labelled 'très honnête', Irène is 'déchirante, ou je suis fort trompé' (D20952). Even after the tragedy had been read to the actors, Voltaire continued to fear that audiences would view his heroine as a 'bégueule', whereas his niece disagreed both with that assessment and with the whole basis of the plot. In her view, a woman should under no circumstances marry her husband's murderer (D20975).

---

[8] In the same letter, Voltaire argues that 'le suicide n'est défendu dans aucun endroit de l'Ancien ni du Nouveau Testament'.

Voltaire's comments on the overall tone of *Irène* and his reasons for wanting it to be performed before *Agathocle* shed further light on his conception of tragedy at the end of his life. He insisted to d'Argental and Thibouville that the latter play, which they preferred, was too philosophical. Although he considered it 'attachant' and 'pas mal écrit', he insisted that elegance and reason do not suffice to make a good tragedy. 'Ce n'est pas assez d'un intérêt de curiosité, il faut un intérêt déchirant' (D20849). Several days later he called *Agathocle* playable only at the Olympic Games by a school of Platonists, and judged *Irène* 'quelque chose de plus passionné, de plus théâtral, et de plus intéressant. Point de salut au théâtre sans la fureur des passions' (D20856). His strongest defence of *Irène* as a model tragedy occurred on 9 November 1777 (D20885):

Je crois cette tragédie vraiment tragique; et peut-être la plus favorable aux acteurs qui ait jamais paru. Je pense que les passages fréquents de la passion aux remords, et de l'espérance au désespoir, fournissent à la déclamation toutes les ressources possibles. J'oserais même dire que le théâtre a besoin de ce nouveau genre, si on veut le tirer de l'avilissement où il commence à être plongé, et de la barbarie dans laquelle on voudrait le jeter.

He was convinced that having the play performed in Paris would ultimately serve to 'rétablir le seul spectacle qui fasse un véritable honneur à la France' (D20901).

However, according to Mettra, following the announcement that the troupe was suspending performances of *Irène* after its triumphant premiere, he decided to rewrite the work with a happy ending. 'M. de Voltaire est occupé à changer totalement le cinquième acte. Il veut qu'Irene épouse Alexis.'[9] One wonders whether this remark was nothing more than a witticism uttered in a moment of exuberance. He must have realised that elimination of the heroine's suicide would greatly diminish the pathos that he had

---

[9] *Correspondance secrète, politique et littéraire*, 18 vol. (London, 1787-1790), vol.6 (1787), p.216-17, letter of 12 May.

worked so hard to produce. However, if he meant it seriously, the most logical way of bringing about a happy ending would have been to add a *deus ex machina* figure, presumably the new and more humane pontiff whom Alexis tells Memnon that he has summoned.[10] Since Léonce clearly believes in the theological arguments that he defends so vigorously throughout acts 3 and 4, it is hard to see how he could relent unless ordered to do so by a religious superior. In any case, Voltaire had neither the time nor the energy during the final weeks of his life to pursue this ultimate revision.

2. *Historical background and sources*

On 1 April 1081 Alexius Comnenus took power in Constantinople and was proclaimed emperor, deposing his predecessor Nicephorus Botaniates. Everything else in Voltaire's plot is fictional. It was, of course, not a novelty to construct a fictional plot based loosely upon little-known historical figures; the practice dates back at least as far as Corneille and would not have troubled any of Voltaire's contemporaries. Voltaire was familiar with Byzantine history, and briefly mentions Alexius in his *Essai sur les mœurs*; it is likely that he knew the *Alexiad*.[11]

The key differences between play and history concern the conflict that Voltaire dramatizes between the play's protagonists: the historical Irene Ducas (*c*.1066-1123) was never married to Nicephorus, having wedded Alexius in 1078, prior to the accession of both her husband and his predecessor. Far from committing suicide, Irene lived for another forty years and had seven children with Alexius, one of whom was the historian Anna Comnena

---

[10] This becomes apparent in the earlier draft that is MS3 (act 5, scene 1).

[11] See *Essai sur les mœurs*, ch.40, 54. Anna Comnena's *Alexiad* has been translated into English several times, most recently by E. R. A. Sewter, rev. Peter Frankopan (London, 2009). For a critical commentary on Anna, see Georgina Buckler, *Anna Comnena: a study* (Oxford, 1929).

(1083-1153), who chronicled her father's reign in her *Alexiad*, and describes her parents' marriage in positive terms. [12]

Emperor Nicephorus III Botaniates (1001/2-1081) was not slain during Alexius's coup d'état, but was instead persuaded to abdicate and enter a monastery (as was often the case with deposed Byzantine emperors); Irene's father, Andronicus Ducas (before 1045-1077), played no part in the events of 1081; the patriarch of Constantinople (1075-1081), Cosmas I, did not try to prevent the marriage of Alexius and Irene, but acted instead to thwart the plans of those who wished to see that marriage annulled.

The main impetus for choosing this subject came from a tragedy by his Swiss friend François Tronchin, *Les Comnènes* (published in 1779 with Tronchin's collected works, but composed three decades previously), which Voltaire knew well, and which he would have liked to see staged in Paris. [13] However, Tronchin admitted in his preface that Voltaire owed him little more than the basic idea: 'Ce poème qui était connu à M. de Voltaire est de trente ans antérieur à son Irène: et l'on verra que les deux productions n'ont de commun que le nom de quelques-uns des personnages.' [14]

Moreover, the overall tone of the two tragedies is radically different. In Tronchin's tragedy, there is no passion: his virtuous characters are modelled on the heroic figures of Corneille, possessing extraordinary self-mastery and nobility of spirit, as well as boundless energy and self-confidence. Tronchin includes far more political intrigue, giving a much larger role to Nicéphore, who is craftier, more sinister and more active than in Voltaire's

---

[12] The fullest modern treatment of Alexius is Ferdinand Chalandon, *Essai sur le règne d'Alexis Ier Comnène (1081-1118)* (Paris, 1900), which is the first in a three-volume history of the Comnenus dynasty. For a full biography of Irene, see Charles Diehl, *Impératrices de Byzance* (Paris, 1959). For the Ducas family, see Demetrios I. Polemis, *The Doukai* (London, 1968). For general background, see *The Cambridge medieval history*, ed. Joan M. Hussey, 8 vol. (1966-1967), vol.4; *Oxford Dictionary of Byzantium*, ed. Alexander P. Kazhdan *et al.* (New York and Oxford, 1991).

[13] François Tronchin, *Les Comnènes* (n.p.n.d.), in *Mes Récréations dramatiques*, 5 vol. (Geneva, 1779-1787), vol.1. See D6368, D6621, D6675, D6678, D6961.

[14] Tronchin, *Les Comnènes*, p.76, n.2.

play. Pathos is minimal, and there is a perfect happy ending, complete with poetic justice. It is clear that the two playwrights had radically different aesthetic aims. Tronchin wished to compose an edifying play that remained faithful to history and provoked a cerebral response from the spectator, preferably admiration. Voltaire, on the other hand, viewed historical accuracy and didacticism as dispensable, but held firmly to the Racinian view that tragedy should provoke an emotional response, preferably pity.

3. Dramaturgy

The main interest of *Irène* today is that it represents Voltaire's views on *tragédie classique* at the close of his life, especially at a time when the public had become receptive to less classical forms, such as the *drame*, and tragedy was increasingly developing along non-classical lines. [15] Voltaire continued to be convinced, and wanted to prove, that tragedy based on the models of Corneille and Racine was the highest of all theatrical forms and would always remain so. One of Voltaire's key dramatic principles was the proper choice of protagonists: they should be noble in spirit (and usually noble in rank, as well), brave, loyal, virtuous and susceptible to intense feelings, especially romantic love and devotion to family. While he rejected the violent and destructive characters found in some of Racine's tragedies, Voltaire found equally unacceptable the rigid heroism, based on boundless pride and ambition, of many of Corneille's protagonists. A clear indication of this may be found in his dedicatory letter to the Académie, in which he condemns the character of Cornélie in *La Mort de Pompée*, whom he viewed as both unnatural and untheatrical (see below, lines 339-84). If Corneille could declare of one of his heroines, 'Je lui prête un

[15] See H. C. Lancaster, *French Tragedy in the time of Louis XV and Voltaire, 1715-1774* (Baltimore, 1950), p.614.

peu d'amour; mais elle règne sur lui',[16] Voltaire would go to the opposite extreme, subordinating heroism to love, and have his Alexis proclaim that he has little ambition and is conspiring against the tyrant only in self-defence and for the protection of his beloved (significantly, Voltaire, who found Corneille's *Sophonisbe* unsatisfactory, had recently reworked that story himself).[17]

Alexis insists that he does not care about ruling and even feels some initial distaste for the idea of rebelling against his sovereign (see II.ii; Voltaire added this thought in MS2). By allowing him an instantaneous, complete victory which happens as if by magic, Voltaire can focus primarily on the hero's amorous obsession. Thus, as soon as the battle is won, Alexis sends Memnon to assure Irène that he has fought solely for her benefit, and then comes in person to demand that she wed him that very day, despite the fact that she has just lost her husband. As for Irène, she is devoid of ambition, having always loved Alexis for himself, not for his rank. She became empress only because of a forced marriage, and is presented as a rather powerless figure at court (see I.54-90).

Another of Voltaire's prerequisites for a good tragedy is clarity and simplicity in plot construction, an area where he strongly preferred Racine to Corneille.[18] *Irène* follows *Bérénice* in featuring only three principal characters, joined by an unusually active and influential advisor to the male protagonist. Although Voltaire's play includes a violent coup d'état, the main action is psychological, focusing on the obstacles, both internal and external, that prevent the marriage of two people desperately in love. With the exception of the heroine's suicide, no action is shown on stage; instead, the audience sees a series of extreme emotional reactions to swiftly changing events. The plot essentially consists of three interrelated obstacles to the union of Irène and Alexis: her marriage to Nicéphore, the opposition of her father and the pontiff to her remarriage, and her own conflicting loyalties and beliefs.

[16] *Sophonisbe* (Rouen, 1663), 'Au lecteur'.
[17] *OCV*, vol.71B.
[18] See *Commentaires sur Corneille*, *OCV*, vol.53-55.

Known for his elegant and harmonious versification, Voltaire carefully laboured over all of his plays in verse, rewriting individual lines and speeches, in the hope of achieving the maximum combination of stylistic purity and eloquence, the 'beaux vers' which he considered a major requirement for tragedy.[19] In this respect, *Irène* largely confirms Voltaire's reputation.

As is evident from his preface to *Irène* (see lines 186-240), Voltaire considered the single most important ingredient in a tragedy to be the generation of intense pathos in the audience. The creation of pathos can be divided into two broad categories: large-scale (entire roles) and small-scale (individual scenes or speeches). The title role, as Voltaire himself insisted, fits into the first category: Irène is a typical example of virtue in distress, agonising over a series of crises but unable to do much about them. In addition, like the heroines of melodrama, she suffers from the refusal of those around her to recognise her true worth. Her husband despises her, erroneously thinks that she has been conspiring with Alexis to overthrow him, and plots her execution. Both Léonce and Alexis, who exert extreme pressure on her to do their bidding, seem to believe her incapable of making proper decisions on her own. Worst of all, Irène is ultimately made to doubt her own innocence to the point where she feels that she must punish herself for complicity in her husband's death and inability to stop loving Alexis. Although she appears in twenty-one of the play's thirty scenes, her emotions range only from resigned sadness to hysteria; at no point does she ever experience calm, let alone happiness. While certain scenes stand out as being exceptionally moving, such as her entrance in act 5, where she seems near to

---

[19] For comments on Voltaire's 'beaux vers', see *Mercure galant* (April 1778), p.173; *Journal de Paris* (17 March 1778), p.303; *Journal de politique et de littérature*, vol.1 (25 March 1778), p.407; *Journal des théâtres, ou le nouveau spectateur*, vol.4 (1 April 1778), p.19. Anne Sanderson demonstrates in her exhaustive study of Voltaire's revisions to the play that his goal to maintain the highest standards remained intact at the very end of his life ('In the playwright's workshop: Voltaire's corrections to *Irène*', *SVEC* 228, 1984, p.129-70).

physical and emotional collapse, and the moments preceedings her suicide, as she frantically prays for God's forgiveness, Voltaire intended Irène to generate an intense emotional reaction from the spectators throughout the entire play, as he made clear in his correspondence where he uses expressions such as 'si cela déchire l'âme d'un bout à l'autre' (D20856).

As for pathos in individual scenes, Voltaire was willing to sacrifice *vraisemblance* and consistency of character in the interest of producing a powerful audience response: if Irène is a deeply religious woman opposed to suicide, why does she carry a dagger on her person? Confined to the palace, the empress would hardly need it for protection. The answer is, of course, that Voltaire needed her to commit suicide in order to reduce the other characters and the audience to tears in the final scene. Likewise, if the purpose of Léonce's leaving his monastery to visit his daughter is to demand that she retire into seclusion following her husband's death, it would be logical for him to wait until he knows for sure that Nicéphore has been killed. Instead, at the first inkling that a revolt is in progress and long before he learns the emperor's fate, he arrives to order Irène to come away with him (II.177-80, III.41-54). However, by having Léonce present when she receives the news that Nicéphore is indeed dead and that Alexis is determined to marry her at once, Voltaire allows the father to exert maximum pressure on his daughter before she has had a chance to recover from the initial shock and to think the matter through on her own. This in turn sets off a dramatic confrontation in which Alexis, believing Irène to be ungrateful and unreasonable, gives vent to his fury, while the distraught heroine tries to satisfy her conflicting loyalties. Without a prior meeting of father and daughter, it would be possible to imagine a very different outcome. Léonce's relenting during the final moments of the play is another passage that takes the audience by surprise. After repeatedly claiming to be the spokesman for God, whose law is said to be immutable, he hardly seems the type of man to change his mind so quickly, even if he has admitted, in passing, to being 'sensible' (IV.142).

The character whose behaviour is most problematic is Alexis. In an early manuscript (MS3), his decision to come to the palace and confront Nicéphore, who presumably suspects his intention to stage a coup and may well know that he has secretly brought his army back to the capital with him, is extraordinarily imprudent. Why expose himself to the danger of arrest or even instant execution? If his main reason is to communicate with Irène, why not simply smuggle in a letter? Voltaire revises this in MS2, where Alexis returns to the capital without prior plans to stage a coup, but his actions are no easier to explain. Knowing that the emperor is jealous of his military successes and views him as a potential threat, what is the point of entering the palace openly? The answer has to be that by having Alexis meet Irène prior to the coup, even though he does not involve her in any of his plans, Voltaire allows his heroine to feel extreme anxiety about the coming conflict between her husband and her beloved, combined with frustration at her position of absolute powerlessness. Likewise, the fact that Irène has spoken to Alexis during the opening acts contributes to her feeling that she bears a degree of responsibility for subsequent events. Indeed, she even uses the word 'complice' (III.198, IV.30) in trying to assess her own role.

If Voltaire was determined to develop pathos to the maximum in any episode where characters felt strong emotions, he likewise tried to curtail those where no pathos was involved. The clearest example of this is the overly hurried progress of the scenes where the conspiracy is launched, which Voltaire kept so brief that many of the details of the political intrigue become impossible to grasp. If Alexis really has no plans to take power prior to his meeting with Nicéphore, it is hard to explain why he has brought his army back with him; why Memnon, without the hero's approval, organises the 'partisans' of Alexis inside the city (and we are never told exactly who they are) into an effective fighting force during the brief interval between acts 1 and 2; and why Alexis makes the statement: 'L'entreprise bientôt doit être découverte' (II.153), which suggests much prior planning. Indeed, even if

Alexis were still opposed to the idea of a coup after his meeting with Nicéphore in act 2, scene 2, he would have a hard time stopping it, since by act 2, scene 4, Irène announces the outbreak of open revolt in the streets. The breathtaking acceleration of time, suggesting that the coup begins and ends almost instantaneously, is even more apparent in act 3. Memnon's message to Irène (III.71-80) gives the impression that Alexis will be occupied for a considerable time in restoring order and ending the bloodshed, and then in convening the senate in order to confirm him as the new emperor. Alexis's appearance in person less than 100 lines later is as startling to the audience as it is to Irène. Voltaire's purpose can only have been to write a thrilling confrontation between his hero and heroine, in which she rejects his offer of marriage and condemns his actions, to his utter shock and dismay. Anything more than a perfunctory reference to the political and military developments would detract from the main dramatic business at hand.

Perhaps realising that the confrontation between Alexis and Nicéphore would be the least *pathétique* episode in the play, Voltaire keeps it extremely brief and vague. Nicéphore's secret order to have Alexis executed without charging him with any crime and to kill Irène for no reason receives no explanation, and merely serves to justify Alexis's revolt and to prevent the audience from feeling any sympathy for the tyrant.

Voltaire's concern for creating pathos and excitement was by no means limited to the written text of the tragedy. He accords a considerable place to gesture, especially in the final act. Irène's physical and moral exhaustion, requiring the bringing on stage of an armchair, her weeping, her terror at seeing her husband's ghost and her anguished conversation with God (see also the extensive stage directions given in MS2), followed by her sudden decision to commit suicide, are particularly striking. Moreover, Voltaire concludes the play with an emotional tableau (an increasingly common feature of late eighteenth-century theatre), with Alexis and Léonce, each kneeling and weeping on one side of the dying

71

Irène.[20] This is, significantly, the first and only time that all three of the principal characters appear on stage together. The emphasis on pathos arising from the characters' internal struggles was probably the reason why Voltaire chose to include far less spectacle than in some of his earlier tragedies, such as *Mérope* (1737), *Mahomet* (1739) and *Sémiramis* (1746). Apart from the suicide of the heroine in full view of the audience, the only noteworthy visual excitement would have come from the presence of several groups of guards and soldiers.[21]

Another area where Voltaire wished to maximise pathos was in declamation. All of the surviving manuscripts contain marginal annotations in the author's hand, in which he specifies the mood or tone of voice to be used for specific lines or passages. Most likely penned during the rehearsal process of the play, these comments almost exclusively concern the title role (possibly a further indication of his dissatisfaction with the performance of his leading lady, Mme Vestris). These marginal comments provide a fascinating window into his approach to performance practice, with an emphasis on strong contrasts in tone and dynamics, frequent shifting of emotional states, expressive use of gesture, and grabbing the spectator's attention. However, in wishing to combine naturalness of delivery with emphatic, 'noble', cadenced,

[20] The tableau or 'scène muette' was strongly recommended by Diderot, who included it in his appeal for the adoption of more pantomime on the stage (*Second entretien sur Le Fils naturel*, 1757). On the impact of pantomime on performance practice, see F. Gaiffe, *Le Drame en France au dix-huitième siècle* (Paris, 1910), p.528-33.

[21] Curiously, Voltaire, who encouraged historical accuracy in theatrical costume, seems not to have brought up the subject in regard to *Irène*, and no records indicate that the production at the Comédie-Française used specially designed Byzantine costumes. Presumably this was because there had been only a handful of previous tragedies set in the Byzantine Empire and because it was simply assumed that if characters from a different region were Christian, then they did not need distinctive garb (unlike Turkish tragedies, for which there had been a long tradition of using Oriental dress).

indeed nearly sung delivery of poetic lines, he could be viewed as behind the times.[22] The paradox is that Voltaire, in his desire to maximise the emotional effect of his play, actually succeeded too well, thus creating an imbalance between its parts and the whole. Many of the individual scenes are indeed exciting or touching, but the play as a whole seems contrived and disjointed, the main characters are inconsistent and unconvincing, and the overall situation is implausible.

4. Philosophical import

One reason for the neglect of *Irène* may well be the almost total absence of links to its author's *philosophie*. In part this was deliberate. As Voltaire noted in his correspondence, his main goal was to create an overpowering emotional response to the suffering of his protagonists. *Agathocle*, the other play he was working on at the time, is explicitly propagandist in its denunciation of political tyranny and its advocacy of democratic government, but Voltaire himself admitted that it would appeal only to the head and not the heart, and hence would not generate the audience enthusiasm he was hoping for (D20819, D20856).

The only time Voltaire suggested that *Irène* promoted Enlightenment thinking was in a letter to King Frederick II of Prussia, composed the day after his triumphal appearance at the Comédie-Française: 'J'ai vu avec surprise et avec une satisfaction bien douce, à la représentation d'une tragédie nouvelle, que le public qui regardait, il y a trente ans, Constantin et Théodose comme les modèles des princes et même des saints, a applaudi avec des

---

[22] See Pierre Peyronnet, 'Voltaire comédien', *Revue d'histoire du théâtre* 3 (1973), p.262-74, who quotes Gibbon's impression of Voltaire: 'sa déclamation était modelée d'après la pompe et la cadence de l'ancien théâtre, et respirait plus l'enthousiasme de la poésie qu'elle n'exprimait les sentiments de la nature' (p.267). See also Renaud Bret-Vitoz, *L'Espace et la scène, dramaturgie de la tragédie française, 1691-1759, SVEC* 2008:11.

transports inouïs à des vers qui disent que Constantin et Théodose n'ont été que des tyrans superstitieux' (D21138). In this moment of euphoria he declared that men were finally becoming enlightened and that he might even be able to get them to accept a panegyric for Julian the Apostate. In fact, however, the passing reference to Constantine and Theodosius in the play (IV.220-24) is not a criticism at all, despite what the author presumably intended: Alexis approves the assertiveness of previous emperors who sometimes managed to replace hostile popes with more compliant successors. In two earlier tragedies, *Les Guèbres* (1768) and *Les Lois de Minos* (1771), Voltaire had gone much further, explicitly contrasting enlightened monarchs who promote justice, equality and religious toleration, with evil and fanatical religious leaders, and providing a happy ending by allowing the kings to triumph at the expense of the priests. However, since he had never been able to get either of those inflammatory works staged in Paris, he must have realised that he could refer only indirectly to the conflict between Church and State on this occasion.

Apart from this brief allusion to conflicts between popes and emperors, and a passing mention of the odious Oriental practice of locking women away in harems (I.191-96), the main attacks against superstition and prejudice, Voltaire's favourite targets, occur in connection with the ban on Irène's remarriage to Alexis. But these are brief and lack poignancy:

(1) Irène states that it is the custom for empresses to retire into seclusion when their husbands die (III.101-102), though Zoé insists that this custom exists only among the Greeks and not among the Romans (IV.45-48). However, apart from a mandatory period of mourning, Byzantine empresses could remarry, and several of them did so.[23] Thus, this point hardly serves Voltaire's purpose to

---

[23] See Michael Angold, *Church and society in Byzantium under the Comneni, 1081-1261* (Cambridge, 2000), p.454.

promote Enlightenment thought and attack social or religious constraints on widows. [24]

(2) Léonce repeatedly claims that it is morally wrong for a woman to marry her husband's killer, the source of this obligation being 'Le véritable honneur, la vertu, Dieu lui-même' (III.97). Irène, who feels that she somehow shares the guilt for Nicéphore's death (III.195-98) and even imagines that his ghost has come back to haunt her (V.139-44), fully accepts this argument. But Voltaire, although never refuting Léonce's basic argument, skilfully undermines its force by reducing the responsibility of Alexis and making Irène totally guiltless. First of all, Irène was betrothed to Alexis from childhood and was later coerced by her mother into marrying Nicéphore against her wishes; she and Alexis cannot be blamed for wishing to wed after her hated husband is slain. Moreover, the emperor intends to execute both her and Alexis without cause (this is especially explicit in the opening scene of MS3), Alexis has no plans to overthrow Nicéphore prior to his return to Constantinople, and, far from killing the tyrant himself, he even tries to save him from an angry mob. Finally, neither of the protagonists accepts the claim that the taboo has a moral foundation, though Irène accepts it as a religious obligation. According to Alexis, however, it is nothing more than 'une loi fanatique' and 'un usage antique', accepted by the foolish common people but despised by emperors (III.217-20).

(3) A monk and a religious leader interfere in political matters and invent a religious obligation where one does not exist. Despite Zoé's concerns (IV.49-50) and Alexis's objection (IV.143), Irène never questions her father's position. As for the patriarch (who

[24] In *Zadig* (1747), though somewhat light-hearted, Voltaire more efficiently attacked the Indian practice of suttee, the condemnation of widows to follow their husbands into death, which was still practised in the eighteenth century. Le Mierre's tragedy on the same subject, *La Veuve du Malabar*, although it failed at its premiere in 1770, received great acclaim when revived a decade later; as in *Zadig*, the widow is rescued and the custom is abolished.

never appears on stage), he officially endorses Léonce's views and brings more pressure on the distraught widow. In an earlier version of the dialogue (MS 3) which mentions Constantine and Theodosius, Alexis assures Memnon that he has always respected religion, but that he has found a replacement for the patriarch who possesses a 'douce sagesse' and is pious without fanaticism; he adds that when the clergy are humane and gentle the whole world loves and reveres them. Both men consider proud, dictatorial, inflexible and overly austere priests to be worthy of hatred. Perhaps Voltaire thought that this defence of the 'bon prêtre' and the insistence that Church leaders bow to the higher authority of the State might seem inflammatory to the Parisian public, but by eliminating the play's most explicit denunciation of religious fanaticism he left the work with no precise philosophical content. At the same time, as he himself recognised, he made his heroine's inner struggle and final sacrifice harder for the audience to understand and to sympathise with.

It is noteworthy that of all the characters only Irène has a genuine spiritual life; she prays repeatedly and cares deeply about how God will judge her. Yet the heroine, for whom Voltaire wished to evoke admiration and pity, espouses some questionable religious views. She believes, most problematically, that God has rejected her and refuses to heed her prayers (IV.35-39). Her despair leads in the following act to the startling claim that she needs to avenge God for her inability to stifle her love for Alexis (V.161-70). This tortured logic prompts her to kill herself. Influenced by her father, she accepts asceticism and renunciation as the essence of religiosity, referring to the demands placed on her as a divinely ordained sacrifice (III.137, IV.29). She also has an exaggerated sense of moral guilt that borders on the irrational, holding herself guilty for the rebellion that has led to the overthrow and death of her husband, although she has taken no part in it and even tried to stop it. Finally, just before her suicide she questions God directly, wondering why he insists on tormenting a fragile creature whose sole crime is love (V.157-60).

Alexis shows no interest in God and views religion as a socio-political force that can be useful so long as Church is subordinated to State. He sees no impropriety in proposing to replace the obstructionist patriarch with another more willing to accede to his wishes. Like Voltaire, Alexis does not hesitate to label as super-stition, prejudice and imposture those doctrines which he considers irrational (IV.131-38). Even Léonce, the aristocrat-turned-monk whose piety is praised by all, tends to view religion primarily in political terms, declaring that kings are forced to bow before the dictates of pontiffs (IV.62-66). Still, because Léonce is not an authorised spokesman for the Church, and because he is clearly biased in favour of the monastic life, the conflict between him and Alexis remains ill-defined. Perhaps the most startling comment about religion comes from Zoé, the tender-hearted confidante who usually abstains from commenting on such matters. When report-ing on the civil strife, she sceptically notes God's refusal to heed the cries of innocent civilians who are being terrorised or killed (II.208).

In short, the play comes across as not fully anti-Christian, but by no means favourable to Christian teaching or authority either. Religion seems to function mainly as a tool of repression wielded by tyrannical old men and as an unreasonable obstacle to the happiness of two virtuous young people. Christianity thus plays a role closer to what we find in *L'Ingénu* (1767), as opposed to earlier tragedies such as *Zaïre* (1732) and *Alzire* (1734), where its spokes-men display greater eloquence and moral conviction and where Christianity has to be shown as holding its own against rival religions.

5. *Performances and reception*

It is primarily for the apotheosis accorded to Voltaire at the time of the premiere of *Irène*, and in particular during the sixth perfor-mance on 30 March 1778, that the play is remembered today.

Irène premiered at the Comédie-Française on 16 March 1778. The cast consisted of Mme Vestris (Irène), Molé (Alexis), Brizard (Léonce), Vanhove (Nicéphore), Monvel (Memnon) and Mlle Sainval the younger (Zoé). Voltaire had intended the part of Alexis for his protégé Lekain and was furious when the actor declined for reasons of poor health. Lekain offered to play Léonce, but died on 8 February, the very day Voltaire arrived in Paris.

Although he insisted on rehearsing the actors individually in his home, he was far from satisfied with their performance. According to a manuscript document left by the actor Monvel, Voltaire treated the three principal performers very harshly during the rehearsal period.[25] Several weeks later he declared himself 'bien cruellement mécontent' with the way his tragedy had been acted and criticised his leading lady for her excessive use of gestures (D21160).

Voltaire's attempts to control all aspects of the production are evident in a letter to his lead actor Molé, dated 11 March. Even though it would appear to a reader of the play that the traditional *palais à volonté* would suffice for the decor, the playwright insisted on a more complex set with a specially designed backdrop: 'On attend pour Irène une décoration qui contienne un Salon avec de grandes arcades à trave[r]s desquelles on voie la mer et des tours' (D21099). Presumably, he wanted the audience to have the impression of being in Constantinople and nowhere else. If the drawing by Moreau,[26] representing the triumph at the sixth performance, gives an accurate depiction of the actual set, it was even more elaborate than what Voltaire had requested, also including as part of the backdrop the colonnades of a temple and boats on the sea.

Although Voltaire was too ill to attend, the opening night, 16 March, saw an overflow crowd, amongst whom were Marie-

---

[25] The relevant portion of Monvel's text, from a manuscript collection of anecdotes and miscellaneous reflections entitled 'Mes J'ai vu', was published by Roselyne Laplace, 'Autour de la création d'*Irène*', *SVEC* 2000:05, p.47-51.
[26] See p.96.

Antoinette and several members of the royal family.[27] Many people were turned away, and touts sold the last remaining tickets at exorbitant prices. There was a great amount of applause, but Mme Du Deffand attributed it to general adulation for Voltaire, rather than to the merits of the play (D21104). This judgement is confirmed by the author of the *Mémoires secrets*, according to whom only the first two acts were received with sincere applause, with the rest of the play generating less enthusiasm. The same source also notes that on the night of the premiere Voltaire, delighted by the adulation he was receiving, was in bed revising *Agathocle* so that it too could be performed that season.[28] As a special courtesy, messengers were dispatched to his bedside at the end of each act. François Coindet, who noted that the applause at the premiere referred to the 'très beaux vers', criticised the actors for not knowing their lines and the public for being too noisy (D21110).

Voltaire, already seriously ill when he arrived in Paris in February, made his condition worse by insisting on receiving scores of visitors, working frantically on revisions to his tragedy,[29] and coaching the actors in his home. Too weak and exhausted to attend the opening night, he recovered sufficient strength to attend the sixth performance on 30 March. The events of that day constituted a veritable apotheosis for the 84-year-old author, who was to die only two months later. After appearing at a meeting of the Académie, he travelled to the Comédie-Française by carriage. A crowd of well-wishers accompanied him, reportedly crying: 'Allez doucement pour que nous le voyions plus longtemps!' (D21137,

[27] *Irène* was performed at Versailles on 2 April but failed to impress Louis XVI who, quite significantly, dismissed Voltaire's triumphant homecoming.

[28] *Mémoires secrets* (17 March 1778), 36 vol. (London, 1781-1789), vol.11, p.172. Beaupré, however, commenting like so many on the mediocrity of *Irène*, criticizes the frenzied atmosphere of Voltaire's apotheosis in Paris, detrimental to the *maître*'s health (D21119).

[29] At the third performance the actors made some changes in the text that Voltaire had not approved, which caused him to throw a tantrum at his niece and d'Argental who had apparently authorised them (D21117).

commentary), and guards were needed to escort him into the building. An actor presented him with a laurel crown upon his entrance; Voltaire gave it to the marquise de Villette who was sitting next to him, but he was finally prevailed upon by d'Alembert to wear it. There was wild applause throughout the performance. Voltaire's comedy from 1749, *Nanine*, was the afterpiece.

Between the two plays the curtain was raised again to reveal an altar with a bust of the author crowned with laurels. [30] It was surrounded by the whole company of actors, who placed additional crowns upon the bust, and a crowd of spectators who, contrary to normal practice, had been allowed to hear the play from backstage. The ceremony was further enhanced by a band of trumpets, drums, oboes and clarinets. The marquis de Saint-Marc, who happened to be in the green room during the fourth act while the tribute was being prepared, was asked to compose a brief poem for the occasion. At first he refused out of modesty, but soon changed his mind and dashed off (in just four minutes, he claimed) the following piece that Mme Vestris recited to further applause (D21139):

> Aux yeux de Paris enchanté,
> Voltaire, reçois un hommage
> Que couronnera, d'âge en âge,
> La sévère postérité.
> Non, tu n'as pas besoin d'atteindre au noir rivage
> Pour jouir des honneurs de l'immortalité.
> Pare ton front de la couronne
> Que l'on vient de te présenter.
> Il est beau de la mériter;
> Plus beau de l'obtenir quand la France la donne.

[30] This ceremony was likely inspired by the celebration of the first centenary of Molière's death, at the Comédie-Française in February 1773. On two successive days the performance of a play by Molière was followed by a newly composed play celebrating him, and at the conclusion of both of the new works characters brought a bust of Molière on stage and crowned it with laurels. In September 1772 a bust of Voltaire himself had been crowned in the salon of Mlle Clairon, accompanied by a celebratory ode composed by Marmontel. See Russell Goulbourne, *Voltaire comic dramatist*, *SVEC* 2006:03, p.319-22.

The poem had to be repeated, and within half an hour a printer had run off 2000 copies of it. According to Saint-Marc, Voltaire exclaimed: 'Ils veulent donc me faire mourir. Ils m'ont accablé de bonheur' (D21139). He was escorted home by a huge cheering crowd that forced his carriage to go at a slow pace.[31]

At the Comédie-Française, despite the initial acclaim that the tragedy had garnered, it received only a single additional performance, on 4 April, which Voltaire attended, and after which he withdrew the play from the repertory because of his dissatisfaction with the actors' performances (D21160) and his plan to delete the unauthorized passages added by the actors.[32] Despite his wish, to d'Argental, to have *Irène* reprised for the autumn season (D21160), the play would never be presented again. The 30 March 1778 marked the crowning of Voltaire the *philosophe* at the Comédie-Française – but certainly not the celebration of Voltaire as the author of *Irène*: 'Jamais cette tragédie n'a été mieux jouée, jamais elle n'a été moins écoutée, jamais elle n'a été plus applaudie'.[33] During the final decade leading up to the Revolution, and throughout the Revolutionary period, *Irène* fell into oblivion.[34]

Initial reactions from the press were extremely enthusiastic. Some of the reviewers even considered *Irène* to be on a par with Voltaire's earlier masterpieces in the tragic genre. For example, the *Journal de Paris* describes *Irène* as one of Voltaire's greatest works:

[31] For a composite of the various eye-witness accounts (La Harpe, Meister, Wagnière and Duvernet) and those in the correspondence (D21134, D21139, D21150, and D21137, commentary), see *VST*, vol.2, p.587-600.

[32] See Jean-Louis Wagnière and Sébastien Longchamp, *Mémoires sur Voltaire et sur ses ouvrages*, 2 vol. (Paris, 1826), vol.2, p.486.

[33] *CLT*, vol.12, p.70.

[34] Although some of Voltaire's plays would be enthusiastically revived during the final years of the century, with special acclaim during the Revolutionary period for *Brutus* and *La Mort de César*, *Irène* was completely ignored. For details, see Phyllis S. Robinove, 'Voltaire's theatre on the Parisian stage, 1789-1799', *French Review* 32 (1959), p.534-38; André Tissier, *Les Spectacles à Paris pendant la Révolution* (Geneva, 2002).

Il n'est peut-être aucune pièce de cet homme célèbre dont le dialogue soit plus vif, plus serré; aucune dont les scènes de passion soient plus tragiques, plus éloquentes; aucune, sans doute, où il y ait une plus grande quantité de beaux vers. La tranquillité stoïque et inébranlable de Léonce, les combats d'Irène, les fureurs et les retours impétueux d'Alexis, sont dessinés et contrastés avec cet art qui naît de la nature et que les grands maîtres ont seuls connu. [35]

The *Journal encyclopédique* praised Voltaire's handling of the conflict between love and duty, especially in the scenes between the father and the lover, as well as the eloquent and engaging style. [36] The *Mercure de France* likewise found nothing to criticise:

Un plan nettement exposé, un intérêt bien ménagé, des caractères habilement annoncés et heureusement soutenus, une foule de beaux vers, qui appartiennent à une imagination encore vive et brillante; des sentiments exprimés avec force et avec chaleur, des expressions d'une simplicité sublime, de beaux mouvements dans la passion, un goût sûr, un style pur et naturel, toutes ces beautés attestent la supériorité de cet homme immortel. Nous avouons que cette pièce nous a paru être une de celles que M. de Voltaire a écrite avec le plus de soin et d'élégance. [37]

La Harpe, in the *Journal de politique et de littérature*, praised the clarity of the exposition, the simplicity of the subject, the touching situation of the heroine, the imposing character of Léonce, the flashes of sensibility in the roles of the two lovers, the beautiful verses, and finally 'cette philosophie toujours puisée dans le sentiment et dans la situation.' [38] (He would be less laudatory in his private correspondence.) The *Journal des théâtres*, comparing Voltaire's vindication to that of the elderly Sophocles, summoned before the judges of Athens in his extreme old age to defend his mental competence, hailed his triumph over his rivals and those who envied him. 'On retrouve dans cet ouvrage tout le feu de la

[35] *Journal de Paris* (17 March 1778), p.303.
[36] *Journal encyclopédique ou universel* (1778), vol.3, part 2, p.314-16, letter of 15 April.
[37] *Mercure de France* (April 1778), p.173-74.
[38] *Journal de politique et de littérature* (1778), vol.1, p.407, letter 9 dated 25 March.

jeunesse de M. de Voltaire, un coloris brillant, un style soutenu, des pensées fortes et nerveuses, un dialogue chaud et pressé, des développements savants, et la touche d'un grand maître.' The scenes between Léonce and Alexis display a 'perfection surprenante'. In conclusion, the public's ecstatic reaction was well deserved and would have seemed amazing if accorded to anyone other than Voltaire.[39] As Bachaumont notes in his *Mémoires secrets*, it may well be that the Parisian critics were asked to write positively about *Irène*, out of respect for the ailing *maître*.[40]

Private correspondences were far less glowing. Mettra, only moderately impressed, summed up in one sentence '[que] l'ensemble ne m'en a pas paru intéressant, qu'il y a de beaux endroits, des détails dignes de Voltaire, que si elle était l'ouvrage d'un jeune auteur, elle lui ferait beaucoup d'honneur, mais qu'on s'apperçoit bien qu'elle est le fruit de la verve d'un homme de quatre-vingt quatre ans.'[41] Curiously, Grimm and Meister, instead of giving an analysis of the tragedy, provided a socio-political explanation of Voltaire's apotheosis. In their view, this spontaneous popular acclamation marked, perhaps for the first time, the liberation of French public opinion to express itself openly and forcefully. Wondering why similar honours had not been accorded to eminent men of letters in the past, they concluded that, during the reign of Louis XIV, the king wanted to exercise total control over the arts and inspire devotion for himself alone; he would not have allowed such adulation of a private citizen. Voltaire's triumph resulted in part from his success in producing a revolution in the mores and mind of his century, in combating prejudices and in giving the world of letters more consideration and dignity.[42]

Once the great man had died and the play was judged strictly on

[39] *Journal des théâtres, ou le nouveau spectateur*, vol.2, part 4, p.17-21, letter of 1 April 1778.

[40] *Mémoires secrets*, vol.12, p.194-95 (27 March 1778).

[41] Letter of 22 March 1778. *Correspondance secrète, politique et littéraire*, vol.6, p.116.

[42] *Correspondance littéraire, philosophique et critique*, vol.12 (March 1778), p.71-73.

its own merits, critical reaction turned strongly negative, or at least disseminated the play's weaknesses more poignantly. Fréron's successor at *L'Année littéraire* waited until the tragedy had appeared in print the following year and then proceeded to give a detailed analysis. Voltaire, he claimed, was too self-absorbed and obsessed with fame to realise that his talent had greatly declined in his later years; *Irène* was tolerated only because the audience was too humane to boo him when he was present, but no one was duped by the applause; the play is unworthy of its author and ought to be suppressed by those planning to publish Voltaire's complete works. However, he does concede that Voltaire in his earlier years composed some genuinely fine tragedies, such as *Zaïre* and *Mérope*, and notes that, since it is extraordinary for an octogenarian to produce a full-length literary work, one should not unduly reproach him for the mediocrity of this play. The critic devoted the bulk of his analysis to the tragedy's structural flaws: there is duplicity of action and interest (during the first half of the play the main conflict is the struggle between Alexis and Nicéphore; during the second half the struggle is between Alexis and Léonce); the situation remains static for nearly three acts; there are tedious and useless scenes. He also listed a number of passages where characters behave illogically: Nicéphore is an imbecile since he fails to prevent his rival from returning to the capital, fails to have him arrested when he enters the palace, and allows an officer placed by Alexis to serve as the head of his guards; Alexis's defiance of Nicéphore is absurd, since when a ruler orders a commander to go off to battle, the latter must obey; the conspiracy starts even before Alexis leaves the palace to lead it; there is no reason why Léonce should not remove his daughter from the palace at once, but if he did so in act 3 there would be nothing to fill up the remaining acts; Léonce's speech about the power of religion, indecent in the mouth of a monk, is really Voltaire speaking. At times the quibbling seems unnecessarily petty: as a monk, Léonce ought not to go to the palace but rather stay in his cell and pray for peace; in act 5 Alexis ought to remember that, in order to maintain his dignity as

84

emperor, he should have his guards summon Léonce, rather than go himself to fetch him; Irène ought to kill herself in her room, rather than in a public space. The critic compares scenes in the play (I.iv and IV.iii) unfavourably with analogous scenes in *Polyeucte* (II.ii) and *Iphigénie* (IV.vi) and observes that, although the style is not deemed uniformly bad, sometimes displaying naturalness, simplicity and sweetness, it is for the most part 'languissant, diffus, dépourvu de chaleur et de coloris, souvent plat et trivial'.[43]

The following year, the *Almanach des Muses*, although deeming *Irène* arguably the best of Voltaire's late tragedies, calls the subject fundamentally flawed, since it is unacceptable to have a young prince dethrone and kill his sovereign and then try to marry the widow. On the positive side, Irène's internal conflict is moving, and her father's opposition to the unworthy marriage leads to some eloquent speeches. And Voltaire would at least have been pleased by one statement that testifies to his role in keeping alive the legacy of Corneille and Racine: 'C'est presque la seule pièce depuis sept à huit ans où il y ait des combats de passions.'[44] However, the unanimous opinion was that *Irène* constituted 'les derniers feux d'un Voltaire qui s'éteint'.[45]

Even La Harpe, Voltaire's friend and protégé, had privately admitted at the time of the premiere that *Irène* represented 'une belle nature affaiblie' and that it would be unjust to judge it 'avec rigueur'. Although he called the basic structure defective, he maintained some of the positive comments he had made in print: the play displays sensibility, beautiful verses and passages of sound

---

[43] *L'Année littéraire* (1779), vol.4, p.289-318, letter 13 dated 8 July.
[44] *Almanach des Muses* (Paris, 1780), p.281-82.
[45] Jean-Pierre-Louis de La Roche du Maine, marquis de Luchet, *Histoire littéraire de Monsieur de Voltaire*, 6 vol. (Kassel, 1780), vol.3, p.241. Horace Walpole famously declared that the play was buried with Voltaire, adding, 'no mortal, I dare to say, has ever read a line of it since, it is so bad' (*Horace Walpole's correspondence*, ed. W. S. Lewis, Robert A. Smith and Charles H. Bennett, New Haven, 1961, vol.31, p.270, letter to Hannah More, 12 July 1788).

moral philosophy.[46] In his later work of dramatic history, the *Lycée*, he listed additional criticisms. Voltaire, with his remarkable grasp of historical mores, should have tried harder to portray the corruption and degradation of the Byzantine court, especially since this was the first time he had set a play in that era. La Harpe emitted the judgement that would be made by nearly all future historians, namely, that the play, of little inherent value, should be remembered only for the circumstances of its premiere: '*Irène* fut bientôt oubliée; mais on n'oubliera jamais ce triomphe du génie, décerné sur le théâtre de Paris à l'homme extraordinaire'.[47]

6. Dedicatory epistle: a final attack on Shakespeare

Voltaire's dedication of his play to the Académie française marks the last instalment in a lifelong love/hate relationship with Shakespeare.[48] As he proudly noted near the end of the epistle (see also D20220), he himself had been instrumental in acquainting the French public with the great English dramatist during the early part of his career (specifically, in the eighteenth of the *Lettres philosophiques* of 1734). His position remained constant throughout his life. He found much to admire in Shakespeare, especially the passages of poetic genius (such as Hamlet's main soliloquies), the energy of expression and characterisation, the use of subjects drawn from

[46] La Harpe, *Correspondance littéraire*, letter 84, *Œuvres*, 16 vol. (Paris, 1820-1821), vol.11, p.26-28.

[47] La Harpe, *Lycée, ou cours de littérature*, 16 vol. (Paris, an VII-an XIII), vol.10, p.432-41. For nineteenth-century criticism, see Emile Deschanel, *Le Théâtre de Voltaire* (Paris, 1886), p.361, 396; Henri Lion, *Les Tragédies et les théories dramatiques de Voltaire* (Paris, 1895), p.406-408.

[48] For a more complete account of this question, see *Voltaire on Shakespeare*, ed. Th. Besterman, *SVEC* 54 (1967); Haydn Mason, 'Voltaire versus Shakespeare: the *Lettre à l'Académie française* (1776)', *British Journal for eighteenth-century studies* 18.2 (1995), p.173-84; André-Michel Rousseau, *L'Angleterre et Voltaire*, *SVEC* 145-47 (1976), p.470-508; Ahmad Gunny, *Voltaire and English literature*, *SVEC* 177 (1979), p.17-48. See above, *Lettre de Monsieur de Voltaire à Messieurs de l'Académie française*.

national history, the inclusion of a wider spectrum of social classes and personality types, and the arresting treatment of supernatural beings, such as ghosts. But he also found much to condemn, especially the mingling of comic and serious plots and styles within the same play, language that is at times trivial or vulgar, the mixture of rhymed verse, blank verse and prose, weakness in plot construction, lack of decorum in the behaviour of noble characters, and the excessive display of violent action on stage. Despite his feeling that French tragedy had become too constrained by the rules of dramaturgy formulated in the seventeenth century,[49] Voltaire had a deep attachment to those rules and to the great masterpieces written by his predecessors, especially Racine. Essentially, he viewed Shakespeare as a model for reforming certain external aspects of French tragedy, while leaving the core of the traditional dramaturgy intact. Never could he accept the notion that the English drama was overall superior to the French.[50]

If the tone of Voltaire's pronouncements on Shakespeare became strident during the final years of his life, it was because he now came to see the English playwright as a serious threat both to the survival of the French school of tragedy and to his personal legacy. In 1776 the first volume of Le Tourneur's translation (the first accurate French edition) included a preface that ranked Shakespeare above Corneille and Racine. Voltaire, already perturbed by an increasing trend away from seventeenth-century models among the younger generation of French playwrights, considered the preface scandalous.[51] He was also alarmed by the wildly enthusiastic reception accorded to the translation. Feeling obliged to defend himself and his illustrious predecessors, he composed a letter to the Académie française in which he reiterated his position. Unfortunately, in the heat of polemic he denounced

---

[49] See F. Gaiffe, *Le Drame en France au dix-huitième siècle*, p.15-27.

[50] This is evident in the *Epître dédicatoire* to *Irène*, as well as in his *Lettre de Monsieur de Voltaire à Messieurs de l'Académie française* (see above); see also D9452.

[51] See above, Haydn Mason's introduction to the *Lettre de Monsieur de Voltaire à Messieurs de l'Académie française*, p.6.

the English playwright without moderation, with special emphasis on the vulgarity of language and indecorous behaviour of Shakespeare's characters. When the letter was read to a session of the Académie on 25 August 1776, the reaction to it was largely favourable. The academicians even encouraged its publication, though on condition that the most offensive passages from Shakespeare be excised.[52] However, public opinion was clearly shifting away from Voltaire's position. In fact, his letter spurred a number of angry replies in defence of Shakespeare. It also prompted the translation into French of Elizabeth Montagu's treatise *Essay on the writings and genius of Shakespeare*, originally published in 1769 but previously ignored in France. In that work she refuted Voltaire's criticisms of Shakespeare and disputed his praise of the French writers of tragedy found in his earlier writings (she refers specifically to *Commentaires sur Corneille*, *Le Siècle de Louis XIV* and *La Mort de César*) and compared a number of plays by Shakespeare and Corneille in which, predictably, the latter comes off badly.

As early as 7 October 1776 Voltaire indicated his intention of writing a second letter dealing with Shakespeare, 'plus intéressante que la première' (D20335). But apparently he did not set to work until he came across the French edition of Elizabeth Montagu's book. According to Moultou, the new letter was one of three treatises composed during the last two months of 1777 (D20972), though final revisions to the text seem to have been made after his arrival in Paris. On 19 March 1778 Voltaire formally presented it to the Académie as the dedicatory epistle of *Irène* (D21113). The secretary, d'Alembert, read it to the assembled academicians, who received it warmly. That night a delegation from the Académie visited Voltaire, congratulating him and accepting his dedication of *Irène* to them; they proposed some minor corrections to the *Epître*, which he accepted.

[52] For a detailed account of the historical factors affecting the composition and reception of Voltaire's first letter to the Académie, see Haydn Mason's introduction to the *Lettre de Monsieur de Voltaire*.

If the tone of this letter to the Académie is far more conciliatory than that of the earlier one, it is largely because Voltaire chose to devote most of his text to defending the French school of drama. The specific criticisms of Shakespeare are limited to a few paragraphs and present nothing new. The promotion of Racine, at the expense of Corneille (the author on whom Montagu mainly concentrates in her treatise), as the foremost representative of French genius, is likewise no surprise. Indeed, in the article 'Art dramatique' of the *Questions sur l'Encyclopédie* (1770), Voltaire had restated the case for Racine's supremacy and proposed the latter's *Iphigénie* as a model, even providing a detailed analysis of that play.[53] What is most remarkable in the 1777 letter is that Voltaire came close to glimpsing the position of later generations, namely that Shakespeare and Racine should be viewed, not as rivals, but as illustrious representatives of two very different dramatic traditions, each of which possesses its own intrinsic value. However much Voltaire intended to denigrate the English by suggesting that their notions of dramaturgy might just as well have developed in China or on the moon, the phrase 'presque d'autres principes de raisonnement' (lines 180-81) does in fact go to the heart of the matter. It should be noted, however, that Voltaire had another reason to mute his direct attack on Shakespeare: he knew that his friend and colleague La Harpe, to whom he refers in passing, was publishing in serial form his own detailed critique of the English playwright (in the *Journal de politique et de littérature*, between December 1777 and June 1778), and he strongly approved of it (D20986, 14 January 1778, letter to La Harpe).

At the same time Voltaire took great pains to avoid giving offence to Elizabeth Montagu. Her vigorous defence of her countryman, he declared, testifies to her patriotism; her critique of Corneille's tragedies corresponds to his own published remarks on the subject; her failure to appreciate the beauties of Racine stems from the fact that she has only read the plays and not seen them

[53] See *OCV*, vol.39, p.44-101 (p.63-77).

performed by first-rate French actresses able to declaim the verses properly; if she asserts the superiority of Euripides's *Iphigenia in Aulis* to Racine's version of the same story, it is because she relies on the faulty translation of père Brumoy. He was also highly complimentary of England in general, noting his lifelong appreciation for such great thinkers as Bacon, Newton and Locke. Perhaps the most touching passage in the letter is his insistence that one should not let national pride get in the way of appreciating great men, from whatever country they come, and that there is no disgrace if a nation truly excels in some areas and not in others.

Nevertheless, a comparison of Voltaire's epistles and Montagu's treatise reveals what is essentially a dialogue of the deaf. Each critic argues forcefully and perceptively in defence of his or her national dramatic tradition but shows only a limited appreciation of the other's tradition. Voltaire repeatedly misrepresents Montagu's position and ignores (or fails to grasp) the differences between the criteria she adopts for judging a good play and his own. For example, he claims that she bases her defence of Shakespeare primarily on the great poetic passages, which is not at all the case. He thinks he has refuted her argument against making love plots central to tragedy by noting that Racine's plays invariably move audiences to tears; he presumably found it inconceivable that she might prefer a different kind of audience response. Similarly, he thinks that he has answered her claim that rhyme is unnecessary in drama when he declares that all art forms (and all games) involve complicated rules. This is certainly true, but it does not prove that any one set of rules is preferable to any other. Many of Montagu's other arguments, in areas such as characterisation, plot construction, and moral edification, receive no mention at all. Instead, Voltaire emphasises the aspects of dramaturgy that he himself most valued at the end of his career: purity of language, elegance of style, decorum, simplicity of plot, and creating intense pathos. It was precisely this combination of elements that he aimed to present in *Irène*.

7. *Manuscripts*

Three original manuscripts survive of the play and of the dedicatory epistle.

MS1

RECUEIL / D'OUVRAGES ET FRAGMENTS / AUTOGRAPHES / DE / MR. DE VOLTAIRE. / 1788.

f.110-48. The first page reads: Irène / [*rule*] / Acte premier / [*double rule*] / [*note at the bottom of the page*]: 'Cette copie de la Tragédie d'Irène est de la main de Wagnière, Secretaire de M. de Voltaire, et les corrections de celle de l'auteur'.

Geneva: ImV.

Written by his assistant Wagnière, with numerous annotations and corrections in Voltaire's own hand. The Kehl editors' handwriting is on the manuscript. [54]

This is clearly a working document, written prior to Voltaire's return to Paris. It has extensive corrections and scratched-out passages.

MS2

Irène [*handwritten addition: avec les changements*] / Tragédie. / [*double rule*] Acte premier. [*triple rule*]

St Petersburg (copy Voltaire Foundation, Oxford: GpbV, i.23-58.

A relatively clean copy of the entire tragedy, in Wagnière's hand, with only occasional corrections by Voltaire. The title page carries, in the upper left corner, Voltaire's endorsement 'bon original'.

MS3

Alexis / tragedie / [*rule*] / acte premier / [*rule*].

Merseburg (copy Voltaire Foundation, Oxford).

Consists of 69 pages, with an insert page following p.22. Duplicate title pages are inserted after p.24 and 45, notated in German as parts 2 and 3.

[54] See also Th. Besterman, 'Voltaire's directions to the actors in *Irène*', *SVEC* 12 (1960), p.67-69.

The last page contains a handwritten note of approbation: 'J'ai lu par ordre de Monsieur le Lieutenant General de Police Aléxis Tragédie, et je n'y ai rien trouvé qui m'ait paru devoir en empecher la representation ou l'impression. A Paris. Le 2 [?] janvier 1778.' (Signed) Suard. The title page and a concluding page contain (mostly illegible) annotations in German, presumably written by a librarian and giving 10 February 1787 as the date when the manuscript was included in the Prussian archives. Held at the east-German Merseburg archives which no longer exist, the present whereabouts of the original copy are unknown. This text of the complete tragedy must have been written prior to 17 November 1777, by which point Voltaire had changed the play's title to *Irène*. This is presumably the copy that was sent to the censors at the time Voltaire submitted the play to the Comédie-Française for consideration.

MS4

This manuscript of the dedicatory epistle to the Académie, bound with MS1, consists of 16 pages. It lacks the lengthy endnote. Clearly an early draft, with extensive corrections and scratched-out sections.

MS5

This manuscript of the dedication is bound with MS2 and consists of 19 pages. A working document with many crossed-out passages, though much cleaner and closer to the Kehl text than MS4. It likewise lacks the endnote. At the top of the first page is the title: Epître dédicatoire / à Ms de L'académie / française, and to the left of the title is Voltaire's endorsement 'ancien original'.

MS6

This manuscript of the dedication, also bound with MS2, bears to the left of the first page the number 2552 / 1a, as well as the annotation: 'Voltaire / Manuscrits / Pièces de Theatre', accompanying stamps written in Russian. It has at the top of the first page Voltaire's endorsement 'bon original'. MS6 has fewer crossed-out passages and contains the endnote. The epistle proper consists of 17 numbered pages, plus one inserted and unnumbered page after p.15; the endnote consists of 5 unnumbered pages.

8. *Editions*

Further information on the collective editions may be found on p.339-41 below.

No editions of the play were published during Voltaire's lifetime. However, the patriarch's triumphant homecoming seems to have sparked interest in *Irène* and a series of editions appeared in 1779, within a year of Voltaire's death. The 1779 editions lack the dedicatory epistle, with the text of the play largely corresponding to the earliest manuscript (MS3).

K84

Vol.6: 253-69 Lettre de Monsieur de Voltaire à l'Académie Française 1778; 272-328 Irène, tragédie. Représentée pour la première fois, le 16 mars 1778.

The base text of this edition. For an overview of some of the major revisions of *Irène*, see p.58-60.

9. *Translations*

Irène was translated into Dutch as *Irene, Treurspel* (Amsterdam, 1784). Written in rhyming couplets and alexandrines.

Irène was translated into Italian, as *Irene, Tragedia tradotta dal francese da Francesco Zacchiroli* (1787). Written in blank verse and iambic pentameter. Faithful to Voltaire's text in terms of content, it does not observe the distinction between familiar and polite address; all characters call one another 'tu'. There are Italian equivalents for the proper names, such as Niceforo, Alessio, Memnone and Leonzio.

10. *Principles of this edition*

The base text is K84. Variants have been collated from the manuscripts MS1-MS6.

93

Treatment of the base text

The original punctuation has been retained. The use of italics for persons, characters, quotations, book and play titles has been harmonised and modernised. Quotations are given in inverted commas. Archaic spelling was modernised in the case of: Bisance, Boristhène, Brumoy, Fénélon, hé and hé bien. The following obvious errors have been corrected: 'qui l'accompagnent' instead of 'qui l'accompagne' (V.82), 'inégale' instead of 'égale' (V.84). The following aspects of orthography and grammar in the base text have been modified to conform to modern usage:

I. Consonants

– *t* was not used in the syllable endings -*ans* and -*ens*.
– *t* was used instead of *s* in: dissentions.
– a single consonant was used in: rapeler.
– double consonants were used in: sallon, fidelle, infidelle, apperçûmes.

II. Vowels

– *e* was used instead of *ai* in: fesant, fesons.
– *i* was used in place of *y* in: Polieucte.
– *y* was used in place of *i* in: abyme, Brumoi.

III. Accents

1. The acute accent
– was used instead of the grave accent in: piége, sacrilége, siége.

2. The circumflex accent
– was used in: avoûerai, extrêmes, remercîmens.
– was not used in: abyme, ame, assidument, blament.

3. The diaeresis
– was used in: poëmes, poësie, poëtes.
– was not used in: inouis.

IV. Capitalisation

– initial capitals were attributed to: Césars, Ciel, Empire, Etat, Gardes (vocative), Glaciale, Musulman, Pontife, Saint, Sénat, Soldats (vocative), Sultan.

– initial capitals were not attributed to: académie (de la Crusca), chinois (noun), commentaire (de Corneille), espagnol (noun), mer glaciale, romain.

V. Various

– the ampersand was used throughout.
– the hyphen was used in: entre-coupée, laissez-là, long-temps, partout, and in constructions with *très-*.
– the hyphen was not used in: amour propre, sang froid.

1. *Le Couronnement de Voltaire le 30 mars 1778 après la sixième représentation d'Irène*, engraving by Moreau le Jeune (ImV, Geneva).

LETTRE DE MONSIEUR DE VOLTAIRE
À L'ACADÉMIE FRANÇAISE

MESSIEURS,

Daignez recevoir le dernier hommage de ma voix mourante, avec les remerciements tendres et respectueux que je dois à vos extrèmes bontés.

Si votre compagnie fut nécessaire à la France par son institution, 5 dans un temps où nous n'avions aucun ouvrage de génie écrit d'un style pur et noble, elle est plus nécessaire que jamais dans la multitude des productions que fait naître aujourd'hui le goût généralement répandu de la littérature. [1]

Il n'est permis à aucun membre de l'Académie de la Crusca, de 10 prendre ce titre à la tête de son livre, si l'Académie ne l'a déclaré écrit avec la pureté de la langue toscane. [2] Autrefois quand j'osais cultiver, quoique faiblement, l'art des Sophocle, je consultais toujours M. l'abbé d'Olivet, notre confrère, qui, sans me nommer, vous proposait mes doutes; [3] et lorsque je commentai le 15 grand Corneille, j'envoyai toutes mes remarques à M. Duclos, qui

---

a-b   MS4 *absent*, MS5: Epître dédicatoire à MM. de l'académie française
       MS6: *Epître dédicatoire*
2-5   MS4: mourante – supremum quod loquor hoc est. ¶Si
6   MS4: ouvrage écrit
13   MS4: quoique bien faiblement

---

[1] On Voltaire's relationship with the Académie, see Karlis Racevskis, *Voltaire and the French Academy* (Chapel Hill, 1975). On his esteem for French classicism, see *Le Siècle de Louis XIV*, ch.32. See also David Williams, *Voltaire: literary critic*, *SVEC* 48 (1966).

[2] The Accademia della Crusca, founded during the second half of the sixteenth century, devoted its efforts to philological questions and to the preparation of an Italian dictionary.

[3] Pierre-Joseph d'Olivet (1682-1768), a member of the Académie who also wrote a history of that body, was often consulted by Voltaire on literary matters.

vous les communiqua. Vous les examinâtes; et cette édition de Corneille semble être aujourd'hui regardée comme un livre classique pour les remarques que je n'ai données que sur votre décision.[4]   20

Je prends aujourd'hui la liberté de vous demander des leçons sur les fautes où je suis tombé dans la tragédie d'*Irène*.[5] Je n'en fais tirer quelques exemplaires que pour avoir l'honneur de vous consulter, et pour suivre les avis de ceux d'entre vous qui voudront bien m'en donner. La vieillesse passe pour incorrigible, et moi, Messieurs, je   25 crois qu'on doit penser à se corriger à cent ans. On ne peut se donner du génie à aucun âge, mais on peut réparer ses fautes à tout âge. Peut-être cette méthode est la seule qui puisse préserver la langue française de la corruption qui semble, dit-on, la menacer.

Racine, celui de nos poètes qui approcha le plus de la perfection,   30 ne donna jamais au public aucun ouvrage sans avoir écouté les conseils de Boileau et de Patru:[6] aussi c'est ce véritablement grand

18-19   MS4:   <est> ^v↑semble^+ regardée aujourd'hui comme un livre classique, <grâces à vos seules lumières> du moins dans les remarques
     MS5:   semble regardée aujourd'hui comme un classique, <du moins dans> ^v↑pour^+ les remarques
25-28   MS4:   donner. <Je crois que> ^v↑Peut-être^+
     MS5:   donner. [*in the margin*] ^vLa vieillesse passe pour incorrigible et moi Messieurs je <passe> pense qu'on doit penser à se corriger à cent ans. Car si dans la vieillesse on ne peut acquérir du génie on peut réparer ses fautes jusqu'au dernier moment.^+ Peut-être
29   MS5:   corruption <qui commence à la défigurer> qui semble
29-30   MS4:   corruption qui commence à la défigurer. ¶Racine

[4] While preparing his *Commentaires sur Corneille*, between 1761 and 1763, Voltaire sent drafts to members of the Académie, his main contact person being the novelist Charles Pinot Duclos. See *OCV*, vol.53, introduction, p.105-55.
[5] This declaration of false modesty may have been intended to recall the celebrated quarrel over *Le Cid* (1637), in which Corneille's rivals urged the Académie to intervene and pass judgement on the play, to include a list of its faults.
[6] There is no evidence to support Boileau's claim that he served as literary mentor to the young Racine, though the two men would become friends later. On the other hand, the lawyer and grammarian Olivier Patru (1604-1681), a champion of literary purism, was the acknowledged mentor of the young Boileau.

homme qui nous enseigna, par son exemple, l'art difficile de
s'exprimer toujours naturellement, malgré la gêne prodigieuse
de la rime; de faire parler le cœur avec esprit sans la moindre ombre   35
d'affectation; d'employer toujours le mot propre souvent inconnu
au public étonné de l'entendre. *Invenit verba quibus deberent loqui,*
dit si bien Pétrone: il inventa l'art de s'exprimer. [7]

Il mit dans la poésie dramatique cette élégance, cette harmonie
continue qui nous manquait absolument, ce charme secret et   40
inexprimable, égal à celui du quatrième livre de Virgile; [8] cette
douceur enchanteresse qui fait que quand vous lisez au hasard dix
ou douze vers d'une de ses pièces, un attrait irrésistible vous force
de lire tout le reste.

C'est lui qui a proscrit chez tous les gens de goût, et   45
malheureusement chez eux seuls, ces idées gigantesques et vides
de sens, ces apostrophes continuelles aux dieux, quand on ne sait
pas faire parler les hommes; ces lieux communs d'une politique
ridiculement atroce, débités dans un style sauvage; ces épithètes
fausses et inutiles; ces idées obscures, plus obscurément rendues; ce   50

38-39   MS4: Pétrone. ¶Il
        MS5: Pétrone: [*in the margin*] ᵛil inventa les paroles qui doivent plaire.⁺
¶Il
        MS6: ᵛ<il apprit aux hommes à> il inventa l'art de s'exprimer.⁺ ¶Il
46   MS4: ces expressions ampoulées, seuls, <ces lieux communs d'une morale
fade>, ces idées
47   MS4: dieux de la fable quand
     MS5, MS6: dieux <de la fable> quand
49   MS5: atroce, <ridiculement> débités
50   MS4-MS6: fausses ou inutiles

---

[7] The statement, originally 'invenerunt verba quibus deberent loqui' occurs in
Satyricon, part 1, paragraph 2. The authors praised for finding the right words to
express themselves were Sophocles and Euripides.

[8] As a model of style, Voltaire repeatedly cites the fourth book of Virgil's *Aeneid*,
which contains the ill-fated romance of Dido and Aeneas, but the choice also testifies
to his preference, especially in tragedy, for the centrality of passionate love and
pathos.

style aussi dur que négligé, incorrect et barbare; enfin tout ce que j'ai vu applaudi par un parterre composé alors de jeunes gens dont le goût n'était pas encore formé.

Je ne parle pas de l'artifice imperceptible des poèmes de Racine, de son grand art de conduire une tragédie; de renouer l'intérêt par 55 des moyens délicats; de tirer un acte entier d'un seul sentiment; je ne parle que de l'art d'écrire. C'est sur cet art si nécessaire, si facile aux yeux de l'ignorance, si difficile au génie même, que le législateur Boileau a donné ce précepte:

> Et que tout ce qu'il dit, facile à retenir, 60
> De son ouvrage en vous laisse un long souvenir. [9]

Voilà ce qui est arrivé toujours au seul Racine, depuis *Andromaque* jusqu'au chef-d'œuvre d'*Athalie*. (*a*)

J'ai remarqué ailleurs que dans les livres de toute espèce, dans les sermons même, dans les oraisons funèbres, les orateurs ont 65 souvent employé les tours de phrase de cet élégant écrivain, ses expressions pittoresques, *verba quibus deberent loqui*. Cheminais, Massillon [10] ont été célèbres, l'un pendant quelque temps, l'autre pour toujours, par l'imitation du style de Racine. Ils se servaient de ses armes pour combattre en public un genre de littérature dont ils 70 étaient idolâtres en secret. Ce peintre charmant de la vertu, cet

(*a*) Voyez la note à la fin de cette lettre.

51   MS4: négligé, aussi incorrect que sauvage; enfin
    MS5: négligé, <aussi> incorrect <que sauvage> ^V↑et barbare⁺
57-64   MS4: d'écrire. ¶J'ai
64-65   MS4-MS6: dans des livres de toute espèce, dans des sermons même, dans des oraisons
68-69   MS4: Massillon <devenu célèbre dans son art par une imitation continuelle de celui>^V↑β⁺ de Racine

[9] Boileau, *Art poétique*, III.157-58.
[10] Timoléon Cheminais de Montaigu, a Jesuit preacher once praised for his style and compared to Racine, soon fell into obscurity, whereas Jean-Baptiste Massillon, a more renowned preacher, was still read and admired at the end of the century.

aimable Fénelon, votre autre confrère, tant persécuté pour des
disputes aujourd'hui méprisées, et si cher à la postérité par ses
persécutions mêmes,[11] forma sa prose élégante sur la poésie de
Racine, ne pouvant l'imiter en vers: car les vers sont une langue   75
qu'il est donné à très peu d'esprits de posséder; et quand les plus
éloquents et les plus savants hommes, les sublimes Bossuet, les
touchants Fénelon, les érudits Huet,[12] ont voulu faire des vers
français, ils sont tombés de la hauteur où les plaçait leur génie ou
leur science, dans cette triste classe qui est au-dessous de la   80
médiocrité.

Mais les ouvrages de prose dans lesquels on a le mieux imité le
style de Racine sont ce que nous avons de meilleur dans notre
langue. Point de vrai succès aujourd'hui sans cette correction, sans
cette pureté qui seule met le génie dans tout son jour, et sans   85
laquelle ce génie ne déploierait qu'une force monstrueuse, tombant
à chaque pas dans une faiblesse plus monstrueuse encore, et du haut
des nues dans la fange.

Vous entretenez le feu sacré, Messieurs; c'est par vos soins que
depuis quelques années les compositions pour les prix décernés par   90
vous sont enfin devenues de véritables pièces d'éloquence. Le goût
de la saine littérature s'est tellement déployé, qu'on a vu

73   MS5: cher <aujourd'hui> à la postérité
73-74   MS4-MS6: ces persécutions
77-78   MS4, MS5: les Bossuet, les Fénelon, les Huet
       MS6:<en>le<s> ᵛ↑sublime⁺ Bossuet, le<s> ᵛ↑touchant⁺ Fénelon,
<les> ᵛ↑l'érudit⁺ Huet
79-80   MS4: génie dans
82   MS4-MS6: ouvrages prosaïques [MS6:<prosaïques> ᵛ↑de prose⁺] dans

[11] The work featuring a charming portrayal of virtue is presumably his best-
selling novel, *Les Aventures de Télémaque* (1699). Voltaire sympathized with
Fénelon in that the latter's support for the quietist movement caused him to lose
royal favour and exposed him to the fanaticism and intolerance of Church leaders
such as Bossuet.
[12] Pierre-Daniel Huet (1630-1721), a renowned scholar who was also a supporter
of the salons and the emerging genre of the novel.

quelquefois trois ou quatre ouvrages suspendre vos jugements, et partager vos suffrages ainsi que ceux du public.

Je sens combien il est peu convenable, à mon âge de quatre- 95 vingt-quatre ans, d'oser arrêter un moment vos regards sur un des fruits dégénérés de ma vieillesse. La tragédie d'*Irène* ne peut être digne de vous ni du théâtre français; elle n'a d'autre mérite que la fidélité aux règles données aux Grecs par le digne précepteur d'Alexandre,[13] et adoptées chez les Français par le génie de 100 Corneille, le père de notre théâtre.

A ce grand nom de Corneille, Messieurs, permettez que je joigne ma faible voix à vos décisions souveraines sur l'éclat éternel qu'il sut donner à cette langue française peu connue avant lui, et devenue après lui la langue de l'Europe. 105

Vous éclairâtes mes doutes, et vous confirmâtes mon opinion il y a deux ans, en voulant bien lire, dans une de vos assemblées publiques, la lettre que j'avais eu l'honneur de vous écrire sur Corneille et sur Shakespeare.[14] Je rougis de joindre ensemble ces

93   MS4: quelquefois quatre à cinq ouvrages
      MS6: quelquefois ᵛ↑trois ou⁺ quatre <ou cinq> ouvrages
98-101   MS4: ᵛ↑français⁺. <Elle n'a d'autre mérite que l'honneur qu'elle a reçu de la respectable descendante de Corneille qui a daigné y jouer un rôle dans notre retraite, pour montrer aux jeunes personnes témoins de ce spectacle comment il faut prononcer notre langue, et faire sentir sa véritable prosodie. C'est à vous d'enseigner comme il faut la parler et écrire.> ᵛ↑β⁺ ¶A   5
99-101   MS4: le précepteur d'Alexandre et aux Français par Corneille
      MS5: le [MS6: ᵛ↑digne⁺] précepteur d'Alexandre, et <illegible> ᵛ↑adoptées⁺ ᵛ↓chez les⁺ Français par Corneille [MS6: <par> ᵛ↑par le génie de⁺ Corneille]
103   MS4-MS6: décisions irréfragables [MS6: <irréfragables> ᵛ↑souveraines⁺] sur

[13] Voltaire accepts the position that the three unities and the other dramaturgical rules of French classicism were all derived from Aristotle's *Poetics*. This position, however, has been rejected by modern scholars; see René Bray, *La Formation de la doctrine classique en France* (Paris, 1927).

[14] Reference to Voltaire's first letter to the Académie dealing with Shakespeare, which was publicly read on 25 August 1776 (see above, *Lettre de Monsieur de Voltaire à Messieurs de l'Académie française*).

deux noms: mais j'apprends qu'on renouvelle au milieu de   110
Paris cette incroyable dispute. On s'appuie de l'opinion de
Mme Montagu, estimable citoyenne de Londres, qui montre
pour sa patrie une passion si pardonnable. Elle préfère Shakespeare
aux auteurs d'*Iphigénie* et d'*Athalie*, de *Polyeucte* et de *Cinna*. Elle a
fait un livre entier pour lui assurer cette supériorité; et ce livre est   115
écrit avec la sorte d'enthousiasme que la nation anglaise retrouve
dans quelques beaux morceaux de Shakespeare, échappés à la
grossièreté de son siècle. Elle met Shakespeare au-dessus de tout,
en faveur de ces morceaux qui sont en effet naturels et énergiques,
quoique défigurés presque toujours par une familiarité basse. Mais   120
est-il permis de préférer deux vers d'Ennius à tout Virgile, ou de
Lycophron à tout Homère? [15]
   On a représenté, Messieurs, les chefs-d'œuvre de la France
devant toutes les cours, et dans les académies d'Italie. On les joue
depuis les rivages de la mer glaciale jusqu'à la mer qui sépare   125

---

110   MS4, MS5: mais on m'apprend qu'on
       MS6:<en>mais <on> j'apprends qu'on
112-13   MS4: Londres, justement passionnée pour la gloire de sa patrie. Elle
       MS5: Londres, qui montre une passion si pardonnable pour la gloire de sa
patrie. Elle
       MS6: <qui montre une passion justement> qui montre pour sa patrie
une passion si pardonnable. Elle
115   MS4, MS5: livre pour
116   MS4 <admire> ^V↑retrouve[+]
119-23   MS4, MS5, MS6 crossed out: énergiques: mais s'il m'est permis d'user de
cette comparaison, n'est-ce pas préférer le cheval de Don Quichotte à Bucéphale
parce qu'il galopa une fois en sa vie? <Je ne devrais> répondre que par ces quatre
mots, *Ecoutez Europe et jugez*. ¶ [MS4: <En effet, Messieurs>] On [MS5: <Don
Quichotte à Bucéphale parce que Rossinante galopa une fois en sa vie> [*in the*   5
margin] ^V↑n'est-ce pas préférer Rossinante à Bucéphale parce que Rossinante galopa
une fois en sa vie[+]? ¶On] [MS6: ^V↑mais est-il permis de préférer deux vers d'Ennius
à tout Virgile, ou de Lycophron à tout Homère [*in the margin*] quoique défigurés
presque toujours par une familiarité basse, mais[+]¶On]

[15] Quintus Ennius (239-169 BC) was a Roman poet who composed epics and
tragedies, but of whose work only fragments remain. Lycophron (third century BC)
was a Greek epic poet.

103

l'Europe de l'Afrique. Qu'on fasse le même honneur à une seule pièce de Shakespeare, et alors nous pourrons disputer.

Qu'un Chinois vienne nous dire: 'Nos tragédies composées sous la dynastie des Yven font encore nos délices après cinq cents années. Nous avons sur le théâtre des scènes en prose, d'autres en vers rimés, d'autres en vers non rimés. Les discours de politique et les grands sentiments y sont interrompus par des chansons, comme dans votre *Athalie*. Nous avons de plus des sorciers qui descendent des airs sur un manche à balai, des vendeurs d'orviétan et des gilles qui, au milieu d'un entretien sérieux, viennent faire leurs grimaces, de peur que vous ne preniez à la pièce un intérêt trop tendre qui pourrait vous attrister. Nous faisons paraître des savetiers avec des mandarins, et des fossoyeurs avec des princes, pour rappeler aux hommes leur égalité primitive. [16] Nos tragédies n'ont ni exposition, ni nœud, ni dénouement. Une de nos pièces dure cinq cents années, et un paysan qui est né au premier acte est pendu au dernier. [17] Tous nos princes parlent en crocheteurs, et nos crocheteurs quelquefois en princes. Nos reines y prononcent des mots de turpitude qui

130

135

140

126-27   MS4-MS6: seule des pièces [MS6: <une seule des pièces> ᵛ↑une seule pièce⁺] de

131-32   MS4: non rimés et <encore d'autres en chansons> Les discours

137-46   MS4: Nous <avons des fossoyeurs qui creusent et qui ouvrent des tombeaux, et ils jouent avec leurs morts, ils boivent, ils chantent pour égayer leur travail, pendant que l'héritier de l'empire contrefait le fou pour tuer sa mère> ᵛ↑β⁺. Je

137-38   MS5: savetiers <et> ᵛ↑avec⁺ des mandarins

[16] Shakespeare does indeed present cobblers in *Julius Caesar* (I.i) and grave diggers in *Hamlet* (V.i), but Voltaire chooses not to mention the political dimension of the first play and the metaphysical dimension of the second, which justify the presence of these characters.

[17] This is an exaggeration. Even in the two most extreme examples in Shakespeare's corpus, *Pericles* and *The Winter's Tale*, the duration of the action is about fifteen years.

n'échapperaient pas à des revendeuses entre les bras des derniers
des hommes, etc. etc.'   145
Je leur dirais: Messieurs, jouez ces pièces à Nankin; mais ne vous
avisez pas de les représenter aujourd'hui à Paris ou à Florence,
quoiqu'on nous en donne quelquefois à Paris qui ont un plus grand
défaut, celui d'être froides.

Mme Montagu relève avec justice quelques défauts de la belle   150
tragédie de *Cinna* et ceux de *Rodogune*.[18] Tout n'est pas toujours ni
bien dessiné, ni bien exprimé dans ces fameuses pièces, je l'avoue.
Je suis même obligé de vous dire, Messieurs, que cette dame
spirituelle et éclairée ne reprend qu'une petite partie des fautes
remarquées par moi-même, lorsque je vous consultai sur le   155
Commentaire de Corneille. Je me suis entièrement rencontré
avec elle dans les justes critiques que j'ai été obligé d'en faire.
Mais c'est toujours en admirant son génie que j'ai remarqué ses
écarts. Eh, quelle différence entre les défauts de Corneille dans ses
bonnes pièces, et ceux de Shakespeare dans tous ses ouvrages!   160

Que peut-on reprocher à Corneille dans les tragédies de ce génie
sublime qui sont restées à l'Europe (car il ne faut pas parler des
autres)? C'est d'avoir pris quelquefois de l'enflure pour de la

---

144-45   MS4, MS5: des revendeuses de haillons entre les bras des charbonniers
etc., etc.
         MS6: <de haillons>, entre les bras <des charbonniers etc. etc.> ᵛ↑des
derniers des hommes, etc., etc., etc.+
150   MS4-MS6: justice les défauts [MS6: <les> ᵛ↑quelques+]
161   MS4: dans <ses ouvrages> les ᵛ↑tragédies de ce gènie sublime+ qui
163   MS4: <souvent> ᵛ↑quelque fois+

---

[18] Elizabeth Montagu, *An Essay on the writings and genius of Shakespeare* (London,
1769). In *Cinna*, the only play of Corneille to which Elizabeth Montagu devotes a
full-length analysis, she criticizes primarily the style (as bombastic and unnatural),
the contemptible conduct of the principal characters, and the mingling of political
concerns with a love intrigue (p.207-42). She also briefly mentions other Corneille
plays, including *Rodogune*, where she objects to the long and confusing exposition
(p.125-27).

grandeur; de s'être permis quelques raisonnements que la tragédie
ne peut admettre; de s'être asservi dans presque toutes ses pièces à   165
l'usage de son temps, d'introduire au milieu des intérêts politiques,
toujours froids, des amours plus insipides.

On peut le plaindre de n'avoir point traité de vraies passions,
excepté dans la pièce espagnole du *Cid*, pièce dans laquelle il eut
encore l'étonnant mérite de corriger son modèle en trente endroits,   170
dans un temps où les bienséances théâtrales n'étaient pas encore
connues en France. On le condamne surtout pour avoir trop
négligé sa langue. Alors, toutes les critiques faites par des hommes
d'esprit sur un grand homme sont épuisées; et l'on joue *Cinna* et
Polyeucte devant l'impératrice des Romains, devant celle de   175
Russie, devant le doge et les sénateurs de Venise, comme devant
le roi et la reine de France.

Que reproche-t-on à Shakespeare? Vous le savez, Messieurs;
tout ce que vous venez de voir vanté par les Chinois. Ce sont,

164   MS5, MS6: des [MS5: quelques] raisonnements captieux que
164-65   MS4: grandeur, <d'avoir refroidi le théâtre par des raisonnements
captieux ou faux, par des amours qui ne sont jamais de> ᵛ↑de s'être permis des
raisonnements captieux que la tragédie ne peut admettre⁺
165-67   MS4: dans toutes ses pièces à l'usage de son temps, d'introduire <dans les
sujets les plus majestueux> ᵛ↑au milieu des intérêts politiques des amours insipides⁺
170   MS4: <cent> ᵛ↑trente⁺ endroits
174   MS4: on représente Cinna
178-84   MS4: Messieurs; toutes les basses extravagances, toutes les infâmes
bouffonneries <des arlequins et> toutes les bizarreries <des Scaramouches dont
étai<t> ᵛ↑ent alors⁺ infectés le ᵛ↑s⁺ <théâtre> ᵛ↑drames⁺ de la nation espagnole
qui dominait en Europe, et dont l'influence s'étendit jusqu'en Angleterre; tandis
qu'on négligeait la tragédie régulière ressuscitée dans la seule Italie avec tous les   5
beaux arts> ᵛ↑monstrueuses⁺ dans lesquelles l'esprit humain peut tomber quand il
s'abandonne à son imagination sans goût, sans règles, et sans choix. Il imitait en cela
le théâtre espagnol qui dominait alors en Europe et surtout dans la Lombardie et à
Naples. Lopes de Vega l'avouait mais Shakespear ne l'avouait pas. Que
          MS5: Messieurs. <toutes les basses extravagances, toutes les bizarreries
monstrueuses dans lesquelles l'esprit humain peut tomber quand il s'abandonne à son
imagination sans goût de règle et sans choix. Il imitait en cela le théâtre espagnol qui
dominait alors en Europe, et surtout dans la Lombardie et à Naples. Lopez de Vega
l'avouait, mais Shakespear ne l'avouait pas> ᵛ↑β⁺. Que   5

comme dit M. de Fontenelle dans ses *Mondes*, presque d'autres   180
principes de raisonnement.[19] Mais ce qui est bien étrange, c'est
qu'alors le théâtre espagnol, qui infectait l'Europe, en était le
législateur. Lopez de Vega avouait cet opprobre;[20] mais Shakespeare n'eut pas le courage de l'avouer. Que devaient faire les
Anglais? ce qu'on a fait en France; se corriger.   185
   Mme Montagu condamne, dans la perfection de Racine, cet
amour continuel qui est toujours la base du peu de tragédies que
nous avons de lui, excepté dans *Esther* et dans *Athalie*. Il est beau,
sans doute, à une dame de réprouver cette passion universelle qui
fait régner son sexe; mais qu'elle examine cette *Bérénice* tant   190
condamnée par nous-mêmes, pour n'être qu'une idylle amoureuse.
Que le principal personnage de cette idylle soit représenté par une
actrice telle que Mlle Gaussin, alors je réponds que Mme Montagu
versera des larmes.[21] J'ai vu le roi de Prusse attendri à une simple
lecture de *Bérénice*, qu'on faisait devant lui, en prononçant les vers   195
comme on doit les prononcer, ce qui est bien rare. Quel charme tira
des larmes des yeux de ce héros philosophe? la seule magie du style
de ce vrai poète, *qui invenit verba quibus deberent loqui.*

186   MS4: Montagu <semble reprouver> ᵛ↑condamne⁺
188   MS4: lui, <jusqu'à> ᵛ↑excepté dans⁺ Esther et ᵛ↑dans⁺ Athalie
189   MS4: de <condamner> ᵛ↑réprouver⁺ cette
190   MS4, MS5 *crossed out*: mais qu'elle voie jouer seulement [MS5: mais [*added in
the margin*] qu'elle examine⁺]
197   MS4: yeux de ce guerrier
       MS5: <guerrier> ᵛ↑héros⁺

[19] Fontenelle's *Entretiens sur la pluralité des mondes* (1686), a popularization of
recent developments in astronomy, encourages readers to accept scientific findings
even if they contradict traditional views and to take seriously the possibility of life on
other planets.
[20] Lope de Vega Carpio (1562-1635), prolific Spanish playwright, composed a
theoretical treatise, *El Arte nuevo de hacer comedias* (*The New art of making comedies*)
(1609), in which he argued that the rules derived from classical antiquity and insisted
on by scholars are incompatible with the demands of popular taste.
[21] The actress Mlle Gaussin, born Jeanne-Catherine Gaussem (1711-1767), was a
favourite of Voltaire and created the leading roles in many of his plays.

Les censures de réflexion n'ôtent jamais le plaisir du sentiment. Que la sévérité blâme Racine tant qu'elle voudra, le cœur vous ramènera toujours à ses pièces. Ceux qui connaissent les difficultés extrêmes, et la délicatesse de la langue française, voudront toujours lire et entendre les vers de cet homme inimitable, à qui le nom de grand n'a manqué que parce qu'il n'avait point de frère dont il fallût le distinguer.[22] Si on lui reproche d'être le poète de l'amour, il faut donc condamner le quatrième livre de Virgile. On ne trouve pas quelquefois assez de force dans ses caractères, et dans son style; c'est ce qu'on a dit de Virgile; mais on admire dans l'un et dans l'autre une élégance continue.

Mme Montagu s'efforce d'être touchée des beautés d'Euripide, pour tâcher d'être insensible aux perfections de Racine. Je la plaindrais beaucoup si elle avait le malheur de ne pas pleurer au rôle inimitable de la *Phèdre* française, et de n'être pas hors d'elle-même à toute la tragédie d'*Iphigénie*. Elle paraît estimer beaucoup Brumoy, parce que Brumoy, en qualité de traducteur d'Euripide, semble donner au poète grec la préférence sur le poète français.[23] Mais si elle savait que Brumoy traduit le grec très infidèlement; si elle savait que, 'vous y serez, ma fille', n'est pas dans Euripide;[24] si elle savait que Clytemnestre embrasse les genoux d'Achille dans la pièce grecque comme dans la française (quoique Brumoy ose

200

205

210

215

220

206-210 MS4: Virgile. <Il ne faut pas condamner les sujets qu'il a traités, mais voir comment il les a traités.> ¶Mad. Montagu
217 MS4-MS6: Brumoy a traduit
218 MS5, MS6 *crossed out*: pas ᵛ↑aussi bien placé⁺ dans Euripide ᵛ↑que dans Racine⁺, si

[22] Pierre Corneille's younger brother, Thomas (1625-1709), was also a successful playwright. According to tradition, the nickname of 'grand' was attached to Pierre primarily in order to distinguish him from his brother.
[23] The Jesuit scholar Pierre Brumoy (1688-1742) published a monumental work, *Le Théâtre des Grecs* (1730; revised and expanded 1763).
[24] Racine, *Iphigénie*, II.578. There is a similar, though not identical, idea in Euripides (*Iphigenia in Aulis*, line 675).

supposer le contraire);[25] enfin, si son oreille était accoutumée à cette mélodie enchanteresse qu'on ne trouve, parmi tous les tragiques de l'Europe que chez Racine seul, alors Mme Montagu changerait de sentiment.

'L'Achille de Racine', dit-elle, 'ressemble à un jeune amant qui a   225
du courage: et pourtant l'*Iphigénie* est une des meilleures tragédies françaises.'[26] Je lui dirais: Et pourtant, madame, elle est un chef-d'œuvre qui honorera éternellement ce beau siècle de Louis XIV, ce siècle, notre gloire, notre modèle et notre désespoir. Si nous avons été indignés contre Mme de Sévigné qui écrivait si bien, et   230
qui jugeait si mal; si nous sommes révoltés de cet esprit misérable de parti, de cette aveugle prévention qui lui fait dire que 'la mode d'aimer Racine passera comme la mode du café';[27] jugez, madame, combien nous devons être affligés qu'une personne aussi instruite que vous ne rende pas justice à l'extrême mérite d'un si grand   235
homme. Je vous le dis, les yeux encore mouillés des larmes d'admiration et d'attendrissement que la centième lecture d'*Iphigénie* vient de m'arracher.

223   MS4: Racine, alors
238-77   MS4: m'arracher. ¶<Pardonnez-moi, Messieurs si [*added in margin*:
<j'ignore si c'est en effet une dame de Montagu ou un maître de langue irlandais
comme on le dit, qui est venu à Paris pour insulter notre nation, et pour lui parler
avec autant de mépris que les autres nations nous témoignent d'estime, ce serait à
vous messieurs à leur répondre par de sages instructions si vous daigniez répondre.   5
¶Ce n'est que la langue que le grand art de savoir parler l'emporte sur les... Dans les
[*illegible*] du vulgaire témoin la Phèdre de Padron [*illegible*] parterre de Londres assis
et pourtant plus mauvais juge que le nôtre, plus grossier et plus barbare. Populace
absolument sauvage. Inimitié éternelle entre les deux nations. Litora litoribus
contraris fluctibus undas arma armis. Aimons leurs bonnes lois, étudions leurs   10
bons philosophes, mais gardons-nous de préférer leurs grands hommes aux nôtres.
N'oublions pas les victoires de Fontenoy, de [*illegible*], de Lauffeld, et les [*illegible*],

[25] Voltaire is correct on this point. See Euripides, *Iphigenia in Aulis*, line 900.
[26] Voltaire quotes from the 1777 French translation of Montagu's treatise.
[27] This passage has not been found in Mme de Sévigné's letters, but she did on a number of occasions state her preference for Corneille over Racine. See especially the letters of 15 January and 16 March 1672 (Paris, Pléiade, 1972, vol.1, no.235, 254).

Je dois ajouter à cet extrême mérite d'émouvoir pendant cinq
actes, le mérite plus rare et moins senti de vaincre pendant cinq 240
actes la difficulté de la rime et de la mesure, au point de ne pas
laisser échapper une seule ligne, un seul mot qui sente la moindre
gêne, quoiqu'on ait été continuellement gêné.[28] C'est à ce coin que
sont marqués le peu de bons vers que nous avons dans notre
langue. Mme Montagu compte pour rien cette difficulté surmontée. 245
Mais, madame, oubliez-vous qu'il n'y a jamais eu sur la terre aucun
art, aucun amusement même où le prix ne fût attaché à la difficulté?
Ne cherchait-on pas dans la plus haute antiquité à rendre difficile
l'explication de ces énigmes que les rois se proposaient les uns aux

---

s'ils parlent continuellement de leurs victoires d'O[*illegible*]. Les Villars, les
Luxembourg, les Turennes et les Condés vaudront bien aux yeux de la postérité
les Marlboroughs et les Cadogans. Qu'auraient-ils à nous opposer dans les arts de 15
goût, eux qui n'ont jamais eu ni un grand poète régulier ni un orateur à la fois
touchant et sublime, qui n'ont pu avoir un peintre passable de leur nation. Qu'il y ait
entre nous et eux une émulation réciproque, et non une haine ridicule.>] je vous ai
fatigués de cette inutile dispute sur Shakespear. Pardonnez surtout, si je vous envoie
un ouvrage qui n'est pas digne de vos regards. J'ai présumé qu'avec vos leçons on 20
peut se corriger dans l'âge le plus avancé, et que si les ailes de l'imagination, qui ont
toujours été courtes, sont absolument coupées, on peut encore se relever de quelques
unes de ses chutes quand on est soutenu par vous. 'Non si priores Maeonius tenet /
Sedes Homerus pindaricae latent / Ceaeque et alcaei minaces / Stesicorique graves
camenae.'>[29] ¶Je 25
  239 MS5, MS6: mérite <celui> d'émouvoir
  243 MS6: <là le véritable> ᵛ↑à ce⁺
  243-44 MS5: C'est là le véritable coin où sont marqués

---

[28] Voltaire's view that rhyme is indispensable to French poetry, especially in the
most serious genres, remained unchanged throughout his career. However, in his
earliest pronouncements on the subject, found in *An Essay on epic poetry* (1727)
(*OCV*, vol.3B, p.392-94) and the 'Discours sur la tragédie', published as a preface to
the tragedy *Brutus* (1731) (*OCV*, vol.5, p.159), he had adopted a more conciliatory
tone toward English poetry, admiring its greater freedom in the areas of rhyme and
metrical conventions, and even referring to the need for rhyme in French as a form of
slavery.
  [29] The first Latin quote in MS4 is taken from the *Aeneid*, IV.628-29, the second one
from Horace's *Odes*, IV.9.

autres? N'y a-t-il pas eu de très grandes difficultés à vaincre dans   250
tous les jeux de la Grèce, depuis le disque jusqu'à la course des
chars? Nos tournois, nos carrousels étaient-ils si faciles? Que dis-
je? aujourd'hui dans la molle oisiveté où tous les grands perdent
leurs journées depuis Pétersbourg jusqu'à Madrid, le seul attrait
qui les pique dans leurs misérables jeux de cartes, n'est-ce pas la   255
difficulté de la combinaison, sans quoi leur âme languirait
assoupie?
    Il est donc bien étrange, et j'ose dire bien barbare, de vouloir
ôter à la poésie ce qui la distingue du discours ordinaire. Les vers
blancs n'ont été inventés que par la paresse et l'impuissance de faire   260
des vers rimés, comme le célèbre Pope me l'a avoué vingt fois.[30]
Insérer dans une tragédie des scènes entières en prose, c'est l'aveu
d'une impuissance encore plus honteuse.
    Il est bien certain que les Grecs ne placèrent les Muses sur le haut
du Parnasse que pour marquer le mérite et le plaisir de pouvoir   265
aborder jusqu'à elles à travers des obstacles. Ne supprimez donc
point ces obstacles, madame; laissez subsister les barrières qui
séparent la bonne compagnie des vendeurs d'orviétan et de leurs
gilles. Souffrez que Pope imite les véritables génies italiens, les
Arioste, les Tasse, qui se sont soumis à la gêne de la rime pour la   270
vaincre.

252   MS5: carrousels mêmes étaient-ils
256-57   MS5, MS6: âme serait assoupie?
        MS6: <serait> ^v↑languirait ⁺ assoupie
260   MS5, MS6: et par l'impuissance
270   MS5, MS6: Ariostes et les Tasses
271-77   MS5: vaincre. Puissiez-vous Madame être assez heureuse pour sentir la
différence infinie qui est entre la mesure du vers de Racine 'Mais tout dort et la mer et
les vents et Neptune' et cette ligne du barbare Shakespear [*illegible*] par un [*illegible*]
barbare 'Nous n'avons pas entendu une souris trotter'?¶Je [31]

[30] Even if Pope did indeed take such a dim view of blank verse in private
conversations with Voltaire, no statement to this effect is found in his published
writings.
[31] See *Iphigénie* I.i, and *Hamlet* I.i.

III

Enfin quand Boileau a prononcé:

Et que tout ce qu'il dit, facile à retenir,
De son ouvrage en vous laisse un long souvenir;

n'a-t-il pas entendu que la rime imprimait plus aisément les pensées   275
dans la mémoire?
Je ne me flatte pas que mon discours et ma sensibilité passent
dans le cœur de Mme Montagu, et que je sois destiné à convertir
divisos orbe Britannos. [32] Mais pourquoi faire une querelle nationale
d'un objet de littérature? Les Anglais n'ont-ils pas assez de   280
dissensions chez eux? et n'avons-nous pas assez de tracasseries
chez nous? ou plutôt l'une et l'autre nation n'ont-elles pas eu assez
de grands hommes dans tous les genres pour ne se rien envier, pour
ne se rien reprocher?
Hélas! Messieurs, permettez-moi de vous répéter que j'ai passé   285
une partie de ma vie à faire connaître en France les passages les plus
frappants des auteurs qui ont eu de la réputation chez les autres
nations. Je fus le premier qui tirai un peu d'or de la fange où le génie
de Shakespeare avait été plongé par son siècle. J'ai rendu justice à
l'Anglais Shakespeare, comme à l'Espagnol Caldéron; [33] et je n'ai   290
jamais écouté le préjugé national. J'ose dire que c'est de ma seule
patrie que j'ai appris à regarder les autres peuples d'un œil
impartial. Les véritables gens de lettres en France n'ont jamais

---

278   MS4, MS5: cœur de mon anglaise, et
      MS6: <mon anglaise> ᵛ↑madame Montagu⁺

[32] Virgil, *Bucolics*, I.66. This phrase, often invoked by English writers to celebrate the superiority of their land over the Continent, is here used to denigrate English literary taste.
[33] Voltaire in the early part of his career had some complimentary words for Shakespeare, starting with his *Lettres philosophiques*, published in 1734. As for Pedro Calderón de la Barca (1600-1681), the prolific Spanish playwright, Voltaire prepared a translation of his *En esta vida todo es verdad y todo mentira* (*In this life everything is truth and everything is lies*) in 1762 in conjunction with his edition of Corneille. At issue was whether Corneille's tragedy *Héraclius* preceded and influenced the Spanish play, or the reverse.

connu cette rivalité hautaine et pédantesque, cet amour-propre révoltant qui se déguise sous l'amour de son pays, et qui ne préfère les heureux génies de ses anciens concitoyens à tout mérite étranger que pour s'envelopper dans leur gloire.   295

Quels éloges n'avons-nous pas prodigués aux Bacon,[34] aux Kepler, aux Copernic, sans même y mêler d'abord aucune émulation! Que n'avons-nous pas dit du grand Galilée, le restaurateur et la victime de la raison en Italie, ce premier maître de la philosophie, que Descartes eut le malheur de ne citer jamais!   300

Nous sommes tous à présent les disciples de Newton: nous le remercions d'avoir seul trouvé et prouvé le vrai système du monde; d'avoir seul enseigné au genre humain à voir la lumière; et nous lui pardonnons d'avoir commenté les visions de Daniel et l'Apocalypse.   305

Nous admirons dans Locke la seule métaphysique qui ait paru dans le monde depuis que Platon la chercha; et nous n'avons rien à pardonner à Locke. N'en ferions-nous pas autant pour Shakespeare s'il avait ressuscité l'art des Sophocle, comme Mme Montagu ou son traducteur ose le prétendre? Ne verrions-nous pas M. de la Harpe, qui combat pour le bon goût avec les armes de la raison, élever sa voix en faveur de cet homme singulier? Que fait-il au contraire? il a eu la patience de prouver dans son judicieux journal ce que tout le monde sent: que Shakespeare est un   310   315

302-303   MS4-MS6: jamais, et peut-être de ne pas connaître! ¶Nous
303-308   MS4, MS5 *crossed out*: Nous jetons à présent des cris d'admiration quand nous parlons de Newton. Nous
308   MS4-MS6: Nous étudions dans [MS6:<étudions> ᵛ↑admirons ⁺]
309-310   MS4: chercha, n'en ferions-nous
312   MS4, MS5: ou celui qui la fait parler ose
      MS6: <celui qui la fait parler> ᵛ↑son traducteur⁺
312-319   MS4: prétendre. ¶Que
314   MS5: la <vérité> ᵛ↑raison⁺, élever

[34] Starting in his *Lettres philosophiques* and throughout his career Voltaire bestowed high praise on Bacon, as well as Newton and Locke, mentioned in the following paragraphs.

sauvage avec des étincelles de génie qui brillent dans une nuit horrible. [35]

Que l'Angleterre se contente de ses grands hommes en tant de genres: elle a assez de gloire. La patrie du Prince noir et de Newton   320 peut se passer du mérite des Sophocle, des Zeuxis, des Phidias, des Timothée, [36] qui lui manquent encore.

Je finis ma carrière en souhaitant que celles de nos grands hommes en tout genre soient toujours remplies par des successeurs dignes d'eux; que les siècles à venir égalent le grand siècle de   325 Louis XIV, et qu'ils ne dégénèrent pas en croyant le surpasser.

Je suis avec un profond respect,

MESSIEURS,

Votre très humble, très obéissant, et très obligé
serviteur et confrère, etc.   330

Note

Le père Brumoy, dans son *Discours sur le parallèle des théâtres*, a dit de nos spectateurs: 'Ce n'est que le sang-froid qui applaudit la beauté des vers.' Si ce savant avait connu notre public, il aurait vu que tantôt il applaudit de sang-froid des maximes vraies ou fausses, tantôt il applaudit avec transport des tirades de déclamations, soit   335 pleines de beautés, soit pleines de ridicules, n'importe; et qu'il est

320-21 MS4: noir peut
321-22 MS4: Phidias qui lui manquent absolument [*end of* MS4].
       MS5: Phidias qui lui manquent <absolument> ^V↑encore⁺
325 MS5: venir <soient dignes du> ^V↑égalent le⁺ grand
330a-431 MS5: [*note absent*]

[35] La Harpe published the first portion of his response to Montagu's book in *Journal de politique et de littérature* (December 1777-15 June 1778). Although Voltaire praised this piece and urged his friend to publish the remaining portion (D20986), La Harpe never did so.

[36] Zeuxis (464-398) was one of the leading ancient Greek painters; Phidias (died c.431 BC) and Timotheus (fourth century BC) were leading sculptors.

toujours insensible à des vers qui ne sont que bien faits et raisonnables.
Je demandai un jour à un homme qui avait fréquenté assidûment cette cave obscure appelée parterre, comment il avait pu applaudir   340 à ces vers si étranges et si déplacés:

> César, car le destin que dans tes fers je brave
> M'a fait ta prisonnière et non pas ton esclave;
> Et tu ne prétends pas qu'il m'abaisse le cœur
> Jusqu'à te rendre hommage, et te nommer seigneur. [37]   345

Comme si le mot *seigneur* était sur notre théâtre autre chose qu'un terme de politesse; et comme si la jeune Cornélie avait pu s'avilir en parlant décemment à César. [38] Pourquoi, lui dis-je, avez-vous tant battu des mains à ces étonnantes paroles:

> Rome le veut ainsi: son adorable front   350
> Aurait de quoi rougir d'un trop honteux affront,
> De voir en même jour, après tant de conquêtes,
> Sous un indigne fer ses deux plus nobles têtes.
> Son grand cœur qu'à tes lois en vain tu crois soumis
> En veut au criminel plus qu'à ses ennemis;   355
> Et tiendrait à malheur le bien de se voir libre
> Si l'attentat du Nil affranchissait le Tibre.
> Comme autre qu'un Romain n'a pu l'assujettir,
> Autre aussi qu'un Romain ne l'en doit garantir.
> Tu tomberais ici sans être sa victime: 360
> Au lieu d'un châtiment ta mort serait un crime;
> Et sans que tes pareils en conçussent d'effroi,

346 MS6: mot de *Seigneur*

[37] Corneille, *La Mort de Pompée*, III.985-88. Corneille actually wrote 'abatte le cœur' (line 987).

[38] Voltaire had made this same objection in his *Commentaires sur Corneille*, adding: 'N'est-ce pas une petite attention de Cornélie, à faire voir qu'elle veut mettre de la grandeur, où il n'y a rien que de très ordinaire?' (*OCV*, vol.54, p.429). He then proceeded to cite Vauvenargues, who listed affectation as the principal fault of French drama.

L'exemple que tu dois périrait avec toi.
Venge-la de l'Egypte à son appui fatale,
Et je la vengerai, si je puis, de Pharsale.   365
Va; ne perds point le temps, il presse. Adieu, tu peux
Te vanter qu'une fois j'ai fait pour toi des vœux. [39]

Vous sentez bien aujourd'hui qu'il n'est guère convenable
qu'une jeune femme absolument dépendante de César, protégée,
secourue, vengée par lui, et qui doit être à ses pieds, [40] le menace en   370
antithèses si recherchées, et dans un style si obscur, de le faire
condamner à la mort pour servir d'exemple; et finisse enfin par lui
dire: 'Adieu, César, tu peux te vanter que j'ai fait des vœux pour toi
une fois en ma vie.' Avez-vous pu seulement entendre ce froid
raisonnement, aussi faux qu'alambiqué: 'Comme autre qu'un   375
Romain n'a pu asservir Rome, autre qu'un Romain ne l'en peut
garantir.'
Il n'y a point d'homme un peu accoutumé aux affaires de ce
monde qui ne sente combien de tels vers sont contraires à toutes les
bienséances, à la nature, à la raison, et même aux règles de la poésie,   380

372 MS6: condamner <un jour>à

[39] *La Mort de Pompée*, IV.1407-24. Corneille wrote 'aux criminels' (line 1412) et
'de temps' (line 1423). In the *Commentaires sur Corneille* Voltaire had taken a slightly
more favourable view of the tone of this passage: 'si Cornélie s'était réduite dans une
pareille scène à parler seulement avec la bienséance de sa situation, c'est-à-dire, à ne
pas trop menacer un homme tel que César, [...] la scène eût été un peu froide. Il faut
peut-être dans ces occasions aller un peu au delà de la vérité' (*OCV*, vol.54, p.441).
However, he followed this statement by raising a separate objection based on
structural considerations: 'Une critique très juste, c'est que tous ces discours de
vengeance sont inutiles à la pièce' (p.441).
[40] This idea is more clearly expressed in the *Commentaires sur Corneille*: 'peut-être
même ces menaces sont-elles un peu déplacées envers un homme qui venge Pompée,
et à qui Cornélie ne doit que des remerciements' (*OCV*, vol.54, p.443). Voltaire
overlooks the fact that Cornélie, in the wake of the prolonged power struggle
between her late husband and César, has no reason to like or trust César, even when
he promises to avenge Pompée.

qui veulent que tout soit clair, et que rien ne soit forcé dans
l'expression. [41]

Dites-moi donc par quel prestige vous avez applaudi sans cesse
des tirades aussi embrouillées, aussi obscures, aussi déplacées?
Mais dites-moi surtout pourquoi vous n'avez jamais marqué, par la   385
moindre acclamation, votre juste contentement des véritables
beaux vers que débite Andromaque, dans une situation encore
plus douloureuse que celle de Cornélie:

> Je confie à tes soins mon unique trésor.
> Si tu vivais pour moi, vis pour le fils d'Hector...   390
> Fais connaître à mon fils les héros de sa race;
> Autant que tu pourras conduis-le sur leur trace:
> Dis-lui par quels exploits leurs noms ont éclaté:
> Plutôt ce qu'ils ont fait que ce qu'ils ont été...
> Qu'il ait de ses aïeux un souvenir modeste: 395
> Il est du sang d'Hector, mais il en est le reste;
> Et pour ce reste enfin, j'ai moi-même, en un jour,
> Sacrifié mon sang, ma haine, et mon amour. [42]

Les hommes de cabinet qui réfléchissent, les femmes qui ont une
sensibilité si fine et si juste, les gens de lettres les plus gâtés par un   400
vain savoir, les barbares mêmes des écoles, tous s'accordent à

---

384   MS6: aussi <fausses> ⱽ↑déplacées⁺? ¶Mais

[41] Voltaire had made an analogous comment in the *Commentaires sur Corneille*:
'On a remarqué que cette tirade, et toutes celles dans lesquelles la hauteur est poussée
au delà des bornes, faisaient toujours moins d'effet à la cour qu'à la ville. C'est peut-
être qu'à la cour on avait plus de connaissance, et plus d'usage de la manière dont les
personnes de premier rang s'expriment; et que dans le parterre on aime les bravades,
on se plaît à voir la puissance abaissée par la grandeur d'âme' (*OCV*, vol.54, p.443).
In short, the primary fault in the tone of this speech is its violation of *bienséance*,
perceptible only to those with first-hand contact with persons of the highest rank.
[42] Racine, *Andromaque* IV.1103-1104, 1113-16, 1121-24. There is actually very
little parallel between the two dramatic situations discussed by Voltaire. Andromaque is a prisoner of war and is threatened with harm to her son, whereas Cornélie
is not really a prisoner and faces no danger from César, who moreover is not
responsible for the death of her husband.

reconnaître l'extrême beauté de ces vers si simples d'Andromaque. Cependant pourquoi cette beauté n'a-t-elle jamais été applaudie par le parterre? Cet homme de bon sens et de bonne foi me répondit: Quand 405 nous battions des mains au clinquant de Cornélie, nous étions des écoliers élevés par des pédants, toujours idolâtres du faux merveilleux en tout genre. Nous admirions les vers ampoulés, comme nous étions saisis de vénération à l'aspect du saint Christophe de Notre-Dame. Il nous fallait du gigantesque. A la 410 fin nous nous aperçûmes à la vérité que ces figures colossales étaient bien mal dessinées; mais enfin elles étaient colossales, et cela suffisait à notre mauvais goût. [43]

Les vers que vous me citez de Racine étaient parfaitement écrits; ils respiraient la bienséance, la vérité, la modestie, la mollesse 415 élégante: nous le sentions; mais la modestie et la bienséance ne transportent jamais l'âme. Donnez-moi une grosse actrice, d'une physionomie frappante, qui ait une voix forte, qui soit bien impérieuse, bien insolente, qui parle à César comme à un petit garçon, qui accompagne ses discours injurieux d'un geste mépri- 420 sant, et qui surtout termine son couplet par un grand éclat de voix, nous applaudirons encore; et si vous êtes dans le parterre, vous battrez peut-être des mains avec nous, tant l'homme est subjugué par ses organes et par l'exemple.

De pareils prestiges peuvent durer un siècle entier; et l'aveugle- 425 ment le plus absurde a quelquefois duré plusieurs siècles.

Quant à certaines prétendues tragédies écrites en vers allo- broges ou vandales, que la cour et la halle ont élevées jusqu'au ciel avec des transports inouïs, et qui sont ensuite oubliés pour jamais, il

---

402 MS6: vers simples
410 MS6: fallait en tout genre du gigantesque

[43] Voltaire, like most of his contemporaries, considered Gothic art genuinely barbaric; see, for example, *Le Temple du goût* (*OCV*, vol.9, p.131-33, p.178); *Le Siècle de Louis XIV*, ch.1; La Bruyère, *Les Caractères*, ch.1, section 15.

ne faut regarder ce délire que comme une maladie passagère qui   430
attaque une nation, et qui se guérit enfin de soi-même. [44]

---

[44] Despite Voltaire's claim that his hated rival, Prosper Crébillon, who had died in
1762, would be quickly forgotten, the latter's best-known tragedy, *Rhadamiste et
Zénobie*, would remain in the repertory of the Comédie-Française into the early
nineteenth century, and several other of his plays received occasional revivals. The
real Allobroges were a people that lived in Gaul during the time of Julius Caesar.

IRÈNE,
TRAGÉDIE

a   MS3: ALEXIS
    MS2: IRÈNE, avec les changements

PERSONNAGES

Nɪᴄᴇ́ᴘʜᴏʀᴇ, empereur de Constantinople.
Iʀᴇ̀ɴᴇ, femme de Nicéphore.
Aʟᴇxɪs Cᴏᴍɴᴇ̀ɴᴇ, prince de Grèce.
Lᴇ́ᴏɴᴄᴇ, père d'Irène.
Mᴇᴍɴᴏɴ, attaché au prince Alexis.   5
Zᴏᴇ́, favorite, suivante d'Irène.
Un officier de l'empereur.
Gardes.

La scène est dans un salon de l'ancien palais de Constantin.

4   ᴍsɪ: Bazile, père
5   ᴍsɪ: <Sostrate> ᵛ↑Memnon⁺
5-6   ᴍs₃: Alexis. ¶ [*added in-between lines*] Capitaine des gardes de
Nicéphore⁺ ¶Zoé, suivante d'Irène.
5-8   ᴍsɪ: Alexis. ¶<illegible>. ¶Zoé, suivante d'Irène. ¶Gardes.
      ᴍs₂: Alexis. ¶Zoé, <suivante> ᵛ↑favorite⁺ d'Irène. [*added in-
between lines*] Un officier de l'Empereur.⁺ ¶Gardes.

122

ACTE PREMIER

SCÈNE PREMIÈRE

IRÈNE, ZOÉ

IRÈNE

Quel changement nouveau, quelle sombre terreur,
Ont écarté de nous la cour et l'empereur?
Au palais des sept tours une garde inconnue
Dans un silence morne étonne ici ma vue;
En un vaste désert on a changé la cour.[1]   5

ZOÉ

Aux murs de Constantin trop souvent un beau jour[2]
Est suivi des horreurs du plus funeste orage.
La cour n'est pas longtemps le bruyant assemblage
De tous nos vains plaisirs l'un à l'autre enchaînés,
Trompeurs soulagements des cœurs infortunés;   10
De la foule importune il faut qu'on se retire.
Nos états assemblés pour corriger l'empire,[3]

8   MS1: le <paisible> ᵛ↑bruyant⁺ assemblage
9   MS3: tous <nos> ᵛ↑ces⁺ vains
12 MS3: pour <corriger> ᵛ↑réformer⁺ l'empire

---

[1] According to Anna Comnena (*Alexiad*, Harmondsworth, 1969, p.94), the emperor was well aware that the Comnenus brothers were advancing with their army (and that a second rebel army was advancing at the same time). Too old and feeble to fight, he was already considering abdication, which caused a panic among his supporters.

[2] Many of the fortifications and public buildings were erected under Constantine I, who moved his capital to Byzantium in 330 AD.

[3] The reference is presumably to the senate, mentioned by name later (I.151), but the fear of its influence is exaggerated. The senate, which continued to function

123

Pour le perdre peut-être; et ces fiers musulmans, [4]
Ces Scythes vagabonds débordés dans nos champs, [5]
Mille ennemis cachés qu'on nous fait craindre encore,   15
Sans doute en ce moment occupent Nicéphore.

IRÈNE

De ses chagrins secrets, qu'il veut dissimuler,
Je connais trop la cause; elle va m'accabler.
Je sais par quels soupçons sa dureté jalouse,
Dans son inquiétude outrage son épouse.   20
Il écoute en secret ces obscurs imposteurs,
D'un esprit défiant détestables flatteurs,
Trafiquant du mensonge et de la calomnie,
Et couvrant la vertu de leur ignominie.
Quel emploi pour César! [6] Et quels soins douloureux!   25
Je le plains, je gémis... il fait deux malheureux...
Ah! Que n'ai-je embrassé cette retraite austère
Où depuis mon hymen s'est enfermé mon père!
Il a fui pour jamais l'illusion des cours,
L'espoir qui nous séduit, qui nous trompe toujours,   30
La crainte qui nous glace, et la peine cruelle
De se faire à soi-même une guerre éternelle.

---

throughout the history of the Byzantine Empire, played an advisory and ceremonial role but possessed little real power. It was involved in the proclamation of new emperors but did not choose them. Alexis, likewise believing in the senate's influence, hopes that it can aid him in his projected coup (II.27-52). See *The Oxford Dictionary of Byzantium*, ed. Alexander P. Kazhdan (New York and Oxford, 1991), p.1868-69.

[4] The principal Muslim threat at this time came from the Seljuk Turks. The historical Alexius had fought against them prior to becoming emperor.

[5] The Scythians (Tartars), a frequent threat to the Byzantine Empire during this period, would continue to invade during the reign of Alexius (see *Alexiad*, p.159, 207, 230, 459).

[6] The term 'César' throughout this play refers to the emperor. In Byzantine terminology, however, the title of Caesar, separate from that of Basileus (the real ruler) was only honorific.

Que ne foulais-je aux pieds ma funeste grandeur!
Je montai sur le trône au faîte du malheur.
Aux yeux des nations victime couronnée,   35
Je pleure devant toi ma haute destinée;
Et je pleure surtout ce fatal souvenir
Que mon devoir condamne, et qu'il me faut bannir.
Ici l'air qu'on respire empoisonne ma vie.

ZOÉ

De Nicéphore au moins la sombre jalousie   40
Par d'indiscrets éclats n'a point manifesté
Le sentiment honteux dont il est tourmenté:
Il le cache au vulgaire, à sa cour, à lui-même;

34 MS3: Je <montai> ^{v}↑me vis$^+$ sur
37 MS3: un fatal
38 MS1, MS3: et qu'il ne peut bannir
43-45 MS3:

IRÈNE

S'il cache par orgueil sa frénésie affreuse,
Dans ce triste palais suis-je moins malheureuse?
Que le suprême rang, toujours trop envié,
Souvent pour notre sexe est digne de pitié
Que le triste <et vain> présent de quelques faibles charmes   5
Nous est vendu bien cher, <et payé par nos> ^{v}↑qu'il nous coûte de$^+$
larmes
Combien j'ai détesté ce dangereux honneur
Si terrible pour moi, si funeste à mon cœur
<Même on sait que souvent la jalouse furie> ^{v}↑Sans objet, tu le sais, sa
<sombre> ^{v}↑noire$^+$ jalousie$^+$
<De ce tyran cruel a menacé ma vie> ^{v}↑Souvent mit en péril ma
malheureuse vie.$^+$ 10
J'en ai vu sans pâlir les traits injurieux
Que ne les ai-je pu cacher à tous les yeux.
Crois qu'il n'est point de jour, peut-être de moment
Dont un <tyran cruel> ^{v}↑injuste époux$^+$ ne me fasse un tourment.
ZOÉ
Je vous plains: mais enfin contre votre innocence,   15
Contre tant de vertus lui-même est sans puissance
Je gémis de vous voir nourrir votre douleur.

125

Il sait vous respecter, et peut-être il vous aime.
Vous cherchez à nourrir une injuste douleur.   45
Que craignez-vous?

IRÈNE

Le ciel, Alexis et mon cœur.

ZOÉ

Mais Alexis Comnène aux champs de la Tauride,
Tout entier à la gloire, au devoir qui le guide,
Sert l'empereur et vous sans vous inquiéter,
Fidèle à ses serments jusqu'à vous éviter.   50

IRÈNE

Je sais que ce héros ne cherche que la gloire:
Je ne saurais m'en plaindre.

ZOÉ

Il a par la victoire
Raffermi cet empire ébranlé dès longtemps.

IRÈNE

Ah! J'ai trop admiré ses exploits éclatants:
Sa gloire de si loin m'a trop intéressée.   55
César aura surpris au fond de ma pensée
Quelques vœux indiscrets que je n'ai pu cacher;
Et qu'un époux, un maître a droit de reprocher.
C'était pour Alexis que le ciel me fit naître:
Des antiques césars nous avons reçu l'être;[7]   60

54   MS1: <Oui, admire avec moi> ᵛ↑Je crains d'admirer trop⁺
     MS2 *crossed out*, MS3: Je crains d'admirer trop [MS2: ᵛ↑Ah, j'ai trop admiré⁺]
55-58 MS1, MS3: [*absent*]
     MS2: [*added above crossed-out lines* 59-60]

[7] Although there had been several previous emperors from both the Comnenus

Et dès notre berceau l'un à l'autre promis,
C'est dans ces mêmes lieux que nous fûmes unis:
C'est avec Alexis que je fus élevée,
Ma foi lui fut acquise et lui fut enlevée.
L'intérêt de l'état, ce prétexte inventé   65
Pour trahir sa promesse avec impunité,
Ce fantôme effrayant subjugua ma famille;
Ma mère à son orgueil sacrifia sa fille.
Du bandeau des césars on crut cacher mes pleurs:
On para mes chagrins de l'éclat des grandeurs,   70
Il me fallut éteindre, en ma douleur profonde,
Un feu plus cher pour moi que l'empire du monde;
Au maître de mon cœur il fallut m'arracher.
De moi-même en pleurant j'osai me détacher.
De la religion le pouvoir invincible   75
Secourut ma faiblesse en ce combat pénible; [8]
Et de ce grand secours apprenant à m'armer,
Je fis l'affreux serment de ne jamais aimer.
Je le tiendrai... Ce mot te fait assez comprendre
A quels déchirements ce cœur devait s'attendre.   80
Mon père à cet orage ayant pu m'exposer
M'aurait par ses vertus appris à l'apaiser:
Il a quitté la cour, il a fui Nicéphore;
Il m'abandonne en proie au monde qu'il abhorre;
Et je n'ai que toi seule à qui je puis ouvrir   85

62   MS3: Nous touchions au moment d'être à jamais unis;
71   MS2: éteindre, <dans> ᵛ↑en⁺ ma
85   MS1, MS3: je puisse

---

and Ducas families, neither had yet established a dynasty. It is only in Voltaire's
version that Alexis and Irène are related to each other and were betrothed in infancy.
   [8] This is the first mention of the internal conflict that will eventually lead to Irène's
suicide. Convinced that her arranged and loveless marriage is the will of God, she
desperately tries to stifle her love and remain true to her wicked and uncaring
husband.

Ce cœur faible et blessé que rien ne peut guérir.
Mais on ouvre au palais... je vois Memnon paraître.

SCÈNE II

IRÈNE, ZOÉ, MEMNON

IRÈNE

Eh bien, en liberté puis-je voir votre maître?
Memnon, puis-je à mon tour être admise aujourd'hui
Parmi les courtisans qu'il approche de lui?   90

MEMNON

Madame, j'avouerai qu'il veut à votre vue
Dérober les chagrins de son âme abattue.
Je ne suis point compté parmi les courtisans,
De ses desseins secrets superbes confidents:
Du conseil de César on me ferme l'entrée.   95
Commandant de sa garde à la porte sacrée,
Militaire oublié par ses maîtres altiers,
Relégué dans mon poste ainsi que mes guerriers,
J'ai seulement appris que le brave Comnène
A quitté dès longtemps les bords du Borysthène, [9]   100
Qu'il vogue vers Byzance, et que César troublé
Ecoute en frémissant son conseil assemblé.

IRÈNE

Alexis, dites-vous?

MEMNON

Il revole au Bosphore.

87   MS3: on sort du palais
97   MS1, MS2: oublié par ces maîtres
     MS3: inconnu de ces maîtres

[9] River in the Black Sea region (now known as the Dnieper).

IRÈNE

Il pourrait à ce point offenser Nicéphore!
Revenir sans son ordre!

MEMNON

On l'assure, et la cour   105
S'alarme, se divise et tremble à son retour.
Il a brisé, dit-on, l'honorable esclavage
Où l'empereur jaloux retenait son courage;
Il vient jouir ici des honneurs et des droits
Que lui donnent son rang, sa naissance et nos lois.   110
C'est tout ce que j'apprends par ces rumeurs soudaines
Qui font naître en ces lieux tant d'espérances vaines,
Et qui de bouche en bouche armant les factions
Vont préparer Byzance aux révolutions.
Pour moi je sais assez quel parti je dois prendre,   115
Quel maître je dois suivre, et qui je dois défendre.
Je ne consulte point nos ministres, nos grands,
Leurs intérêts cachés, leurs partis différents,
Leurs fausses amitiés, leurs indiscrètes haines:
Attaché sans réserve au pur sang des Comnènes,   120
Je le sers, et surtout dans ces extrémités;
Memnon sera fidèle au sang dont vous sortez.

107-10   MS1, MS3: [*absent*]
111-14   MS1, MS3:
     C'est tout ce que m'apprend une [MS1: cette] rumeur soudaine
     Qui fait naître ou la crainte, ou l'espérance vaine,
     Qui va de bouche en bouche armer les factions,
     Et préparer Byzance aux révolutions.
116   MS1, MS3: Qui doit me commander, et qui je dois défendre.
119-20   MS1, MS3:
     J'en croirai seulement mes soldats et moi-même.
     Alexis m'a placé, je suis à lui, je l'aime,
121   MS1: et <croyez qu'en> ᵛ↑surtout dans⁺ ces

Le temps ne permet pas d'en dire davantage...
Souffrez que je revole où mon devoir m'engage. [10]

(*Il sort.*)

SCÈNE III

IRÈNE, ZOÉ

IRÈNE

Qu'a-t-il osé me dire? Et quel nouveau danger,   125
Quel malheur imprévu vient encor m'affliger?
Il ne s'explique point: je crains de le comprendre.

ZOÉ

Memnon n'est qu'un guerrier prompt à tout entreprendre:
Je le connais: le sang d'assez près nous unit.

123   MS1: <Il ne m'est pas permis> ᵛ↑Le temps ne permet pas⁺
123-24   MS3: <Il ne m'est pas permis> ᵛ↑Instruit de vos dangers, plein d'un
noble courage,⁺// <Souffrez que je revole où mon devoir m'engage> ᵛ↑Madame, il
ne saurait différer davantage.⁺//
124a   MS1, MS3: [*stage direction absent*]
125-26   MS3:
        <Qu'a-t-il osé me dire, et quel nouveau danger
        Quel malheur imprévu vient encor m'assiéger?>
        ᵛ↑Que tout ce qu'il m'a dit vient encor m'agiter!
        Pour moi dans ce moment tout est à redouter.⁺
126   MS1, MS2: encor m'assiéger
128-42   MS1, MS3:
        Quoi! César alarmé refuse de m'entendre.
        Alexis en ces lieux vient peut-être [MS3: <peut-être> ᵛ↑sans doute⁺]
        aujourd'hui.
        Memnon semble en secret conspirer avec lui.
        MS3: <Memnon semble en secret conspirer avec lui>
        ᵛ↑Et je vois que Memnon est d'accord avec lui
128   MS2: <qu'un soldat prêt> ᵛ↑guerrier prompt⁺ à

[10] Memnon must know of Irène's love for Alexis for him to betray his true feelings
to her so openly. Perhaps he has been informed of it by Zoé (see line 129).

Contre nos courtisans exhalant son dépit,   130
Il détesta toujours leur frivole insolence,
Leurs animosités qui partagent Byzance,
Leurs tristes vanités que suit le déshonneur;
Mais son esprit altier hait surtout l'empereur.
D'Alexis, en secret, son cœur est idolâtre;   135
Et s'il en était cru, Byzance est un théâtre
Qui produirait bientôt quelqu'un de ces revers
Dont le sanglant spectacle ébranla l'univers.
Ne vous étonnez point quand sa sombre colère
S'échappe en vous parlant, et peint son caractère.   140

                           IRÈNE

Mais Alexis revient... César est irrité:
Le courtisan surpris murmure épouvanté.
Les états convoqués dans Byzance incertaine,
Fatiguant dès longtemps la grandeur souveraine,
Troublent l'empire entier par leurs divisions.   145
Tout un peuple s'enflamme au feu des factions...
Des discours de Memnon que veux-tu que j'espère?
Il commande au palais une garde étrangère:
D'Alexis, en secret, est-il le confident?
Que je crains d'Alexis le retour imprudent!   150
Les desseins du sénat, des peuples le délire,
Et l'orage naissant qui gronde sur l'empire!
Que je me crains surtout dans ma juste douleur!
Je consulte en tremblant le secret de mon cœur:

139   MS2: vous <alarmez> ᵛ↑étonnez⁺ point
146   MS1, MS3: Tout ce peuple
147-54   MS1, MS3:
          Et moi dans mes devoirs à jamais renfermée,
          Sourde aux bruyants éclats d'une ville alarmée,
          A mon époux soumise, et cachant ma douleur,
          Parmi tant de dangers, je ne crains que mon cœur!
          [MS1: <Parmi tant de dangers je ne crains que> ᵛ↑Je consulte en   5
          tremblant le secret de⁺ mon cœur.]

Peut-être il me prépare un avenir terrible: 155
Le ciel, en le formant, l'a rendu trop sensible.
Si jamais Alexis en ce funeste lieu,
Trahissant ses serments... Que vois-je? juste Dieu!

SCÈNE IV

IRÈNE, ALEXIS, ZOÉ

ALEXIS

Daignez souffrir ma vue, et bannissez vos craintes...
Je ne viens point troubler par d'inutiles plaintes   160
Un cœur à qui le mien se doit sacrifier,
Et rappeler des temps qu'il nous faut oublier.
Le destin me ravit la grandeur souveraine;
Il m'a fait plus d'outrage: il m'a privé d'Irène...
Dans l'Orient soumis mes services rendus   165
M'auraient pu mériter les biens que j'ai perdus.
Mais lorsque sur le trône on plaça Nicéphore,
La gloire en ma faveur ne parlait point encore;
Et n'ayant pour appui que nos communs aïeux,

160   MS1, MS3: Je ne m'égare point en d'inutiles plaintes
161-62   MS1, MS3:
        J'étais né pour ce trône où s'assied votre époux,
        [MS1: <Quand votre père injuste en m'arrachant à vous> ᵛ↑J'étais né
        pour ce trône où s'assied votre époux⁺]
        Et j'ose dire encor que j'étais né pour vous,
        [MS1: <Par la grandeur séduit fit choix d'un autre époux,> ᵛ↑Et j'ose dire
        encor que j'étais né pour vous⁺]
163-64   MS1: <Quand il fallut céder à l'heureux Nicéphore,> ᵛ↑Le destin me
ravit la grandeur souveraine
        Il m'a fait plus encor il m'a ravi Irène⁺
        MS1, MS3: Il m'ôta plus encore, il me ravit Irène
165-66   MS1, MS3:
        Mes services peut-être en Orient rendus [MS1: <La gloire en ma faveur ne
        parlait point encore> ᵛ↑Mes services peut-être en Orient rendus]
        Auront pu mériter les biens que j'ai perdus

Je n'avais rien tenté qui pût m'approcher d'eux.   170
Aujourd'hui Trébisonde entre nos mains remise,
Les Scythes repoussés, la Tauride conquise,[11]
Sont les droits qui vers vous m'ont enfin rappelé.
Le prix de mes travaux était d'être exilé!
Le suis-je encor par vous? n'osez-vous reconnaître   175
Dans le sang dont je suis le sang qui vous fit naître?

IRÈNE

Prince, que dites-vous? dans quel temps, dans quels lieux
Par ce retour fatal étonnez-vous mes yeux?
Vous connaissez trop bien quel joug m'a captivée,
La barrière éternelle entre nous élevée,   180
Nos devoirs, nos serments, et surtout cette loi

170   MS1, MS3: qui dût m'approcher
171-75   MS1, MS3:
       Trébisonde aujourd'hui par mes armes soumise,
       Les Scythes repoussés, Artaxate conquise [MS1: <Sous l'empire romain la
       Tauride remise> ᵛ↑Les Scythes repoussés, Artaxate conquise⁺]
       Servent du moins d'excuse à ma témérité [MS1: <Servent du moins d'excuse
       à la témérité> ᵛ↑Sont les droits qui vers vous m'ont enfin rappelé⁺]
       Je reviens à vos pieds, et je me suis flatté [MS1: <Qui me ramène aux pieds
       de votre majesté.> ᵛ↑Le prix de mes travaux était d'être exilé⁺]
       Qu'aujourd'hui sans rougir vous pouviez reconnaître [MS1: <Madame,
       et> ᵛ↑Voyez-moi⁺ sans rougir, vous pouvez reconnaître]   5
172   MS2: repoussés, <Artaxate> ᵛ↑la Tauride⁺
175   MS2: <Voyez-moi sans rougir, vous pouvez> ᵛ↑Le suis-je encor par vous?
n'osez-vous⁺ reconnaître
177   MS1, MS3: Prince, que faites-vous?
       MS2: que <faites> ᵛ↑dites⁺ vous
181   MS1: <Et vous m'aviez promis de respecter la loi> ᵛ↓Nos devoirs, nos
serments, et surtout cette loi⁺

[11] Although the Comnenus brothers were indeed outstanding generals, they did
not in fact conquer new territory for the Byzantine Empire. Their missions were
limited to quelling insurrections and repelling invasions, both of which happened
with some frequency in that period (see *Alexiad*, p.32-72). Artaxate, mentioned in
the variant, was a city in Armenia which by the eleventh century had lost much of its
economic and strategic importance.

Qui ne vous permet plus de vous montrer à moi.
Pour calmer de César l'injuste défiance,
Il vous aurait suffi d'éviter ma présence.
Vous n'avez pas prévu ce que vous hasardez.   185
Vous me faites frémir: Seigneur, vous vous perdez.

ALEXIS

Si je craignais pour vous, je serais plus coupable; [12]
Ma présence à César serait plus redoutable.
Quoi donc? suis-je à Byzance? est-ce vous que je vois?
Est-ce un sultan jaloux qui vous tient sous ses lois?   190
Etes-vous dans la Grèce une esclave d'Asie,
Qu'un despote, un barbare achète en Circassie,
Qu'on rejette en prison sous des monstres cruels,
A jamais invisible au reste des mortels?
César a-t-il changé, dans sa sombre rudesse,   195
L'esprit de l'Occident et les mœurs de la Grèce?

IRÈNE

Du jour où Nicéphore ici reçut ma foi,

186a   MS2: [*marginal note*] en éclatant [13]
187   MS1: serais <moins> ᵛ↑plus⁺ coupable
        MS3: <Si je craignais pour vous, je serais plus coupable> ᵛ↑Quand je
tremble pour vous, pourrais-je être coupable?⁺
188   MS3: César <serait plus> ᵛ↑doit être⁺ redoutable
189   MS2: que j'<e>y vois
192   MS1-MS3: despote [MS2: ᵛ↑un⁺] barbare
193   MS1, MS3: Qu'on enferme en
        MS2: <enferme> ᵛ↑rejette⁺
197-98   MS3: [*marginal note*] Irène ne débite ces deux vers qu'avec modestie, et
un peu de lenteur, elle fait sentir quelques regrets à ces mots, *tout est changé pour moi*!

   [12] In other words, Alexis would be even more determined to stage a coup (i.e. be
guilty of treason) if he believed that Irène was in danger. He has not yet learned that
Nicéphore plans to imprison his wife, and probably have her executed (II.146-49).
   [13] This is the first in a series of marginal notes written by Voltaire (see
Introduction, p.72, 91) prescribing how the performer was intended to deliver a
passage; these notes are indicated as such in the variants.

Vous le savez assez, tout est changé pour moi.

ALEXIS

Hors mon cœur; le destin le forma pour Irène:
Il brave des césars la puissance et la haine.   200
Il ne craindrait que vous! Quoi? vos derniers sujets
Vers leur impératrice auront un libre accès,
Tout mortel jouira du bonheur de sa vue,
Nicéphore à moi seul l'aurait-il défendue?
Et suis-je un criminel à ses regards jaloux   205
Dès qu'on l'a fait César, et qu'il est votre époux?
Enorgueilli surtout de cet hymen auguste,
L'excès de son bonheur le rend-il plus injuste?

IRÈNE

Il est mon souverain.

ALEXIS

            Non: il n'était pas né
Pour me ravir le bien qui m'était destiné: 210
Il n'en était pas digne; et le sang des Comnènes
Ne vous fut point transmis pour servir dans ses chaînes.

200   MS1, MS3: la grandeur souveraine,
      MS2: <grandeur souveraine> ᵛ↑puissance et la haine,⁺
201   MS1, MS3: Il la croit égaler. – quoi
      MS2: <Il la croit égaler> ᵛ↑Il ne craindrait que vous⁺
204   MS1, MS3: l'aura-t-il
205   MS1, MS3: ses yeux offensés?
206-10   MS1, MS3:
      Allez, je le serai [MS1: ᵛ↑Je vais l'être à la fin⁺] plus que vous ne pensez.
      J'ai trop été [MS1: <J'ai trop été> ᵛ↑Je fus longtemps⁺] sujet.
                              IRÈNE
                              Je suis réduite à l'être;
      Seigneur, souvenez-vous que César est mon maître.
                              ALEXIS
      Non, pour un tel honneur César n'était point né.
      Il m'arracha le bien qui m'était destiné,   5

135

Qu'il gouverne, s'il peut, de ses sévères mains
Cet empire, autrefois l'empire des Romains,
Qu'aux campagnes de Thrace, aux mers de Trébisonde,[14]   215
Transporta Constantin pour le malheur du monde,
Et que j'ai défendu moins pour lui que pour vous.
Qu'il règne, s'il le faut; je n'en suis point jaloux:
Je le suis de vous seule, et jamais mon courage
Ne lui pardonnera votre indigne esclavage.   220
Vous cachez des malheurs dont vos pleurs sont garants;
Et les usurpateurs sont toujours des tyrans.
Mais si le ciel est juste, il se souvient peut-être
Qu'il devait à l'empire un moins barbare maître.

IRÈNE

Trop vains regrets! je suis esclave de ma foi.   225
Seigneur, je l'ai donnée: elle n'est plus à moi.

ALEXIS

Ah! vous me la deviez.

IRÈNE

Et c'est à vous de croire

213   MS1, MS3: de sa tremblante main
      MS2: de s<a>es <tremblante> ᵛ↑sévères⁺ mains
214   MS1, MS3: Ces débris malheureux de l'empire romain,
      MS2: <Ces débris malheureux de> ᵛ↑Cet empire, autrefois⁺ l'empire
215   MS1-MS3: aux murs [MS2: m<u>ers] de
221-24   MS1, MS2: [*absent*]
224   MS3: moins indigne maître
225   MS1, MS2: Je suis, je vous l'avoue, esclave
227   MS1: <Vous me l'aviez promis.> Ah! vous me la deviez

[14] Since this city is located on the banks of only the Black Sea, the plural 'mers' must be viewed as poetic license. The manuscripts document a change from 'murs' to 'mers'.

Qu'il ne m'est pas permis d'en garder la mémoire.
Je fais des vœux pour vous, et vous m'épouvantez.

SCÈNE V

IRÈNE, ALEXIS, ZOÉ, un Garde

LE GARDE

Seigneur, César vous mande.

ALEXIS

Il me verra: sortez.   230

(*A Irène.*)
Il me verra, madame; une telle entrevue
Ne doit point alarmer votre âme combattue.
Ne craignez rien pour lui, ne craignez rien de moi;
A son rang comme au mien je sais ce que je dois.
Rentrez dans vos foyers tranquille et rassurée.[15]   235

(*Il sort.*)

229a-c   MS1-MS3: [*no new scene*]
          <speaker>UN GARDE [MS2: (*à Alexis.*)]
230   MS2, MS3: verra. (*au garde.*) Sortez.
231   MS2, MS3: Oui, je vais lui parler. Une telle entrevue
          MS2: <Oui, je vais lui parler.> ᵛ↑Il me verra madame.⁺ une telle
231-35a   MS1: <Oui, je vais le trouver, n'en soyez point en peine.> (*il sort.*)
234   MS3: A son sang
235   MS3: Chère Irène soyez tranquille

---

[15] Since the action is set in a semi-public corridor leading both to the emperor's and the empress's quarters (II.6-7), Alexis is urging Irène to withdraw into her private apartments.

137

SCÈNE VI

IRÈNE, ZOÉ

IRÈNE

De quel saisissement mon âme est pénétrée!
Que je sens à la fois de faiblesse et d'horreur!
Chaque mot qu'il m'a dit me remplit de terreur.
Que veut-il? Va, Zoé, commande que sur l'heure
On parcoure en secret cette triste demeure, [16]   240
Ces sept affreuses tours qui, depuis Constantin,
Ont de tant de héros vu l'horrible destin.
Interroge Memnon; prends pitié de ma crainte.

ZOÉ

J'irai, j'observerai cette terrible enceinte.
Mais je tremble pour vous: un maître soupçonneux   245
Vous condamne peut-être, et vous proscrit tous deux.
Parmi tant de dangers, que prétendez-vous faire?

235b-c   MS1-MS3: [*no new scene*]
235d-244   MS1: [*absent*]
236   MS1: <Tu frémis malgré toi, trop malheureuse Irène!> ^v↑Quelle affreuse
entrevue! ah malheureuse Irène!+
241   MS3: Ces redoutables tours
242   MS3: Ont vu tant de héros terminer leur destin.
243   MS3: Rends-moi compte de tout. Prends
         MS2: <Rends-moi compte de tout> ^v↑Interroge Memnon+
245   MS1: Que je tremble pour vous!
247   MS1: Dans ce danger pressant que
         MS2: <Dans ce jour orageux> ^v↑Parmi tant de dangers que+
         MS3: Dans ce jour orageux que

[16] The identity of 'on' is unclear. Irène, already a virtual prisoner, seems to have
an entourage of only one person. In act 2 she will use Zoé to gather information about
events outside the palace.

IRÈNE

Garder à mon époux ma foi pure et sincère,
Vaincre un fatal amour (si son feu rallumé
Renaissait dans ce cœur autrefois enflammé)   250
Demeurer de mes sens maîtresse souveraine,
(Si la force est possible à la faiblesse humaine)
Ne point combattre en vain mon devoir et mon sort,
Et ne déshonorer ni mes jours ni ma mort.

Fin du premier acte.

248   MS1: <[*illegible*] savoir souffrir, me taire> ᵛ↑Garder à mon époux ma foi pure et sincère⁺
249   MS1: <Ne point combattre en vain mes devoirs et mon sort> ᵛ↑Dompter ma passion, si son feu rallumé⁺
      MS2: <Dompter ma passion> ᵛ↑Vaincre un fatal amour⁺, si
      MS3: Dompter ma passion, si
250   MS1: <Et ne déshonorer ni mes jours ni ma mort.> ᵛ↑Renaissait dans ce cœur autrefois enflammé⁺
252   MS3: Si l'on peut triompher de la faiblesse

139

ACTE II

SCÈNE PREMIÈRE

ALEXIS, MEMNON

MEMNON

Oui, vous êtes mandé; mais César délibère.
Dans son inquiétude il consulte, il diffère,
Avec ses vils flatteurs en secret enfermé.
Le retour d'un héros l'a sans doute alarmé;
Mais nous avons le temps de nous parler encore.   5
Ce salon qui conduit à ceux de Nicéphore
Mène aussi chez Irène, et je commande ici.
Sur tous vos partisans n'ayez aucun souci;
Je les ai préparés. Si cette cour inique
Osait lever sur vous le glaive despotique,   10
Comptez sur vos amis: vous verrez devant eux
Fuir ce pompeux ramas d'esclaves orgueilleux.
Au premier mouvement notre vaillante escorte
Du rempart des sept tours ira saisir la porte;
Et les autres armés sous un habit de paix,   15
Inconnus à César, emplissent ce palais.
Nicéphore vous craint depuis qu'il vous offense.

d   MS1: <ALEXIS>ᵛ↑MEMNON⁺
8   MS3: tous nos conjurés
     MS1: <nos> ᵛ↑mes⁺ conjurés
9-13   MS1, MS3: Je les ai disposés; une vaillante escorte
12   MS2: ces pompeux ramas
15   MS1, MS3: Les autres sont armés
16   MS1, MS3: Et sans donner d'ombrage emplissent
17   MS1: <mais j'ai sa confiance> ᵛ↑depuis qu'il vous offense⁺
        MS3: craint; mais j'ai sa confiance

140

Dans ce château funeste il met sa confiance:
Là, dans un plein repos, d'un mot ou d'un coup d'œil,
Il condamne à l'exil, aux tourments, au cercueil. 20
Il ose me compter parmi les mercenaires,
De son caprice affreux ministres sanguinaires:
Il se trompe... Seigneur, quel secret embarras,
Quand j'ai tout disposé, semble arrêter vos pas?

ALEXIS

Le remords... Il faut bien que mon cœur te l'avoue. 25
Quelques exploits heureux dont l'Europe me loue,
Ma naissance, mon rang, la faveur du sénat,
Tout me criait: Venez, montrez-vous à l'état.
Cette voix m'excitait. Le dépit qui me presse,
Ma passion fatale, entraînant ma jeunesse; 30
Je venais opposer la gloire à la grandeur,
Partager les esprits et braver l'empereur...
J'arrive, et j'entrevois ma carrière nouvelle.

18   MS1, MS3: Il se croit assuré de mon obéissance; [MS1: ᵛ↑Aux remparts de ses
tours il met son assurance⁺]
19-45   MS1, MS3:
        Tout est en sûreté.
        [MS1: ᵛ↑Ivre de son pouvoir, il ne soupçonne pas⁺ quel [*illegible*]]
                        ALEXIS
                Rustan, Phédor, Arbas, Polémon, sont-ils prêts?
                        MEMNON
                Seigneur, n'en doutez pas.
        Leur troupe jusqu'à vous doit s'ouvrir un passage;
        Leur amitié, leur zèle, et surtout leur courage,
        Vaudront pour vous servir dans ces périls pressants 5
        Les mercenaires bras payés par les tyrans.
                        ALEXIS
        Les états assemblés soutiendront [MS1:<embrassent> ᵛ↑soutiendront⁺]
        ma querelle
30   MS2: entraîn<ant>aient
32   MS2: Partager les <crédit> ᵛ↑esprits⁺

Me faut-il arborer l'étendard d'un rebelle?
La honte est attachée à ce nom dangereux.   35
Me verrai-je emporté plus loin que je ne veux?

MEMNON

La honte! elle est pour vous de servir sous un maître.

ALEXIS

J'ose être son rival: je crains le nom de traître.

MEMNON

Soyez son ennemi dans les champs de l'honneur,
Disputez-lui l'empire, et soyez son vainqueur.   40

ALEXIS

Crois-tu que le Bosphore, et la superbe Thrace,
Et ces Grecs inconstants serviraient tant d'audace?
Je sais que les états sont pleins de sénateurs
Attachés à ma race, et dont j'aurais les cœurs:
Ils pourraient soutenir ma sanglante querelle;   45
Mais le peuple?

MEMNON

                    Il vous aime: au trône il vous appelle.
Sa fougue est passagère, elle éclate à grand bruit:
Un instant la fait naître, un instant la détruit.
J'enflamme cette ardeur;[1] et j'ose encor vous dire

37 MS2: servir ^v↑sous⁺ un <tel> maître
41 MS2: et la<es peuples de> ^v↑superbe⁺ Thrace
42 MS2: servir<ont> ^v↑aient⁺ tant
47 MS1, MS3: Sa fougue est inconstante, elle

[1] This is the first explicit acknowledgement that Memnon has been actively fomenting a revolt among the guards, the aristocrats and the common people in favour of Alexis.

Que je vous répondrais des cœurs de tout l'empire.   50
Paraissez seulement, mon Prince, et vous ferez
Du sénat et du peuple autant de conjurés.
Dans ce palais sanglant, séjour des homicides,
Les révolutions furent toujours rapides.
Vingt fois il a suffi pour changer tout l'état   55
De la voix d'un pontife, ou du cri d'un soldat.
Ces soudains changements sont des coups de tonnerre
Qui dans des jours sereins éclatent sur la terre.
Plus ils sont imprévus, moins on peut échapper
A ces traits dévorants dont on se sent frapper.   60
Nous avons vu passer ces ombres fugitives,
Fantômes d'empereurs élevés sur nos rives,
Tombant du haut du trône en l'éternel oubli,
Où leur nom d'un moment se perd enseveli.
Il est temps qu'à Byzance on reconnaisse un homme   65
Digne des vrais césars, et des beaux jours de Rome.
Byzance offre à vos mains le souverain pouvoir.
Ceux que j'y vis régner n'ont eu qu'à le vouloir:
Portés dans l'hippodrome, ils n'avaient qu'à paraître[2]
Décorés de la pourpre et du sceptre d'un maître.   70
Au temple de Sophie un prêtre les sacrait,[3]

---

53   MS1: séjour des \<parricides> ᵛ↑homicides⁺
57   MS3: Ces révolutions sont
60   MS1, MS3: ces feux dévorants
62   MS3: sur ces rives
63   MS1, MS2: \<dans> ᵛ↑en⁺ l'éternel oubli
68   MS1-MS3: J'AI VU RÉGNER

---

[2] The hippodrome, a huge structure adjacent to the Great Palace, served as the centre of public life in the capital. It was also the place where new emperors were proclaimed and triumphs were celebrated (see *The Oxford Dictionary of Byzantium*, p.934).
[3] The church of Hagia Sophia, built by Justinian (on the site of several earlier churches) and inaugurated in 537, was the liturgical centre of the capital. It was connected at one end to the Great Palace.

Et Byzance à genoux soudain les adorait.
Ils avaient moins que vous d'amis et de courage;
Ils avaient moins de droits: tentez le même ouvrage,
Recueillez les débris de leurs sceptres brisés: 75
Vous régnez aujourd'hui, Seigneur, si vous l'osez.

ALEXIS

Ami, tu me connais: j'ose tout pour Irène:
Seule elle m'a banni, seule elle me ramène;
Seule sur mon esprit encore irrésolu
Irène a conservé son pouvoir absolu.   80
Rien ne me retient plus: on la menace, et j'aime.

MEMNON

Je me trompe, Seigneur, ou l'empereur lui-même
Vient vous dicter ses lois dans ce lieu retiré.
L'attendrez-vous encore?

ALEXIS

Oui, je lui répondrai.

77-81   MS 1, MS 3: Moi si je l'oserai! j'y vole en assurance,
            Je mets aux pieds d'Irène, et mon cœur, et Byzance.
            J'ai de l'ambition et je hais l'Empereur.
            Mais de ces passions qui dévorent mon cœur
            Irène est la première: elle seule m'anime;   5
            Pour elle seule, ami, j'aurais pu faire un crime.
            Mais on n'est point coupable en frappant les tyrans;
            C'est mon trône, après tout, mon bien que je reprends,
            Il m'enlevait l'empire, il m'ôtait ce que j'aime.
    80   MS 2: <Elle avait conservé> ^v↑Irène a⁺
    81   MS 2: <Mais un trône m'appelle, il faut régner et j'aime> ^v↑Rien ne me
retient plus, on la menace, et j'aime⁺
    83   MS 1, MS 3: Doit s'expliquer à vous
            MS 2: Vient <s'expliquer à vous> ^v↑vous dicter ses loix⁺
    84   MS 2 crossed out, MS 3: Y consentirez-vous? [MS 2: <Vous y résolvez-
vous?>^v↑L'attendrez-vous encore?⁺]
            MS 1: <Daignerez-vous l'entendre?> ^v↑Y consentirez-vous?⁺

MEMNON

Déjà paraît sa garde: elle m'est confiée.   85
Si de votre ennemi la haine étudiée
A conçu contre vous quelques secrets desseins,
Nous servons sous Comnène, et nous sommes romains.
Je vous laisse avec lui.
(*Il se retire dans le fond, et se met à la tête de la garde.*)

SCÈNE II

NICÉPHORE *suivi de deux officiers,* ALEXIS, MEMNON,
Gardes *au fond.*

NICÉPHORE

Prince, votre presence
A jeté dans ma cour un peu de défiance.   90
Au bord du Pont-Euxin[4] vous m'avez bien servi:
Mais quand César commande il doit être obéi.
D'un regard attentif ici l'on vous contemple:
Vous donnez à ce peuple un dangereux exemple.
Vous ne deviez paraître aux murs de Constantin   95
Que sur un ordre exprès émané de ma main.

ALEXIS

Je ne le croyais pas... Les états de l'empire
Connaissent peu ces lois que vous voulez prescrire;

88-89   MS3: Son ordre ne saurait passer que par mes mains
            Soyez sûr... mais il vient. [*stage direction absent, end of scene 1*]
89   MS1: Mais déjà le voici [*stage direction absent, end of scene 1*]
89c-d   MS1, MS3: NICÉPHORE, ALEXIS, MEMNON, *les gardes se retirent.*
       MS2: NICÉPHORE, suivi de deux officiers, ALEXIS
91   MS1-MS3: Aux bords du Pont-Euxin

4 Ancient name for the Black Sea.

Et j'ai pu, sans faillir, remplir la volonté
D'un corps auguste et saint, et par vous respecté.[5]   100

NICÉPHORE

Je le protégerai tant qu'il sera fidèle;
Soyez-le, croyez-moi: mais puisqu'il vous rappelle,
C'est moi qui vous renvoie aux bords du Pont-Euxin.
Sortez dès ce moment des murs de Constantin.
Vous n'avez plus d'excuse: et si vers le Bosphore   105
L'astre du jour qui luit vous revoyait encore,
Vous n'êtes plus pour moi qu'un sujet révolté.
Vous ne le serez pas avec impunité...
Voilà ce que César a prétendu vous dire.

ALEXIS

Les grands de qui la voix vous a donné l'empire,   110
Qui m'ont fait de l'état le premier après vous,
Seigneur, pourront fléchir ce violent courroux.
Ils connaissent mon nom, mon rang et mon service;
Et vous-même avec eux vous me rendrez justice.
Vous me laisserez vivre entre ces murs sacrés   115
Que de vos ennemis mon bras a délivrés;
Vous ne m'ôterez point un droit inviolable
Que la loi de l'état ne ravit qu'au coupable.

NICÉPHORE

Vous osez le prétendre?

102   MS3: Craignez de l'imiter, mais lorsqu'il
103   MS2: au bord du

[5] That the senate would recall a general to the capital in time of war and for no apparent reason and without informing the emperor would be contrary to normal Byzantine practice. This detail, along with the entire interview between the two rivals, is the invention of Voltaire.

ALEXIS

Un simple citoyen
L'oserait, le devrait; et mon droit est le sien,   120
Celui de tout mortel, dont le sort qui m'outrage
N'a point marqué le front du sceau de l'esclavage:
C'est le droit d'Alexis; et je crois qu'il est dû
Au sang qu'il a pour vous tant de fois répandu,
Au sang dont sa valeur a payé votre gloire,   125
Et qui peut égaler (sans trop m'en faire accroire)
Le sang de Nicéphore autrefois inconnu,
Au rang de mes aïeux aujourd'hui parvenu.

NICÉPHORE

Je connais votre race, et plus votre arrogance.
Pour la dernière fois redoutez ma vengeance.   130
N'obéirez-vous point?

ALEXIS

Non, Seigneur.

NICÉPHORE

C'est assez.

121-28   MS1, MS3: [absent]
124   MS2: A ce sang <que> ᵛ↑qu'il a⁺ pour vous <la guerre a> ᵛ↑tant de fois⁺
répandu
129   MS1, MS3: Ecoutez. Je suis las d'une telle arrogance.
130   MS3:
      <Pour la dernière fois redoutez ma vengeance> ᵛ↑Songez à m'obéir et
      craignez ma vengeance.⁺
      [added on an extra sheet]
                      ALEXIS
      Vous me connaissez mal: un cœur tel que le mien
      Sait braver la menace, et ne redoute rien.
      Mes services passés, ma valeur, ma naissance
      Pourront me garantir d'une injuste puissance.
      Je ne partirai point.   5
131   MS3: N'obéissez vous point? [...] Eh bien! C'est assez.

(*Il appelle Memnon à lui par un signe, et lui donne un billet dans le fond du théâtre.*)
Servez l'empire et moi, vous qui m'obéissez.

(*Il sort.*)

SCÈNE III

ALEXIS, MEMNON

MEMNON

Moi, servir Nicéphore?

ALEXIS *après avoir observé le lieu où il se trouve.*

Il faut d'abord m'apprendre
Ce que dit ce billet que l'on vient de te rendre.

MEMNON

Voyez.

ALEXIS *après avoir lu une partie du billet de sang-froid.*

Dans son conseil l'arrêt était porté!   135
Et j'aurais dû m'attendre à cette atrocité!
Il se flattait qu'en maître il condamnait Comnène.
Il a signé ma mort!

MEMNON

Il a signé la sienne.

131b-c MS1: *billet.*
    MS1, MS3: *Il donne un billet à Memnon et sort*
133 MS1 *crossed out*, MS3: Il se livre à nos coups. [MS1: ^v↑Moi servir ce tyran⁺]
    MS2: <Tyran moi te servir?> ^v↑Moi servir Nicéphore?⁺ <Il faut d'abord>
    ^v↑Commencez par⁺ m'apprendre
133a MS1, MS3: ALEXIS [*stage direction absent*]
134 MS1, MS3: Lisez.
                ALEXIS (*après avoir lu.*)
135 MS1, MS3: Je m'attendais sans doute à

D'esclaves entouré, ce tyran ténébreux,
Ce despote aveuglé m'a cru lâche comme eux;   140
Tant ce palais funeste a produit l'habitude
Et de la barbarie et de la servitude!
Tant sur leur trône affreux nos césars chancelants
Pensent régner sans lois, et parler en sultans!
Mais achevez, lisez cet ordre impitoyable.   145

ALEXIS *relisant*.

Plus que je ne pensais ce despote est coupable:
Irène prisonnière! Est-il bien vrai? Memnon!

MEMNON

Le tombeau pour les grands est près de la prison.

139-45   MS1:
        <Il m'a cru lâche assez pour servir ses fureurs.>
        ᵛ↑Entouré de bourreaux et d'esclaves affreux⁺
        Ce despote aveuglé m'a cru lâche comme eux.
        Mais achevez, lisez cet ordre impitoyable.
        [*added in the margin*]
        <Tant les mœurs de Byzance ont produit l'habitude> ᵛ↑Tant mes
        prédécesseurs avaient pris l'habitude⁺.
        Tant nos césars nouveaux
        ᵛ↑Tant sur leur trône affreux nos césars chancelants⁺ pensaient
        régner sans lois et parler en sultans. Mais achevez, lisez. [*end of marginal
        note*]
        <Songeons à l'en punir.
                    MEMNON
        Dans ce séjour d'horreurs>
142-45   MS3: [*absent*]
146   MS3: Nicéphore est coupable
         MS1: je vois qu'il est coupable
148   MS1 *crossed out*, MS3:
        [*Memnon continues:*] J'ai médité longtemps un coup si nécessaire.
                    ALEXIS
        Quand il faut le frapper, malheur à qui diffère.
        Il faut s'il est possible en cette extrémité,
        Allier la prudence à la témérité,
        Les troupes du tyran remplaceront sa garde,   5

ALEXIS

O ciel!... de tes projets Irène est-elle instruite?

MEMNON

Elle en peut soupçonner et la cause et la suite: 150
Le reste est inconnu.

ALEXIS

Gardons de l'affliger,
Et surtout, cher ami, cachons-lui son danger.
L'entreprise bientôt doit être découverte;
Mais c'est quand on saura ma victoire ou ma perte.

MEMNON

Nos amis vont se joindre à ces braves soldats.   155

C'est un combat enfin que ma valeur hasarde.
Vous n'avez en ces lieux que ce peu de soldats?
    MEMNON
Leur nombre est assez grand s'ils marchent sur vos pas.
Vos amis sont partis des rives du Bosphore,
Ils s'avancent déjà; d'autres suivront encore.   10
Au premier coup porté, le peuple avec ardeur
Vous conduit à l'autel, et vous nomme empereur.
    MS1: Vous conduit à Sophie et vous nomme Empereur.
149   MS1, MS3: De ce complot sanglant Irène
150   MS3: <Elle en peut soupçonner> ᵛ↑Peut-elle en soupçonner⁺
151   MS3: <Le reste est inconnu> ᵛ↑Je n'ai rien découvert.⁺
151-52 MS1: Je n'en ai point parlé.
    ALEXIS
N'effrayons point ses yeux
Par un coup si terrible et qui semble odieux.
153   MS3: La conjuration doit
153-54 MS1 *crossed out*:
La conjuration ne sera découverte
Que lorsqu'on apprendra ma victoire ou ma perte.
155-62 MS3: [*absent*]

ALEXIS

Sont-ils prêts à marcher?

MEMNON

Seigneur, n'en doutez pas:
Leur troupe en ce moment va s'ouvrir un passage.
Croyez que l'amitié, le zèle et le courage
Sont d'un plus grand service en ces périls pressants
Que tous ces bataillons payés par des tyrans.   160
Je les vois avancer vers la porte sacrée:
L'empereur va lui-même en défendre l'entrée.
Du peuple soulevé j'entends déjà les cris.

ALEXIS

Nous n'avons qu'un moment: je règne, ou je péris:
Le sort en est jeté. Prévenons Nicéphore.   165
(*aux soldats.*) [6]
Venez, braves amis, dont mon destin m'honore,

---

158   MS2: <Pourront mieux vous servir dans> ᵛ↑Sont d'un plus grand service
en⁺
164   MS1 *crossed out*, MS3:
         Tout m'invite à tenter cette grande entreprise,
         De la part du tyran, je crains quelque surprise,
         Non pour moi qui le brave; un plus pressant danger
         Redouble dans mon cœur l'ardeur de me venger.
         Du barbare cent fois la fureur inhumaine   5
         A poursuivi les jours de l'innocente Irène,
         A ce péril affreux il la faut arracher,
         L'empire est moins pour moi, qu'un intérêt si cher,
165   MS2: <surprenons> ᵛ↑prévenons⁺ Nicéphore
         MS3: combattons Nicéphore
165a   MS1: (*aux gardes.*)
165-66 MS3, *lines reversed.*

---

[6] These are presumably the guards who entered at the beginning of scene 2 and of
whom Memnon is in charge.

Sous Memnon et sous moi vous avez combattu;
Combattez pour Irène, et vengez sa vertu.
Irène m'appartient, je ne puis la reprendre
Que dans des flots de sang et sous des murs en cendre.   170
Marchons sans balancer.

165   MS1, MS3: Allons, braves
      MS2: <Allons> ^v↑Venez⁺, braves
167-70   MS1:
      Il mourra, c'en est fait; il mourra de mes mains,
      (A Memnon.) Il étouffe la voix de mes scrupules vains.
      Quand on prend dans le piège un tigre sanguinaire
      Sur la mort qu'on lui doit faut-il qu'on délibère?
      D'un remords importun le cœur est-il pressé?   5
      Dans ses horribles flancs le fer est enfoncé;
      On sauve le pays que désolait sa rage,
      Sans songer seulement à montrer son courage.
      MS3:
      Il étouffe la voix de mes scrupules vains,   10
      Il mourra c'en est fait, il mourra par nos mains,
      <Je veux> ^v↑Surtout⁺ dans le combat <éviter> ^v↑je veux fuir⁺ son
      approche.
      Et par là de sa mort <affaiblir> ^v↑éviter⁺ le reproche,
      Toi, qui lis dans mon cœur, tu connais mes desseins.
      Irène est tout pour moi, tu vois ce que je crains:
      Entre son défenseur et sa vertu sévère   15
      Je tremble d'élever une affreuse barrière;
168-69   MS2:
      (A Memnon.)
      <Ami, quand on <attaque> affronte un tigre en son repaire>
      Ami, tout nous appelle. Il est honteux d'attendre.
      <Il faut qu'on l'extermine et non qu'on délibère.>
      Faut-il délibérer quand on doit la défendre?
      Donne le dernier ordre; il est temps de courir   5
      Dans le champ glorieux que tu viens de m'ouvrir.

SCÈNE IV

ALEXIS, IRÈNE, MEMNON

IRÈNE

Où courez-vous? ô ciel!
Alexis, arrêtez! que faites-vous? cruel!
Demeurez, rendez-vous à mes soins légitimes;
Prévenez votre perte, épargnez-vous des crimes.
Au seul nom de révolte on me glace d'effroi: 175
On me parle du sang qui va couler pour moi. [7]
Il ne m'est plus permis dans ma douleur muette
De dévorer mes pleurs au fond de ma retraite.
Mon père en ce moment par le peuple excité
Revient vers ce palais qu'il avait déserté.   180
Le pontife le suit, et dans son ministère
Du Dieu que l'on outrage atteste la colère.
Ils vous cherchent tous deux dans ces périls pressants.
Seigneur, écoutez-les.

ALEXIS

Irène, il n'est plus temps:
La querelle est trop grande, elle est trop engagée.   185
Je les écouterai quand vous serez vengée.

170b   MS1, MS3: [*Memnon omitted*]
174   MS1, MS3: Je viens vous épargner des malheurs et des crimes.
175-76   MS1, MS2 *crossed out*, MS3: Les peuples sont armés; déjà de toutes parts
       [MS2: ^v↑Au seul nom de révolte on me glace d'effroi+]
       Le sang des citoyens coule au nom des Césars. [MS2: ^v↑On me parle du
       sang qui va couler pour moi+]
182   MS1 *crossed out*, MS3: que l'on offense [MS1: ^v↑outrage+]
       MS1 *crossed out*, MS3: ces cruels moments, [MS1: ^v↑périls pressants+]
186   MS1-MS3: [*stage direction*] *Il part* [MS1, MS2: *sort*] *avec ses suivants.*

---

[7] Irène has apparently learned about the revolt and her father's imminent arrival
from Zoé, who, unlike herself, is not being treated as a prisoner (see II.vi).

SCÈNE V

IRÈNE seule.

Il me fuit! que deviens-je? ô ciel, et quel moment!
Mon époux va périr ou frapper mon amant!
Je me jette en tes bras, ô Dieu qui m'as fait naître,
Toi qui fis mon destin, qui me donnas pour maître   190
Un mortel respectable et qui reçut ma foi,
Que je devais aimer, s'il se peut, malgré moi.
J'écoutai ma raison: mais mon âme infidèle,
En voulant t'obéir, se souleva contre elle.
Conduis mes pas, soutiens cette faible raison,[8]   195
Rends la vie à ce cœur qui meurt de son poison;
Rends la paix à l'empire aussi bien qu'à moi-même.
Conserve mon époux! commande que je l'aime!
Le cœur dépend de toi: les malheureux humains
Sont les vils instruments de tes divines mains.   200
Dans ce désordre affreux veille sur Nicéphore!
Et quand pour mon époux mon désespoir t'implore,
Si d'autres sentiments me sont encor permis,
Dieu, qui sais pardonner, veille sur Alexis!

187   MS1, MS3: et quel affreux tourment! [MS1: <quel affreux> ô ciel et quels tourment]
190   MS3: donnas un maître
191   MS2: et <digne> ^v↑qui reçut⁺
191-94   MS3: [absent]
194   MS1: <Même en me soumettant.> ^v↑En voulant t'obéir⁺
196   MS3: Guéris ce cœur nourri du plus mortel poison.
199   MS1, MS2 crossed out, MS3: Tu fais tout, tu peux tout. [MS2: ^v↑Le cœur dépend de toi⁺]
204   MS2: Dieu <qui sais pardonner> ^v↑juste mais clément⁺ – veille

[8] A marginal note in MS3 gives the following direction to the actress: 'Irène laisse voir ici toute la passion qui combat sa vertu. Une douleur touchante anime toutes les inflexions de sa voix, elle éclate tendrement sur le dernier vers'.

SCÈNE VI
IRÈNE, ZOÉ

ZOÉ

Ils sont aux mains: rentrez.

IRÈNE

Et mon père?

ZOÉ

             Il arrive;   205
Il fend les flots du peuple, et la foule craintive
De femmes, de vieillards, d'enfants qui dans leurs bras
Poussent au ciel des cris que le ciel n'entend pas.
Le pontife sacré par un secours utile
Aux blessés, aux mourants en vain donne un asile.   210
Les vainqueurs acharnés immolent sur l'autel
Les vaincus échappés à ce combat cruel. [9]
Ne vous exposez point à ce peuple en furie.
Je vois tomber Byzance, et périr la patrie
Que nos tremblantes mains ne peuvent relever;   215
Mais ne vous perdez pas en voulant la sauver.
Attendez du combat au moins quelque nouvelle.

208   MS1-MS3: que ce ciel
214   MS1: <Laissez> ᵛ↑Je vois⁺ tomber
216   MS1: <Et> ᵛ↑Mais⁺ ne

[9] This shocking passage may constitute an exaggeration on Voltaire's part. However, according to the *Alexiad* (p.113-15), the soldiers involved in the coup did indeed behave like hooligans upon entering the city, pillaging private property, as well as churches and sanctuaries. Alexius, who took responsibility for the misconduct, agreed to undergo acts of penance, along with his men, at the direction of the patriarch.

IRÈNE

Non, Zoé: le ciel veut que je tombe avec elle.
Non: je ne dois point vivre en nos murs embrasés,
Au milieu des tombeaux que mes mains ont creusés.   220

Fin du second acte.

219   MS1-MS3: pas vivre

ACTE III

SCÈNE PREMIÈRE

IRÈNE, ZOÉ

ZOÉ

Votre unique parti, madame, était d'attendre
L'irrévocable arrêt que le destin va rendre.
Une Scythe aurait pu, dans les rangs des soldats,
Appeler les dangers et chercher le trépas;
Sous le ciel rigoureux de leurs climats sauvages,   5
La dureté des mœurs a produit ces usages.[1]
La nature a pour nous établi d'autres lois:
Soumettons-nous au sort; et, quel que soit son choix,
Acceptons, s'il le faut, le maître qu'il nous donne.
Alexis en naissant touchait à la couronne;   10
Sa valeur la mérite; il porte à ce combat
Ce grand cœur et ce bras qui défendit l'état;
Surtout en sa faveur il a la voix publique.

9-10   MS3:
     Résignons-nous à lui sans plaintes inutiles
     On attend d'Alexis des jours doux et tranquilles
10   MS1: Alexis <a des droits, il touche> ^v↑en naissant touchait[+] à
11   MS1: <Il règne sur les cœurs> ^v↑Sa valeur la mérite[+], il
    MS3: Il règne sur les cœurs, il
11   MS1, MS3: porte en ce
12   MS1: <Ce bras, ce même> ^v↑Ce grand cœur et ce[+] bras
    MS3: Ce bras, ce même bras
13   MS1: <Le plus grand des secours est dans> ^v↑Surtout en sa faveur il a la[+]
voix
    MS3: Le plus grand des secours est dans la voix

[1] The Amazons were situated in the Black Sea region of Scythia.

Autant qu'elle déteste un pouvoir tyrannique,
Autant elle chérit un héros opprimé.   15
Il vaincra, puisqu'on l'aime.

IRÈNE

                  Eh, que sert d'être aimé?
On est plus malheureux. Je sens trop que moi-même
Je crains de rechercher s'il est vrai que je l'aime,
D'interroger mon cœur, et d'oser seulement
Demander du combat quel est l'événement;   20
Quel sang a pu couler, quelles sont les victimes,
Combien dans ce palais j'ai rassemblé de crimes.
Ils sont tous mon ouvrage!

ZOÉ

                A vos justes douleurs
Voulez-vous du remords ajouter les terreurs?
Votre père a quitté la retraite sacrée   25
Où sa triste vertu se cachait ignorée.
C'est pour vous qu'il revoit ces dangereux mortels
Dont il fuyait l'approche à l'ombre des autels.
Il était mort au monde: il rentre pour sa fille
Dans ce même palais où régna sa famille.   30
Vous trouverez en lui les consolations
Que le destin refuse à vos afflictions.
Jetez-vous dans ses bras.

IRÈNE

                M'en trouvera-t-il digne?
Aurai-je mérité que cet effort insigne
Le ramène à sa fille en ce cruel séjour?   35
Qu'il affronte pour moi les horreurs de la cour?

14   MS1, MS3: pouvoir despotique
      MS2: <despotique> ᵛ↑tyrannique⁺
17   MS3: malheureux, et je sens que

SCÈNE II

IRÈNE, LÉONCE, ZOÉ

IRÈNE

Est-ce vous qu'en ces lieux mon désespoir contemple?
Soutien des malheureux, mon père! mon exemple!
Quoi! vous quittez pour moi le séjour de la paix!
Hélas! qu'avez-vous vu dans celui des forfaits?   40

LÉONCE

Les murs de Constantin sont un champ de carnage.
J'ignore, grâce aux cieux, quel étonnant orage,
Quels intérêts de cour, et quelles factions
Ont enfanté soudain ces désolations.
On m'apprend qu'Alexis, armé contre son maître,   45
Avec les conjurés avait osé paraître.
L'un dit qu'il a reçu la mort qu'il méritait;
L'autre que devant lui son empereur fuyait.
On croit César blessé: le combat dure encore,
Des portes des sept tours au canal du Bosphore: 50
Le tumulte, la mort, le crime est dans ces lieux.
Je viens vous arracher de ces murs odieux.
Si vous avez perdu dans ce combat funeste
Un empire, un époux; que la vertu vous reste.

36b   MS1-MS3: IRÈNE, ZOÉ, LÉONCE [MS1: <BAZILE> LÉONCE]²
37-38   MS3:
         Est-ce vous que je vois, est-ce vous que j'embrasse?
         O mon père, venez consoler ma disgrâce!
46   MS1: <les conjurés> ᵛ↑les révoltés⁺
     MS3: avec les révoltés avait
49   MS1: <Il est tué, dit-on> ᵛ↑On croit César blessé⁺; le

---

² Here, as in subsequent instances, MS1 shows the original name 'Bazile', which is crossed out and replaced by 'Léonce', *passim*.

J'ai vu trop de césars en ce sanglant séjour   55
De ce trône avili renversés tour à tour...
Celui de Dieu, ma fille, est seul inébranlable.

IRÈNE

On vient mettre le comble à l'horreur qui m'accable;
Et voilà des guerriers qui m'annoncent mon sort.

SCÈNE III

IRÈNE, LÉONCE, ZOÉ, MEMNON, Suite

MEMNON

Il n'est plus de tyran: c'en est fait, il est mort: 60
Je l'ai vu. C'est en vain qu'étouffant sa colère,
Et tenant sous ses pieds ce fatal adversaire,
Son vainqueur Alexis a voulu l'épargner.
Les peuples dans son sang brûlaient de se baigner.
(*S'approchant.*)
Madame, Alexis règne; à mes vœux tout conspire.   65
Un seul jour a changé le destin de l'empire.
Tandis que la victoire en nos heureux remparts
Relève par ses mains le trône des césars,

59b   MS1: IRÈNE, ZOÉ, <BAZILE> ᵛ↑LÉONCE⁺, <SOSTRATE, officier
d'ALEXIS>, ᵛ↑MEMNON⁺ Suite
    60   MS1: <Alexis est vainqueur, et Nicéphore est mort> ᵛ↑Il n'est plus de tyran.
C'en est fait, il est mort⁺.
    63-64   MS1:
        <Le héros [*illegible*] l'a toujours épargné> ᵛ↑Son vainqueur Alexis a
        voulu l'épargner⁺
        <Dans son sang odieux le peuple s'est baigné> ᵛ↓Les peuples dans son
        sang brûlaient de se baigner⁺
    64a   MS1, MS2: [*stage direction absent*]
    65   MS1: <ses> ᵛ↑mes⁺ vœux
        MS3: ses vœux
    66   MS3: Un instant a

Qu'il rappelle la paix, à vos pieds il m'envoie,
Interprète et témoin de la publique joie. 70
Pardonnez si sa bouche en ce même moment
Ne vous annonce pas ce grand événement;
Si le soin d'arrêter le sang et le carnage
Loin de vos yeux encore occupe son courage;
S'il n'a pu rapporter à vos sacrés genoux 75
Des lauriers que ses mains n'ont cueillis que pour vous. ³
Je vole à l'hippodrome, au temple de Sophie,
Aux états assemblés, pour sauver la patrie.
Nous allons tous nommer du saint nom d'empereur
Le héros de Byzance, et son libérateur. 80

(*Il sort.*)

SCÈNE IV

IRÈNE, LÉONCE, ZOÉ

IRÈNE

Que dois-je faire? ô Dieu!

LÉONCE

Croire un père et le suivre.
Dans ce séjour de sang vous ne pouvez plus vivre
Sans vous rendre exécrable à la postérité.
Je sais que Nicéphore eut trop de dureté:
Mais il fut votre époux. Respectez sa mémoire... 85

77 MSI: au Bosphore, à Sophie
80 MSI, MS3: Le vrai héros de Rome
MSI: et son restaurateur
MS2: et son réparateur
80b-c MSI-MS3: [*no new scene*]

³ These activities are accomplished in an astonishingly short amount of time, since
Alexis will enter in person only about a hundred lines later.

Les devoirs d'une femme, et surtout votre gloire.
Je ne vous dirai point qu'il n'appartient qu'à vous
De venger par le sang le sang de votre époux:
Ce n'est qu'un droit barbare, un pouvoir qui se fonde
Sur les faux préjugés du faux honneur du monde.   90
Mais c'est un crime affreux qui ne peut s'expier
D'être d'intelligence avec le meurtrier.
Contemplez votre état: d'un côté se présente
Un jeune audacieux de qui la main sanglante
Vient d'immoler son maître à son ambition: 95
De l'autre est le devoir, et la religion,
Le véritable honneur, la vertu, Dieu lui-même.
Je ne vous parle point d'un père qui vous aime;
C'est vous que j'en veux croire; écoutez votre cœur.

                          IRÈNE

J'écoute vos conseils; ils sont justes, Seigneur: 100
Ils sont sacrés; je sais qu'un respectable usage
Prescrit la solitude à mon fatal veuvage.
Dans votre asile saint je dois chercher la paix
Qu'en ce palais sanglant je ne connus jamais.
J'ai trop besoin de fuir, et ce monde que j'aime,   105
Et son prestige horrible... et de me fuir moi-même.

                         LÉONCE

Venez donc, cher appui de ma caducité:
Oubliez avec moi tout ce que j'ai quitté.
Croyez qu'il est encore au sein de la retraite
Des consolations pour une âme inquiète.   110
J'y trouvai cette paix que vous cherchiez en vain:
Je vous y conduirai; j'en connais le chemin.
Je vais tout préparer... Jurez à votre père,
Par le Dieu qui m'amène, et dont l'œil vous éclaire,

89   MS I, MS 3: devoir qui

Que vous accomplirez dans ces tristes remparts 115
Les devoirs imposés aux veuves des césars.

IRÈNE

Ces devoirs, il est vrai, peuvent sembler austères:
Mais s'ils sont rigoureux, ils me sont nécessaires.

LÉONCE

Qu'Alexis pour jamais soit oublié de nous.

IRÈNE

Quand je dois l'oublier, pourquoi m'en parlez-vous? 120
Je sais que j'aurais dû vous demander pour grâce
Ces fers que vous m'offrez, et qu'il faut que j'embrasse.
Après l'orage affreux que je viens d'essuyer,
Dans le port avec vous il faut tout oublier.
J'ai haï ce palais, lorsqu'une cour flatteuse 125
M'offrait de vains plaisirs, et me croyait heureuse.
Quand il est teint de sang, je le dois détester.
Eh quel regret, Seigneur, aurais-je à le quitter?
Dieu me l'a commandé par l'organe d'un père:
Je lui vais obéir, je vais vous satisfaire; 130
J'en fais entre vos mains un serment solennel...
Je descends de ce trône, et je marche à l'autel.

LÉONCE

Adieu: souvenez-vous de ce serment terrible.

(*Il sort.*)

128 MSI: aurai-je
132 MSI: [*marginal note*] Irène a prononcé ces derniers mots d'une voix plus
haute et plus ferme que le reste
133a MS3: [*stage direction absent*]

SCÈNE V

IRÈNE, ZOÉ

ZOÉ

Quel est ce joug nouveau qu'à votre cœur sensible
Un père impose encore en ce jour effrayant?   135

IRÈNE

Oui, je le veux remplir ce rigoureux serment;
Oui, je veux consommer mon fatal sacrifice.
Je change de prison; je change de supplice.
Toi qui, toujours présente à mes tourments divers,
Au trouble de mon cœur, au fardeau de mes fers,   140
Partageas tant d'ennuis et de douleurs secrètes,
Oseras-tu me suivre au fond de ces retraites
Où mes jours malheureux vont être ensevelis?

ZOÉ

Les miens dans tous les temps vous sont assujettis.
Je vois que notre sexe est né pour l'esclavage: 145
Sur le trône en tout temps ce fut votre partage.
Ces moments si brillants, si courts et si trompeurs,
Qu'on nommait vos beaux jours, étaient de longs malheurs.
Souveraine de nom, vous serviez sous un maître;
Et quand vous êtes libre, et que vous devez l'être,   150
Le dangereux fardeau de votre dignité
Vous replonge à l'instant dans la captivité!
Les usages, les lois, l'opinion publique,
Le devoir, tout vous tient sous un joug tyrannique.

133b MS1-MS3: *Scène IV*
139   MS1: [*marginal note*] C'est ici une mélancolie douloureuse.

IRÈNE

Je porterai ma chaîne... Il ne m'est plus permis 155
D'oser m'intéresser aux destins d'Alexis:
Je ne puis respirer le même air qu'il respire.
Qu'il soit à d'autres yeux le sauveur de l'empire,
Qu'on chérisse dans lui le plus grand des césars,
Il n'est qu'un criminel à mes tristes regards. 160
Il n'est qu'un parricide! Et mon âme est forcée
A chasser Alexis de ma triste pensée.
Si dans la solitude où je vais renfermer
Des sentiments secrets trop prompts à m'alarmer,
Je me ressouvenais qu'Alexis fut aimable... 165
Qu'il était un héros... je serais trop coupable.
Va, ma chère Zoé, va presser mon départ:
Sauve-moi d'un séjour que j'ai quitté trop tard.
Je vais trouver soudain le pontife et mon père,
Et je marche sans crainte au jour pur qui m'éclaire. 170
    (*En voyant Alexis.*)
Ciel!

SCÈNE VI

IRÈNE, ALEXIS, Gardes *qui se retirent après avoir mis
un trophée aux pieds d'Irène.*

ALEXIS

Je mets à vos pieds en ce jour de terreur
Tout ce que je vous dois; un empire, et mon cœur.
Je n'ai point disputé cet empire funeste;
Il n'était rien sans vous. La justice céleste
N'en devait dépouiller d'indignes souverains 175
Que pour le rétablir par vos augustes mains.

171a-b MS1-MS3: *SCÈNE V.* ¶ALEXIS, IRÈNE, ZOÉ, Gardes
171 MS1, MS3: dans ce

Régnez, puisque je règne: et que ce jour commence
Mon bonheur et le vôtre, et celui de Byzance.

IRÈNE

Quel bonheur effroyable! Ah, Prince, oubliez-vous
Que vous êtes couvert du sang de mon époux?　　　　180

ALEXIS

Oui, je veux de la terre effacer sa mémoire,
Que son nom soit perdu dans l'éclat de ma gloire;
Que l'empire romain, dans sa félicité,
Ignore s'il régna, s'il a jamais été.
Je sais que ces grands coups, la première journée,　　　　185
Font murmurer la Grèce et l'Asie étonnée:

179　MS1:　<Vous osez me parler> ᵛ↑Quel bonheur effroyable⁺!
181-88　MS1:
　　　　<Non je n'oublierai point qu'un barbare, un perfide
　　　　Est tombé sous ma main justement parricide,
　　　　Que j'ai sauvé l'empire en vous sauvant le jour,
　　　　Que mon rival indigne avait à mon amour
　　　　Ravi le seul objet qui posséda mon âme;　　　　5
　　　　Enfin, que ce fut lui qui m'arracha ma femme!
　　　　Rendez-moi le seul bien qui me fut précieux
　　　　Quand je vous rends ce trône où régnaient vos aïeux.> ᵛ↑β⁺
181-94　MS3:
　　　　Ah! J'avais trop prévu ce reproche terrible,
　　　　D'avance il déchirait cette âme trop sensible,
　　　　Entraîné, combattu, partagé tour à tour,
　　　　Tremblant; presqu'à regret j'ai vaincu pour l'amour,
　　　　Oui! Dieu m'en est témoin et je le jure encore,　　　　5
　　　　Toujours dans le combat j'évitais Nicéphore,
　　　　Il me cherchait toujours, et lui seul a forcé,
　　　　Ce bras dont le destin malgré moi l'a percé,
　　　　Ne m'en punissez pas, et laissez-moi vous dire
　　　　Que pour vous, non pour moi, j'ai reconquis l'empire,　　　　10
　　　　Il est à vous, madame, et je n'ai conspiré,
　　　　Que pour voir sur vos jours mon amour rassuré,
　　　　On sait que du tyran l'outrageante furie,
　　　　A souvent en secret menacé votre vie.

Il s'élève soudain des censeurs, des rivaux;
Bientôt on s'accoutume à ses maîtres nouveaux;
On finit par aimer leur puissance établie.
Qu'on sache gouverner, madame, et tout s'oublie.　190
Après quelques moments d'une juste rigueur
Que l'intérêt public exige d'un vainqueur,
Ramenez les beaux jours où l'heureuse Livie
Fit adorer Auguste à la terre asservie. [4]

IRÈNE

Alexis! Alexis! ne nous abusons pas:　195
Les forfaits et la mort ont marché sur nos pas:
Le sang crie: il s'élève, il demande justice.
Meurtrier de César, suis-je votre complice?

ALEXIS

Ce sang sauvait le vôtre, et vous m'en punissez!

189　MS1, MS2 *crossed out*: On adore en tremblant leur
191-94　MS1:
　　　<Reprenez tous vos droits, que le grand cœur d'Irène
　　　Digne des vrais Césars et du sang de Comnène
　　　Ne se souvienne plus de ces indignes nœuds
　　　Formés par un tyran plus haïssable qu'eux.
　　　Qu'il oublie à jamais le nom de Nicéphore,　5
　　　Il est détruit par moi... le craignez-vous encore?> ᵛ↑β⁺[*marginal note*:
　　　'bon']
　　　MS1, *crossed out at the bottom of the page*:
　　　Régnons tenons tous deux le sceptre des trois mers
　　　Qui doivent sous nos lois ranimer l'univers
　　　Renouvelons les temps d'Auguste et de Livie
　　　Qui firent le bonheur de la terre asservie.　10
193　MS1: Ramenons les

[4] This ambivalent remark about Augustus, who brought peace and stability to
Rome but also imposed a virtually dictatorial regime, might have been inspired by
Livie's prophecy in the final scene of Corneille's *Cinna*, especially her comment: 'On
portera le joug désormais sans se plaindre' (V.1758).

Qui? moi! je suis coupable à vos yeux offensés!   200
Un despote jaloux, un maître impitoyable,
Grâce au seul nom d'époux, est pour vous respectable?
Ses jours vous sont sacrés! et votre défenseur
N'était donc qu'un rebelle, et n'est qu'un ravisseur!
Contre votre tyran quand j'osais vous défendre   205
A votre ingratitude aurais-je dû m'attendre?

IRÈNE

Je n'étais point ingrate: un jour vous apprendrez
Les malheureux combats de mes sens déchirés,
Vous plaindrez une femme en qui dès son enfance
Son cœur et ses parents formèrent l'espérance   210
De couler de ses ans l'inaltérable cours
Sous les lois, sous les yeux du héros de nos jours:
Vous saurez qu'il en coûte alors qu'on sacrifie
A des devoirs sacrés le bonheur de sa vie.

ALEXIS

Quoi! vous pleurez, Irène! Et vous m'abandonnez![5]   215

IRÈNE

A nous fuir pour jamais nous sommes condamnés.

ALEXIS

Eh! qui donc nous condamne? Une loi fanatique,

200   MS3: Ne suis-je qu'un coupable
       MS1: <Ne suis-je qu'un> ^v↑Qui! Moi! je suis⁺
201   MS1, MS2 *crossed out*, MS3: jaloux, cruel, impitoyable,
206   MS1, MS2 *crossed out*, MS3: A tant d'ingratitude

[5] Scenes of weeping, especially when a virtuous heroine is forced to give up the man she loves, were very popular in the eighteenth century; see Anne Vincent-Buffault, *Histoire des larmes* (Paris, 2001), p.89-106. One of Voltaire's most admired lines from his earlier plays occurs in a similar situation and uses similar wording: 'Zaïre, vous pleurez?' (*Zaïre*, IV.116, *OCV*, vol.8, p.492).

Un respect insensé pour un usage antique,
Embrassé par un peuple amoureux des erreurs,
Méprisé des césars, et surtout des vainqueurs! 220

IRÈNE

Nicéphore au tombeau me retient asservie;
Et sa mort nous sépare encor plus que sa vie.[6]

ALEXIS

Chère et fatale Irène, arbitre de mon sort,
Vous vengez Nicéphore, et me donnez la mort!

IRÈNE

Vivez, régnez sans moi, rendez heureux l'empire. 225
Le destin vous seconde; il veut qu'une autre expire.

ALEXIS

Et vous daignez parler avec tant de bonté!
Et vous vous obstinez à tant de cruauté!
Que m'offriraient de pis la haine et la colère?
Serez-vous à vous-même à tout moment contraire? 230
Un père, je le vois, vous contraint de me fuir:
A quel autre auriez-vous promis de vous trahir?

226 MS1: <Si vous ne voulez pas que loin de vous j'expire> ᵛ↑β⁺
227 MS1, MS3: avec cette bonté!

[6] A note in the margin of MS2 reads: 'Vers que l'on avait corrigé ainsi que d'autres. Ce furent Mme Denis, M. d'Argental, Thibouville, La Harpe etc.' Possibly a reference to the unauthorized corrections undertaken by the actors, which angered Voltaire (see Introduction, p.79).

IRÈNE

A moi-même, Alexis.

ALEXIS

Non, je ne le puis croire,
Vous n'avez point cherché cette affreuse victoire;
Vous ne renoncez point au sang dont vous sortez,   235
A vos sujets soumis, à vos prospérités,
Pour aller enfermer cette tête adorée
Dans le réduit obscur d'une prison sacrée.
Votre père vous trompe. Une imprudente erreur,
Après l'avoir séduit, a séduit votre cœur.   240
C'est un nouveau tyran dont la main vous opprime.
Il s'immola lui-même et vous fait sa victime.
N'a-t-il fui les humains que pour les tourmenter?
Sort-il de son tombeau pour nous persécuter?
Plus cruel envers vous que Nicéphore même,   245
Veut-il assassiner une fille qu'il aime?
Je cours à lui, madame, et je ne prétends pas
Qu'il donne contre moi des lois dans mes états.
S'il méprise la cour, et si son cœur l'abhorre,
Je ne souffrirai pas qu'il la gouverne encore,   250
Et que de son esprit l'imprudente rigueur
Persécute son sang, son maître et son vengeur.

233 MS1: [*marginal note*] Avec un éclat de soupirs déchirants en élevant la voix
sur les deux syllabes *même*.
     MS3: [*marginal note*] Cette réponse est faite avec un violent effort, elle éclate
et frémit sur même, à – moi – même Alexis.
245 MS1, MS3: envers nous

SCÈNE VII
IRÈNE, ALEXIS, ZOÉ

ZOÉ

Madame, on vous attend: Léonce votre père,
Le ministre du Dieu qui règne au sanctuaire,
Sont prêts à vous conduire, hélas! selon vos vœux,   255
A cet auguste asile... heureux ou malheureux. [7]

IRÈNE

Tout est prêt, je vous suis...

ALEXIS

Et moi je vous devance;
Je vais de ces ingrats réprimer l'insolence,
M'assurer à leurs yeux du prix de mes travaux,
Et deux fois en un jour vaincre tous mes rivaux.   260

252a-c   MS1-MS3: [*no new scene*] ZOÉ (*qui revient*)
255   MS1 *crossed out*, MS3:<en>avec sécurité [MS1: $^{\text{v}}\uparrow$hélas malgré nos vœux^{+}]
256   MS1: <Dans l'asile choisi par votre Majesté> $^{\text{v}}\uparrow\beta^{+}$
      MS2: <cet auguste> ce dernier asile, heureux
      MS3: Dans l'asile sacré par vous-même arrêté.
257   MS1, MS2 *crossed out*, MS3: C'en est fait [MS2: $^{\text{v}}\uparrow\beta^{+}$]
      MS1: [*marginal note*] Toujours avec une résignation douloureuse et ferme
260a   MS1-MS3: *SCÈNE VI*
262   MS1: <Au labyrinthe obscur> $^{\text{v}}\uparrow$précipice affreux^{+}
      MS3: précipice affreux

[7] A note in the margin of MS2, pertaining to Zoé's last two lines, again refers to Voltaire's anger at the unauthorized changes carried out by the actors: 'Les amis, soidisant, de M. de Voltaire, avec Mme Denis avaient corrigé ces deux vers, qui le mirent en fureur, et pensèrent le faire mourir. Ils en avaient encore corrigé d'autres.'

SCÈNE VIII

IRÈNE *seule.*

Que vais-je devenir? comment échapperai-je
Au précipice horrible, au redoutable piège
Où mes pas égarés sont conduits malgré moi?
Mon amant a tué mon époux et mon roi!
Et sur son corps sanglant cette main forcenée   265
Ose allumer pour moi le flambeau d'hyménée!
Il veut que cette bouche, aux marches de l'autel,
Jure à son meurtrier un amour éternel!
Oui, grand Dieu, je l'aimais, et mon âme égarée
De ce poison fatal est encore enivrée.   270
Que voulez-vous de moi, dangereux Alexis?
Amant que j'abandonne, amant que je chéris:
Me forcez-vous au crime? et voulez-vous encore
Etre plus mon tyran que ne fut Nicéphore?

Fin du troisième acte.

266   MS1-MS3: les flambeaux
267-70   MS2: [*crossed out*]
269   MS1: <Oui, j'aimais ce barbare> ᵛ↑β⁺
270   MS1: poison <peut-être est> ᵛ↑β⁺ encore

Tout ce que peut tenter une faible mortelle
Pour se punir soi même et pour régner sur elle,
Je l'ai fait, tu le scais — je porte encor mes pleurs
Au Dieu dont la bonté change dit-on les cœurs.
Il n'a point exaucé mes plaintes assidues,
Il repousse mes mains vers son trône étendues.
Il s'éloigne.

Zoé

Et pourtant libre dans vos ennuis
Vous fuiez vôtre amant.

Irène

ah ~~vé peut être~~ je ne puis.

Zoé

Je vous vois résister au feu qui vous dévore.

Irène

En voulant l'étouffer l'allumerais-je encore ?

Zoé

Aléxis ne veut vivre et régner que pour vous.

Irène

Non, jamais Aléxis ne sera mon époux. *

Zoé

Eh bien, si dans la grèce un usage barbare,
Contraire à ceux de Rome indignement sépare
Du reste des humains les veuves des Césars,
Si ce dur préjugé régne dans nos remparts,

* ce vers est prononcé d'un ton absolu qui forme un grand
contraste avec les vers precedents pleins d'une mollesse
douloureuse

2. Page of the Geneva manuscript of *Irène*, act 4, scene 2
(ImV, Geneva).

ACTE IV

SCÈNE PREMIÈRE

IRÈNE, ZOÉ

ZOÉ

Quoi! vous n'avez osé, timide et confondue,
D'un père et d'un amant soutenir l'entrevue?
Ah! Madame! en secret auriez-vous pu sentir
De ce départ fatal un juste repentir?

IRÈNE

Moi!

ZOÉ

Souvent le danger dont on bravait l'image   5
Au moment qu'il approche étonne le courage.
La nature s'effraie, et nos secrets penchants
Se réveillent dans nous plus forts et plus puissants.

IRÈNE

Non, je n'ai point changé; je suis toujours la même;
Je m'abandonne entière à mon père qui m'aime.   10
Il est vrai, je n'ai pu dans ce fatal moment
Soutenir les regards d'un père et d'un amant:
Je ne pouvais parler. Tremblante, évanouie,

---

5 MS3: dont on brave l'image
6 MS1: <Quand il est en présence> ᵛ↑β⁺ étonne
8 MS1: <relèvent> ᵛ↑β⁺
   MS3: Se relèvent dans
9 MS1: [*marginal note*] avec fermeté

Le jour se refusait à ma vue obscurcie:
Mon sang s'était glacé; sans force et sans secours,   15
Je touchais à l'instant qui finissait mes jours.
Rendrai-je grâce aux mains dont je suis secourue?
Soutiendrai-je la vie, hélas! qu'on m'a rendue?
Si Léonce paraît, je sens couler mes pleurs;
Si je vois Alexis, je frémis et je meurs.   20
Et je voudrais cacher à toute la nature
Mes sentiments, ma crainte, et les maux que j'endure.
Ah! que fait Alexis?

ZOÉ

Il veut en souverain
Vous replacer au trône, et vous donner sa main.
A Léonce, au pontife il s'expliquait en maître: 25
Dans ses emportements j'ai peine à le connaître.
Il ne souffrira point que vous osiez jamais
Disposer de vous-même et sortir du palais.

IRÈNE

Ciel qui lis dans mon cœur, qui vois mon sacrifice,
Tu ne souffriras pas que je sois sa complice!   30

ZOÉ

Que vous êtes en proie à de tristes combats!

IRÈNE

Tu les connais; plains-moi: ne me condamne pas.

14   MS2: <Le jour se refusait à ma vue obscurcie> ᵛ↑La lumière fuyait ma vue appesantie;⁺
18   MS2: la <vue> ᵛ↑β⁺
19-20   MS1: <Si je revois Bazile à ses yeux je rougis;
          Quand Alexis paraît je sens que je frémis> ᵛ↑β⁺
24   MS1, MS2 *crossed out*, MS3: Vous forcer aux autels à recevoir [MS2: ᵛ↑β⁺]
26   MS1: <A ses emportements> ᵛβ⁺
30   MS1: [*marginal note*] Elle prononce ce vers avec une résolution ferme.

Tout ce que peut tenter une faible mortelle
Pour se punir soi-même, et pour régner sur elle,
Je l'ai fait, tu le sais; je porte encor mes pleurs   35
Au Dieu dont la bonté change, dit-on, les cœurs.
Il n'a point exaucé mes plaintes assidues;
Il repousse mes mains vers son trône étendues;
Il s'éloigne.

ZOÉ

Et pourtant, libre dans vos ennuis,
Vous fuyez votre amant.

IRÈNE

Peut-être je ne puis.   40

ZOÉ

Je vous vois résister au feu qui vous dévore.

IRÈNE

En voulant l'étouffer, l'allumerais-je encore?

ZOÉ

Alexis ne veut vivre et régner que pour vous.

IRÈNE

Non, jamais Alexis ne sera mon époux.

ZOÉ

Eh bien, si dans la Grèce un usage barbare,   45
Contraire à ceux de Rome, indignement sépare

40 MS1: Ah Zoé <peut-être> je ne puis
    MS3: Hélas! si je le puis.
44 MS1, MS3: [*marginal note*] Ce vers est prononcé d'un ton absolu qui forme un
grand contraste avec les vers précédents pleins d'une mollesse douloureuse.
    MS2: [*marginal note*] Avec la plus grande fermeté.

Du reste des humains les veuves des césars,
Si ce dur préjugé règne dans nos remparts,
Cette loi rigoureuse, est-ce un ordre suprême
Que du haut de son trône ait prononcé Dieu même?   50
Contre vous de sa foudre a-t-il voulu s'armer?

IRÈNE

Oui: tu vois quel mortel il me défend d'aimer.

ZOÉ

Ainsi loin du palais où vous fûtes nourrie
Vous allez, belle Irène, enterrer votre vie!

IRÈNE

Je ne sais où je vais! humains! faibles humains!   55
Réglons-nous notre sort? est-il entre nos mains?

SCÈNE II

IRÈNE, LÉONCE, ZOÉ

LÉONCE

Ma fille, il faut me suivre et fuir en diligence

51   MS1: <est-il prêt à> $^v\uparrow\beta^+$ s'armer
52   MS1: [*marginal note*] Ce vers avec un attendrissement qui fait un contraste nouveau.
      MS2: [*note for 'oui':*] Avec fermeté. [*note for remaining line:*] Avec douleur.
      MS3: [*marginal note*] Le *oui* est dit avec terreur et fermeté, le reste du vers avec des larmes et des sanglots qui échappent.
55   MS1: où je <suis> $^v\uparrow\beta^+$
56   MS2: [*marginal note*] Avec un dépit douloureux
56a MS3:
                    SCÈNE SECONDE
               IRÈNE, ZOÉ, MEMNON.
                        MEMNON
      J'apporte à vos genoux les vœux de cet empire.
      Tout le peuple, Madame, en ce grand jour n'aspire

Ce séjour odieux fatal à l'innocence.
Cessez de redouter, en marchant sur mes pas,
Les efforts des tyrans qu'un père ne craint pas.   60
Contre ces noms fameux d'auguste et d'invincible,
Un mot au nom du ciel est une arme terrible;
Et la religion qui leur commande à tous
Leur met un frein sacré qu'ils mordent à genoux.

Qu'à vous voir réunir par un nœud glorieux
Les restes adorés du sang de vos aïeux.
Confirmez le bonheur que le ciel nous envoie,   5
Réparez nos malheurs par la publique joie,
Vous verrez à vos pieds le sénat, les états,
Les députés du peuple, et les chefs des soldats,
Solliciter, presser cette union chérie
D'où dépend désormais le bonheur de leur vie.   10
Assurez les destins de l'empire nouveau
En donnant des Césars formés d'un sang si beau.
Sur ce vœu général que ma voix vous annonce,
On attend qu'aujourd'hui votre bouche prononce,
Et nul vain préjugé ne doit vous retenir;   15
Périsse du tyran jusqu'à son souvenir! (*Il sort.*)
                    IRÈNE (*à Zoé*)
Eh bien! tu vois mon sort! suis-je assez malheureuse?
Ce vain projet rendra ma peine plus affreuse,
De céder à leurs vœux il n'est aucun espoir!
Je suis, quoi qu'il m'en coûte un barbare devoir.   20
                    SCÈNE TROISIÈME
                    IRÈNE, LÉONCE[1]

59 MS3:
    Des téméraires vœux de ce peuple séduit
    Leurs cris tumultueux ne m'ont que trop instruit,
    Contre l'aveuglement d'une foule imprudente
    Un père soutiendra ta faiblesse innocente,
    Cesse de redouter   5
61 MS3: d'auguste, d'invincible,

---

[1] The additional scene in MS3 affects the subsequent scene numbering for act 4.

Mon cilice, qu'un prince avec dédain contemple,   65
L'emporte sur sa pourpre, et lui commande au temple. [2]
Vos honneurs avec moi plus sûrs et plus constants
Des volages humains seront indépendants;
Ils n'auront pas besoin de frapper le vulgaire
Par l'éclat emprunté d'une pompe étrangère.   70
Vous avez trop appris qu'elle est à dédaigner.
C'est loin du trône enfin que vous allez régner.

IRÈNE

Je vous l'ai déjà dit, sans regret je le quitte.
Le nouveau césar vient; je pars, et je l'évite.

(Elle sort.)

LÉONCE

Je ne vous quitte pas.

SCÈNE III

ALEXIS, LÉONCE

ALEXIS

C'en est trop; arrêtez.   75
Pour la dernière fois, père injuste, écoutez;
Ecoutez votre maître à qui le sang vous lie,
Et qui pour votre fille a prodigué sa vie,

65-66   MS2:
     L'orgueil qu'avec dédain l'humble vertu contemple
     Peut m'écraser ici – je lui commande
     MS3:
     <β> ^{v}↑Cet état que le peuple avec respect$^+$ contemple
     <β> ^{v}↑Impose même avec Rois et leur$^+$ commande
74   MS1: je <sors> ^{v}↑β$^+$ et
74a   MS1, MS2: [*stage direction absent*]

[2] Although the patriarch is also present in the palace, Léonce, who is a monk and not a priest, considers himself the sole official spokesman for God (see below, lines 117-19 and Voltaire's marginal note, line 118).

Celui qui d'un tyran vous a tous délivrés,
Ce vainqueur malheureux que vous désespérez.　　80
Le souverain sacré des autels de Sophie,
Dont la cabale altière à la vôtre est unie,
Contre moi vous seconde, et croit impunément
Ravir au nom du ciel Irène à son amant.
Je vous ai tous servis, vous, Irène et Byzance:　　85
Votre fille en était la juste récompense,
Le seul prix qu'on devait à mon bras, à ma foi,
Le seul objet enfin qui soit digne de moi.
Mon cœur vous est ouvert, et vous savez si j'aime.
Vous venez m'enlever la moitié de moi-même,　　90
Vous qui dès le berceau nous unissant tous deux,
D'une main paternelle aviez formé nos nœuds;
Vous par qui tant de fois elle me fut promise,
Vous me la ravissez lorsque je l'ai conquise!
Lorsque je l'ai sauvée, et vous, et tout l'état!　　95
Mortel trop vertueux, vous n'êtes qu'un ingrat.
Vous m'osez proposer que mon cœur s'en détache!
Rendez-la-moi, cruel, ou que je vous l'arrache.
Embrassez un fils tendre, et né pour vous chérir,
Ou craignez un vengeur armé pour vous punir.　　100

81　MS2: Le <β> ᵛ↑ministre⁺ sacré
94　MS1, MS3: la refusez lorsque
95-58　MS1, MS3:
　　　　A trahir ses serments c'est vous qui la forcez,
　　　　Barbare! et c'est à moi que vous la ravissez!
　　　　[MS3: Sur cet heureux lien devenu nécessaire,
　　　　Injustement l'objet d'une rigueur austère,
　　　　Sourd à la voix publique, oubliant mon pouvoir,　　5
　　　　L'amour et l'amitié fondaient tout mon espoir.]
　　　　Ne vous figurez pas que mon cœur s'en détache,
　　　　Il faut qu'on me la cède ou que je vous l'arrache.
　　99　MS1, MS3: [*marginal note*] Il prononce ce vers d'une manière attendrissante et
soumise.
　　100　MS1, MS3: [*marginal note*] Il prononce celui-ci [MS3: ce vers-ci] d'une voix
menaçante et terrible.

LÉONCE

Ne soyez l'un ni l'autre, et tâchez d'être juste.
Rapidement porté jusqu'à ce trône auguste,
Méritez vos succès... Ecoutez-moi, Seigneur;
Je ne puis ni flatter ni craindre un empereur.
Je n'ai point déserté ma retraite profonde   105
Pour livrer mes vieux ans aux intrigues du monde,
Aux passions des grands, à leurs vœux emportés:
Je ne puis qu'annoncer de dures vérités;
Qui ne sert que son Dieu n'en a point d'autre à dire:
Je vous parle en son nom, comme au nom de l'empire.   110
Vous êtes aveuglé; je dois vous découvrir
Le crime et les dangers où vous voulez courir.
Sachez que sur la terre il n'est point de contrée,
De nation féroce et du monde abhorrée,
De climat si sauvage, où jamais un mortel   115
D'un pareil sacrilège osât souiller l'autel.
Ecoutez Dieu qui parle, et la terre qui crie:
'Tes mains à ton monarque ont arraché la vie;
N'épouse point sa veuve.' Ou si de cette voix
Vous osez dédaigner les éternelles lois,   120
Allez ravir ma fille, et cherchez à lui plaire,
Teint du sang d'un époux et de celui d'un père:
Frappez...

ALEXIS *en se détournant.*

Je ne le puis... et malgré mon courroux,

103   MS1, MS3: Méritez votre gloire.
118   MS1, MS3: [*marginal note*] Il [MS3: Léonce] élève ici la voix comme s'il faisait
parler Dieu même, et tout ce morceau est débité avec l'autorité et l'enthousiasme
d'un prophète.
123a   MS1, MS3: [*stage direction absent*]
123   MS1: [*marginal note*] Alexis oppose dans ce couplet l'attendrissement le plus
touchant, et les accents de la douleur au ton ferme et sévère de Léonce.
    MS3: Moi vous frapper! Ah! malgré mon courroux

Ce cœur que vous percez s'est attendri sur vous.
La dureté du vôtre est-elle inaltérable? 125
Ne verrez-vous dans moi qu'un ennemi coupable?
Et regretterez-vous votre persécuteur
Pour élever la voix contre un libérateur?
Tendre père d'Irène! hélas! soyez mon père!
D'un juge sans pitié quittez le caractère; 130
Ne sacrifiez point et votre fille et moi
Aux superstitions qui vous servent de loi.
N'en faites point une arme odieuse et cruelle;
Et ne l'enfoncez point d'une main paternelle
Dans ce cœur malheureux qui veut vous révérer, 135
Et que votre vertu se plaît à déchirer.
Tant de sévérité n'est point dans la nature:
D'un affreux préjugé laissez là l'imposture;
Cessez...

LÉONCE

Dans quelle erreur votre esprit est plongé!
La voix de l'univers est-elle un préjugé? 140

ALEXIS

Vous disputez, Léonce, et moi je suis sensible.

LÉONCE

Je le suis comme vous... le ciel est inflexible.

129   MS3:
  Oui, je le suis, Léonce, et personne n'ignore
  A quelle cruauté se porta Nicéphore.
  Mon bras à l'innocence a dû servir d'appui,
  Détrôner le tyran sans m'armer contre lui.
  Tel était mon dessein, sa fureur éperdue 5
  A poursuivi ma vie, et je l'ai défendue.
  Si malgré moi ce fer a pu trancher son sort,
  C'est le fruit de sa rage, et le crime du sort.
  Tendre père d'Irène! hélas, soyez mon père

ALEXIS

Vous le faites parler; vous me forcez, cruel,
A combattre à la fois et mon père et le ciel.
Plus de sang va couler pour cette injuste Irène   145
Que n'en a répandu l'ambition romaine.
La main qui vous sauva n'a plus qu'à se venger.
Je détruirai ce temple où l'on m'ose outrager;
Je briserai l'autel défendu par vous-même,
Cet autel, en tout temps, rival du diadème,   150
Ce fatal instrument de tant de passions,
Chargé par nos aïeux de l'or des nations:
Cimenté de leur sang, entouré de rapines.
Vous me verrez, ingrat, sur ces vastes ruines,
De l'hymen qu'on réprouve allumer les flambeaux   155
Au milieu des débris, du sang et des tombeaux.

LÉONCE

Voilà donc les horreurs où la grandeur suprême,
Alors qu'elle est sans frein, s'abandonne elle-même!
Je vous plains de régner!

ALEXIS

                          Je me suis emporté;
Je le sens, j'en rougis. Mais votre cruauté   160
Tranquille en me frappant, barbare avec étude,
Insulte avec plus d'art et porte un coup plus rude.
Retirez-vous, fuyez.

143   MS1, MS3: [*marginal note*] On sent bien qu'ici Alexis reprend le caractère de
l'emportement.
152   MS1: <Que la fraude a chargé> ᵛ↑β⁺
      MS3: mes aïeux
157-59   MS1, MS3: [*marginal note*] Léonce prononce cette réponse avec beaucoup
de lenteur, il soutient toujours la dignité tranquille de sa vertu, et n'éclate à la fin que
sur ces mots, *il est plus fort que vous.*

LÉONCE

J'attendrai donc, Seigneur,
Que l'équité m'appelle, et parle à votre cœur.

ALEXIS

Non, vous n'attendrez point: décidez tout à l'heure   165
S'il faut que je me venge, ou s'il faut que je meure.

LÉONCE

Voilà mon sang, vous dis-je, et je l'offre à vos coups.
Respectez mon devoir; il est plus fort que vous.

(*Il sort.*)

SCÈNE IV

ALEXIS *seul.*

Que son sort est heureux! assis sur le rivage
Il regarde en pitié ce turbulent orage   170
Qui de mon triste règne a commencé le cours.
Irène a fait le charme et l'horreur de mes jours.
Sa faiblesse m'immole aux erreurs de son père,
Aux discours insensés d'un aveugle vulgaire.
Ceux en qui j'espérais sont tous mes ennemis.   175
J'aime, je suis césar, et rien ne m'est soumis!
Quoi! je puis sans rougir, dans les champs du carnage,
Lorsqu'un Scythe, un Germain succombe à mon courage,
Sur son corps tout sanglant qu'on apporte à mes yeux,
Enlever son épouse à l'aspect de ses dieux,   180

168   MS1: <honneur> ᵛ↑β⁺
      MS3: mon honneur; il
169   MS3: Que Léonce est
172   MS1, MS3: Sa malheureuse fille empoisonne mes jours.
180   MS1, MS3: à la face des Dieux,

Sans qu'un prêtre, un soldat, ose lever la tête![3]
Aucun n'ose douter du droit de ma conquête;
Et mes concitoyens me défendront d'aimer
La veuve d'un tyran qui voulut l'opprimer![4]
Entrons.

SCÈNE V

ALEXIS, ZOÉ

ALEXIS

Eh bien, Zoé, que venez-vous m'apprendre? 185

ZOÉ

Dans son appartement gardez-vous de vous rendre.

183   MS2: défendent d'aimer
185   MS1: Belle Zoé
      MS3: chère Zoé
      MS2: <Belle> ᵛ↑β⁺
185-85a   MS3:
      Ah! c'est trop en souffrir, persécuteurs d'Irène,
      Vous qui des passions ne sentez que la haine!
      Laissez-moi mon amour; rien ne peut arracher
      De mon cœur éperdu l'espoir d'un bien si cher.
      Malgré le fanatisme, et la haine et l'envie   5
      Je saurai m'assurer du bonheur de ma vie.
                Fin du quatrième acte.
                Acte cinquième
                Scène première

[3] Alexis intends to refute Léonce's argument that there is a taboo, both religious and secular, forbidding a man to marry the wife of the man he has killed (lines 113-16). Although his counter-example, involving an act performed amidst the chaos of war, is weak, he is correct in claiming that no such prohibition is, or was, part of Christian doctrine (see Introduction, p.74-75).

[4] In MS3 the fourth act ended with this speech, to which, during revisions, six additional lines were added (see variant to line 185). After denouncing the persecutors of his beloved, Alexis rushes off to take action. The conversations with Zoé and with Memnon (scenes 5-6 of MS2 and K) open the fifth act. Voltaire's redrafting allows the fourth act to end with the hero's taking concrete action (the arrest of Léonce and the pontiff), thus adding to the heroine's distress in the final act.

Léonce et le pontife épouvantent son cœur:
Leur voix sainte et funeste y porte la terreur.
Gémissante à leurs pieds, tremblante, évanouie,
Nos tristes soins à peine ont rappelé sa vie.   190
Des murs de ce palais ils osent l'arracher.
Une triste retraite à jamais va cacher
Du reste de la terre Irène abandonnée.
Des veuves des césars telle est la destinée.
On ne verrait en vous qu'un tyran furieux,   195
Un soldat sacrilège, un ennemi des cieux,
Si, voulant abolir ces usages sinistres,
De la religion vous braviez les ministres.
L'impératrice en pleurs vous conjure à genoux
De ne point écouter un imprudent courroux,   200
De la laisser remplir ces devoirs déplorables
Que des maîtres sacrés jugent inviolables.

ALEXIS

Des maîtres? où je suis!... j'ai cru n'en avoir plus.
A moi, Gardes, venez.

SCÈNE VI

ALEXIS, ZOÉ, MEMNON, et les Gardes

ALEXIS

Mes ordres absolus
Sont que de cette enceinte aucun mortel ne sorte.   205

188   MS1-MS3: sainte et terrible [MS2: <terrible> ᵛ↑β⁺]
191-92   MS1-MS3:
          Du palais des Césars ardents à l'arracher [MS2: <Du palais des Césars>
          ᵛ↑β⁺]
          Dans la tombe d'un cloître ils vont enfin cacher [MS2: <Dans la tombe
          d'un cloître> ᵛ↑Au tombeau des vivants⁺]
200   MS1: écouter <votre juste> ᵛ↑β⁺ courroux
204a-b   MS1-MS3: [no new scene] (Les gardes paraissent, Memnon à leur tête.)

Qu'on soit armé partout; qu'on veille à cette porte.
Allez. On apprendra qui doit donner la loi;
Qui de nous est César, ou le pontife ou moi.
Chère Zoé, rentrez: avertissez Irène
Qu'on lui doit obéir, et qu'elle s'en souvienne.   210
(à Memnon.)
Ami, c'est avec toi qu'aujourd'hui j'entreprends
De briser en un jour tous les fers des tyrans.
Nicéphore est tombé; chassons ceux qui nous restent;
Ces tyrans des esprits que mes chagrins détestent.
Que le père d'Irène au palais arrêté   215
Ait enfin moins d'audace et moins d'autorité,
Qu'éloigné de sa fille, et réduit au silence,
Il ne séduise plus les peuples de Byzance.
Que cet ardent pontife au palais soit gardé.
Un autre plus soumis par mon ordre est mandé,   220
Qui sera plus docile à ma voix souveraine.
Constantin, Théodose, en ont trouvé sans peine. [5]

209   MS1, MS3: Et vous Zoé [MS1: Belle Zoé], rentrez
      MS2: <Belle> ᵛ↑Chère⁺ Zoé
210   MS1, MS3: Qu'elle est impératrice, et
      MS2: <Qu'elle est impératrice> ᵛ↑β⁺ et
215   MS3: à l'instant arrêté
216-17 MS3:
      Reste dans le palais comme moi respecté
      Mais que sans voir sa fille, et contraint au silence

[5] It is not clear which specific episodes, if any, in the lives of the emperors
Constantine I (ruled 306-337) and Theodosius I (ruled 379-395) Alexis is referring
to. Both convened ecclesiastical councils, passed edicts favouring Christianity at the
expense of other religions and exerted influence in the naming of Church officials.
Voltaire had, in his articles 'Constantin' (QE, OCV, vol.40), 'Eglise', 'Théodose',
'Tyran' and 'Vision de Constantin' (M, vol.19, 20), denounced both of these
emperors as ruthless and immoral tyrants and had claimed in his Essai sur les mœurs
that Constantine virtually ruled the Church, deciding on everything except matters
of dogma (see OCV, vol.22, ch.10, p.197-210). But he seems to treat these two rulers
rather sympathetically here, viewing them as properly reasserting civil authority

Plus criminels que moi dans ce triste séjour,
Les cruels n'avaient pas l'excuse de l'amour.

MEMNON

César, y pensez-vous? ce vieillard intraitable,　　　　225
Opiniâtre, altier, est pourtant respectable.
Il est de ces vertus, que forcés d'estimer,
Même en les détestant nous tremblons d'opprimer.

223　MSI: <Je suis moins criminel en ce même séjour> ᵛ↑β⁺
　　　MS2: <en ce triste séjour> ᵛ↑β⁺
　　　MS3: dans ce même séjour,
225-28　MSI, MS3:
　　　Je hais autant que vous ces censeurs intraitables,
　　　[MS3, *crossed out:*] Aux sentiments du cœur esprits inabordables [MS3:
　　　Dans leur austérité toujours inébranlables],
　　　Ces ennemis de l'homme ardents à tout blâmer,
　　　Tyrans de la nature, incapables d'aimer.
　　　　　　　　　[MS3: ALEXIS
　　　A ce poste important, non moins que difficile,　　　　5
　　　J'ai pensé mûrement, tu peux être tranquille:
　　　Toi qui lis dans mon cœur, il ne t'est point suspect,
　　　Pour la religion tu connais mon respect.
　　　J'ai fait choix d'un mortel, dont la douce sagesse
　　　Ne mettra dans ses soins l'orgueil ni la rudesse;　　　10
　　　Pieux sans fanatisme, et fait pour s'attirer
　　　Les cœurs que son devoir l'oblige d'éclairer;
　　　Quand des ministres saints tel est le caractère,
　　　La terre est à leurs pieds, les aime, et les révère.
　　　　　　　　　MEMNON
　　　Les ordres de l'état avilis, abattus,　　　　15
　　　Vont être relevés, Seigneur, par vos vertus,]
228　MS2: <on> ᵛ↑nous⁺ trembl<e>ons d'opprimer.

in the face of ecclesiastical overreaching. In historical fact, the demarcation between
secular and religious authority was far from being clearly worked out in the fourth
century.

Eh, ne craignez-vous point par cette violence
De faire au cœur d'Irène une mortelle offense?   230

229-34 MS1, MS3:
    Mais [MS3: songez que] Léonce [MS1: Seigneur,] est le père d'Irène,
    Et quoiqu'il ait voulu la former pour la haine
    Elle chérit ce père; et même pour appui
    Irène en ce grand jour après vous n'a que lui.
    Pardonnez, mais je crains que cette violence   5
    Ne soit au cœur d'Irène une éternelle offense,
    Ménagez ses esprits par la crainte égarés.
    Vous la voulez fléchir, vous la [MS1: <révolterez>] désespérez.
                    ALEXIS
    Il est vrai. Mais veux-tu que je laisse auprès d'elle
    Un farouche ennemi de ma grandeur nouvelle,   10
    [MS1 here coincides with β V.8-16]
    Un stoïque inflexible, un maître impérieux.
    Qui lui reprochera le pouvoir de ses yeux?
    Qui, lui faisant surtout un crime de me plaire
    Et tournant à son gré ce cœur simple et sincère,
    Gouvernant sa faiblesse, et trompant sa candeur,   15
    Saura l'accoutumer à m'avoir en horreur?
    Je veux régner sur elle ainsi que sur Byzance,
    La couvrir des rayons de ma toute-puissance;
    <Ne lui rien laisser voir que ma toute-puissance>
    Et que ce maître altier, qui veut donner la loi,   20
    <Et détruire à jamais ce superbe ascendant>
    Soit aux pieds de [MS3: Respecte enfin] sa fille, et la serve avec moi.
    <Qu'un vieillard fanatique a pris sur une enfant.>
    [MS3: Memnon sort et Zoé arrive.
    Scène seconde]
                    [MS1 continues:] MEMNON
    <Je cous vous obéir> Je vais donc servir. Il faut que j'obéisse
    Peut-être je vous rends un funeste service.   25
                    ALEXIS
                Persécuteurs d'Irène.
    Vous qui des passions ne sentez que la haine,
    Laissez-moi mon amour... cessez tyrans cruels
    De vouloir asservir les malheureux mortels!
    [added lines at the bottom of the page:]
    J'eusse aimé mieux vous suivre au milieu des combats   30
    Mais Alexis commande et je n'hésite pas

ALEXIS

Non, j'y suis résolu... je vous dois ma grandeur,
Et mon trône, et ma gloire... il manque le bonheur.
Je succombe, en régnant, au destin qui m'outrage.
Secondez mes transports; achevez votre ouvrage.[6]

Fin du quatrième acte.

Vos désirs sont ma loi.
[*illegible paragraph, crossed out*]
J'ai <tantôt obéi Seigneur quoiqu'à> ᵛ↑rempli votre ordre avec quelque regret⁺
Des fureurs de l'amour je connais peu l'empire.
Vous en êtes troublé, votre cœur en soupire.   35
[MS1 *coincides with* β *V.23-26*] Mais après cet affront, pouviez-vous
espérer ᵛ↑auriez-vous prétendu⁺
Qu'un cœur blessé par vous pût vous être rendu
Et pourquoi consulter dans de telles alarmes
Un vieux soldat blanchi dans les horreurs des armes? [MS1: *end of act 4*]
234   MS2: Secondez m<a>es <vengeance> ᵛ↑transports⁺

[6] In this speech Alexis is addressing both Memnon and the guards, and the order that he wishes them to carry out ('j'y suis résolu') is the arrest of the patriarch and Léonce. The former character, who never appears on stage, will not be mentioned again.

ACTE V

SCÈNE PREMIÈRE

ALEXIS, MEMNON

MEMNON

Oui, quelquefois sans doute il est plus difficile
De s'assurer chez soi d'un sort pur et tranquille,
Que de trouver la gloire au milieu des combats,
Qui dépendent de nous moins que de nos soldats.
Je vous l'ai dit, Irène en sa juste colère   5
Ne pardonnera point l'attentat sur son père.

c-36   MS1, MS3:
    [MS1: ALEXIS, ZOÉ, *gardes au fond de la scène.*
           ALEXIS
    Que Memnon me donnait un conseil salutaire!
    J'offensais trop Irène en la privant d'un père.]
    [MS3: *Scène seconde*
        ALEXIS, ZOÉ
          ZOÉ
    Refusant d'écouter un avis salutaire
    Vous offensez Irène, en la privant d'un père.
         ALEXIS]
    A ce vieillard cruel on va rendre du moins   5
    Tout ce qu'on lui devait [MS3: Ce qu'on lui doit ici] de respects et de soins.
    Et sa fille un moment dérobée à sa vue
    Dès qu'elle aura parlé, [MS1: *crossed out* ᵛ↑Aux paternelles mains⁺] sera
    soudain rendue.
    Généreuse Zoé, vous savez mes desseins,
    Et tout ce que j'espère, et tout ce que je crains. [1]   10

[1] Due to this variant in MS1, the dialogue between Alexis and Zoé is the first instead of the second scene, contrary to the two other manuscripts and Kehl. This affects the subsequent scene numbering in MS1 accordingly.

ALEXIS

Mais quoi! laisser près d'elle un maître impérieux
Qui lui reprochera le pouvoir de ses yeux!
Qui, lui faisant surtout un crime de me plaire,
Et tournant à son gré ce cœur souple et sincère,　　　　10
Gouvernant sa faiblesse, et trompant sa candeur,
Va changer par degré sa tendresse en horreur!
Je veux régner sur elle ainsi que sur Byzance,
La couvrir des rayons de ma toute-puissance;
Et que ce maître altier, qui veut donner la loi,　　　　15
Soit aux pieds de sa fille, et la serve avec moi.

MEMNON

Vous vous trompiez, César: j'ai prévu vos alarmes;
Vous avez contre vous tourné vos propres armes.
C'en est fait, je vous plains.

ALEXIS

Tu m'as donc obéi.

MEMNON

C'était avec regret; mais je vous ai servi:　　　　20
J'ai saisi ce vieillard; et César, qui soupire,
Des faiblesses d'amour m'apprend quel est l'empire.
Mais après cette injure auriez-vous espéré
De ramener à vous un esprit ulcéré?
Eh, pourquoi consulter dans de telles alarmes　　　　25
Un vieux soldat blanchi dans les horreurs des armes?

ALEXIS

Ah! cher et sage ami, que tes yeux éclairés
Ont bien prévu l'effet de mes vœux égarés!

12　MS2: par degrés sa

Que tu connais ce cœur si contraire à soi-même,
Esclave révolté qui perd tout ce qu'il aime,   30
Aveugle en son courroux, prompt à se démentir,
Né pour les passions et pour le repentir!
(*Memnon sort.*)

SCÈNE II

ALEXIS, ZOÉ

ALEXIS

Venez, venez, Zoé, vous que chérit Irène:
Jugez si mon amour a mérité sa haine,
Si je voulais en maître, en vainqueur, en César,   35
Montrer l'auguste Irène enchaînée à mon char.
Je n'ordonnerai point qu'une odieuse fête
Au temple du Bosphore avec éclat s'apprête;
Je n'insulterai point à ces préventions
Que le temps enracine au cœur des nations.   40
Je prétends préparer cet hymen où j'aspire
Loin d'un peuple importun qu'un vain spectacle attire.
Vous connaissez l'autel qu'éleva dans ces lieux
Avec simplicité la main de nos aïeux;
N'admettant pour garant de la foi qu'on se donne   45
Que deux amis, un prêtre et le ciel qui pardonne;
C'est là que devant Dieu je promettrai mon cœur.

32a   MS2: (*à Zoé qui arrive.*)
32b   MS2: [*no new scene; subsequent scene numbering follows* β]
37   MS1, MS3: Je n'ai point ordonné qu'une
41   MS1: <l'épouser loin des grands de l'empire> ᵛ↑préparer cet hymen où
j'aspire
      MS2: <Non,> je <veux> prétends préparer
      MS3: J'ai voulu préparer
43   MS1: <Vous voyez><A cet autel secret> ᵛ↑β
44   MS1, MS3: mes aïeux;
45   MS1, MS3: garants
47   MS1, MS3: je veux donner mon

Est-il indigne d'elle? inspire-t-il l'horreur?
Dites-moi par pitié si son âme agitée
Aux offres que je fais recule épouvantée;   50
Si mon profond respect ne peut que l'indigner;
Enfin si je l'offense en la faisant régner.

ZOÉ

Ce matin, je l'avoue, en proie à ses alarmes,
Votre nom prononcé faisait couler ses larmes:
Mais depuis que Léonce ici vous a parlé,   55
L'œil fixe, le front pâle et l'esprit accablé,
Elle garde avec nous un farouche silence;
Son cœur ne nous fait plus la triste confidence
De ce remords puissant qui combat ses désirs;
Ses yeux n'ont plus de pleurs et sa voix de soupirs. 60
De son dernier affront profondément frappée,
De Léonce et de vous tout entière occupée,
A nos empressements elle n'a répondu
Que d'un regard mourant, d'un visage éperdu;
Ne pouvant repousser de sa sombre pensée   65
Le douloureux fardeau qui la tient oppressée.

ALEXIS

Hélas! elle vous aime, et sans doute me craint.

48 MS1: <Avec étonnement, peut-être sans horreur.> ^v↑β
51 MS1: mon <empressement> ^v↑profond respect⁺ ne
  MS3: mon empressement ne
55 MS1: <depuis que son père avec vous> ^v↑β⁺ a parlé
  MS3: depuis le moment où son père a parlé,
59 MS1 *crossed out*, MS3: De ses troubles secrets et de ses déplaisirs [MS1: ^v↑β];
61 MS1, MS3: De quelque grand dessein profondément
62 MS1, MS3: Son âme tout entière en paraît occupée.
66 MS1: <dont elle est> ^v↑β⁺ oppressée.
  MS3: dont elle est oppressée.
66a-74 MS1: [*added in margin*]
   MS3: [*absent*]
67 MS1: et peut-être me

Si dans mon désespoir votre amitié me plaint,
Si vous pouvez beaucoup sur ce cœur noble et tendre,
Résolvez-la du moins à me voir, à m'entendre,   70
A ne point rejeter les vœux humiliés
D'un empereur soumis et tremblant à ses pieds.
Le vainqueur de César est l'esclave d'Irène;
Elle étend à son choix, ou resserre sa chaîne:
Qu'elle dise un seul mot.

ZOÉ

Jusques en ce séjour   75
Je la vois avancer par ce secret détour.[2]

ALEXIS

C'est elle-même, ô ciel!

ZOÉ

A la terre attachée
Sa vue à notre aspect s'égare effarouchée.
Elle avance vers vous, mais sans vous regarder.
Je ne sais quelle horreur semble la posséder.   80

69   MS1: Disposez donc son âme et si noble et si tendre
70   MS1: <a ne point condamner> ^{v}↑a ne me pas haïr$^+$
71   MS1: <A ne point condamner un amant malheur> ^{v}↑β$^+$
72   MS1: D'un vainqueur malheureux et
74   MS1: Sa <main> ^{v}↑voix$^+$ peut resserrer ou relâcher ma chaîne
75   MS1: Qu'elle parle il suffit. Ah Memnon quoi tu [fais?]
75-76 MS1, MS3: Mais ou mon œil me trompe, ou jusqu'en ce séjour,
              Je la vois s'avancer
77   MS3: <^{v}↑β$^+$>Elle paraît troublée,
78   MS1: <mon> ^{v}↑notre$^+$ aspect
      MS3: <^{v}↑β$^+$> ^{v}↑Sa vue à notre aspect montre une âme accablée$^+$,

[2] Presumably Irène enters from a doorway hidden until this point by a pillar or a
tapestry.

ALEXIS

Irène, est-ce bien vous? Quoi! loin de me répondre,
A peine d'un regard elle veut me confondre?

SCÈNE III

ALEXIS, IRÈNE, ZOÉ

IRÈNE

(Un des soldats qui l'accompagnent lui approche un fauteuil.)
Un siège... je succombe. En ces lieux écartés
Attendez-moi, Soldats... Alexis, écoutez.
(d'une voix inégale, entrecoupée, mais ferme autant que
douloureuse.)
Sachant ce que je souffre, et voyant ce que j'ose   85
D'un pareil entretien vous pénétrez la cause;
Et l'on saura bientôt si j'ai dû vous parler:
D'un reproche assez grand je puis vous accabler;
Mais l'excès du malheur affaiblit la colère.
Teint du sang d'un époux vous m'enlevez un père;[3]   90

82a-b   MS1-MS3: [*no new scene*]
83   MS1: Un siège. – Je succombe ᵛ↑me meurs⁺
84   MS1: Attendez-moi, soldats. ᵛ↑Memnon que l'on me laisse⁺
84a-b   MS1, MS3: [*stage direction absent*]
        MS1: *Scène seconde*
        MS2, MS3: *Scène troisième*
85   MS3: [*marginal note*] Elle parle lentement d'une voix basse, mais ferme, elle
laisse [*illegible*]
85-86   MS1: De vous chercher ici je n'ai point fait scrupule;
        Mes sentiments n'ont rien que ma voix dissimule
        MS3: Je reviens vous chercher et n'en fais point d'excuse.
        Sur mon intention je crains peu qu'on m'accuse,
89   MS1: Mais je <sais commander à ma juste> ᵛ↑l'excès du malheur affaiblit la⁺
colère.
        MS3: sais commander à ma juste colère

[3] This line is bracketed in MS2 and indented in MS3, in order to indicate a brief
silence.

196

Vous cherchez contre vous encore à soulever
Cet empire et ce ciel que vous osez braver.
Je vois l'emportement de votre affreux délire
Avec cette pitié qu'un frénétique inspire;
Et je ne viens à vous que pour vous retirer   95
Du fond de cet abîme où je vous vois entrer.
Je plaignais de vos sens l'aveuglement funeste:
On ne peut le guérir... Un seul parti me reste.
Allez trouver mon père, implorez son pardon,
Revenez avec lui. Peut-être la raison,   100
Le devoir, l'amitié, l'intérêt qui nous lie,
La voix du sang qui parle à son âme attendrie,
Rapprocheront trois cœurs qui ne s'accordaient pas.
Un moment peut finir tant de tristes combats.
Allez: ramenez-moi le vertueux Léonce;   105
Sur mon sort avec vous que sa bouche prononce:
Puis-je y compter?

ALEXIS

J'y cours, sans rien examiner.

93 MS1, MS3: cet [MS1: <cet> ᵛ↑votre⁺] affreux
94 MS1: [*marginal note*] Irène débite tout ce morceau d'un air profondément
occupé, d'un ton bas, mais ferme, les yeux baissés, laissant quelquefois échapper un
soupir qu'elle corrige par un maintien sévère.
96 MS1: <De l'effrayant> ᵛ↑Du fond de cet⁺
     MS3: De l'effrayant abîme
99 MS1, MS3: obtenez son pardon
100 MS1, MS3: Croyez que la raison
104 MS1, MS3: nos malheureux débats.
105-106 MS1:
        <Bazile> ᵛ↑Léonce⁺ 4
        <Seigneur, ainsi que lui soyez juste et tranquille.> ᵛ↑Sur mon sort avec
        vous que sa bouche prononce⁺
        MS3: vous je consens qu'il prononce.

4 Here, MS1 shows the only instance where the name Bazile occurred at the rhyme,
requiring the rewriting of the next line when the character's name was changed.

Ah! si j'osais penser qu'on pût me pardonner,
Je mourrais à vos pieds de l'excès de ma joie.
Je vole aveuglément où votre ordre m'envoie: 110
Je vais tout réparer; oui, malgré ses rigueurs,
Je veux qu'avec ma main, sa main sèche vos pleurs.
Irène, croyez-moi; ma vie est destinée
A vous faire oublier cette affreuse journée.
Votre père adouci ne reverra dans moi   115
Qu'un fils tendre et soumis, digne de votre foi.
Si trop de sang pour vous fut versé dans la Thrace,
Mes bienfaits répandus en couvriront la trace;
Si j'offensai Léonce, il verra tout l'état
Expier avec moi cet indigne attentat.   120
Vous régnerez tous deux: ma tendresse n'aspire
Qu'à laisser dans ses mains les rênes de l'empire.
J'en jure les héros dont nous tenons le jour,
Et ce ciel qui m'entend, et vous et mon amour.

IRÈNE *en s'attendrissant et en retenant ses larmes.*

Allez: ayez pitié de cette infortunée: 125
Le ciel vous l'arracha; pour vous elle était née.
Allez, Prince.

ALEXIS

Ah, grand Dieu, témoin de ses bontés,

108   MS1, MS3: qu'il pût
112-13 MS3:
        Vous l'avez entendu, le bonheur où j'aspire
        Fait le bien de l'état, la gloire de l'empire,
        Mais du vœu général loin de me prévaloir,
        A vous, à mon amour je voulais vous devoir.
123-24 MS1 *crossed out*, MS3:
        Oui, mon cœur pénétré se partage entre vous,
        Irène, et je reviens son fils et votre époux. (*Il sort.*) [MS1: ᵛ↑β⁺]
124a-128 MS1: [*speaker indications absent*]
          MS3: [*absent*]
125   MS1: Allez. Souvenez-vous de

Je serai digne enfin de mon bonheur!

IRÈNE

Partez.

(*Il sort.*)
(*En pleurant.*)
Suivez ses pas, Zoé si fidèle et si chère.

SCÈNE IV

IRÈNE *seule, se levant.*

Qu'ai-je dit? qu'ai-je fait, et qu'est-ce que j'espère?   130

128b-c MS1, MS3: [*stage direction absent*]
129 MS1, MS3: Suivez ses pas, Zoé – vous qui me fûtes chère, [MS1: <Qui le
serez toujours> ᵛ↑Vous qui m'aimez encor⁺ ᵛ↓Vous qui m'avez aimée⁺] Qui le
serez toujours
129 MS2: (*Zoé sort.*)
129b MS3: Irène (*se levant.*)
130-57 MS1, MS3:
        Eh bien! que vais-je faire?
        Je ne le verrai plus! Tandis qu'il me parlait
        Au seul son de sa voix tout mon cœur s'échappait.
        [MS1 *added in margin*:
        Tu reviens m'enchanter d'un crime que J'abhorre!
        Tu séduis tous mes sens, Ciel quel spectacle affreux que je vois   5
        Quel Spectre menaçant se jette entre nous deux!
        Nicéphore c'est toi de qui l'ombre sanglante
        Vient de ton meurtrier punir l'indigne amante.]
        [MS1 *crossed out*] Il te suit, Alexis. Ah! si tant de tendresse
        [MS1 *crossed out*] Par de nouveaux serments attaquait ma faiblesse,   10
        [MS1: ᵛ↑Je te vois Alexis et je t'entends encore,]
        [MS1 *crossed out*] Cruel! malgré les miens, malgré le ciel jaloux,
        [MS1 *crossed out*] Malgré mon père et moi tu serais mon époux.
        [MS1 *crossed out*] Qu'as-tu dit, malheureuse! en quel piège arrêtée,
        arrête et vois l'abîme.
        [MS1: <Dans quel gouffre d'horreurs es-tu précipitée?>   15
        ᵛ↑Où te précipitaient ta faiblesse et ton crime⁺]
        [MS1 *crossed out*] Regarde autour de toi: vois ton mari sanglant
        [MS1 *crossed out*] Egorgé sous tes yeux, des mains de ton amant!

199

Je ne me connais plus... Tandis qu'il me parlait,
Au seul son de sa voix tout mon cœur s'échappait.
Chaque mot, chaque instant portait dans ma blessure
Des poisons dévorants dont frémit la nature.
(*Elle marche égarée et hors d'elle-même.*)
Non, ne m'obéis point; non, mon cher Alexis,   135
N'amène point mon père à mes yeux obscurcis.

[MS1 *crossed out*] Il était après tout ton maître légitime,
[MS1 *crossed out*] L'image de Dieu même, il devient [MS1: le voici] ta
victime!
[MS1 *crossed out*] Vois son fier meurtrier le [MS1: Regarde ton rival au] jour   20
de <son> ^{V}↑ton$^+$ trépas
Elevé sur son [MS1: ton] trône et volant dans tes [MS1: mes] bras!
[MS1 *added in margin*:
Il triomphe il insulte à ton ombre sanglante
Il arrache un vieillard à sa fille expirante
Pour s'en faire un complice il lui veut pardonner
Irène et c'est à lui que tu vas te donner]   25
Et tu [MS1: Et pour] l'aimes [MS1: l'aimer], [MS1: ce] barbare? Et tu n'as
[MS1: je n'ai] pu le taire! [MS1: ^{V}↑Et pour subjuguer en moi sa trop faible
^{V}↑sensible amante$^+$]
Dans ce jour effrayant de pompe funéraire [MS1: <Tu> ^{V}↑Je$^+$ deviens à la
fois parricide, adultère]
Tu [MS1: <Tu> ^{V}↑Je$^+$] n'attends plus que lui pour étaler l'horreur
De tes [MS1: mes] crimes secrets, consommés dans ton [MS1: mon] cœur!
Il va joindre à ta [MS1: ^{V}↑ma$^+$] main sa main de sang fumante.   30
Si ton [MS1: mon] père éperdu devant toi [MS1: moi] se présente
Sur le corps de ton [MS1: mon] père il te [MS1: me] faudra marcher
Pour voler à [MS1: embrasser] l'amant qu'il te ^{V}↑me$^+$ vient arracher!
(*Elle fait quelques pas.*)
Nature, honneur, devoir, religion sacrée!
Vous me parlez encore; et mon âme enivrée   35
Suspend à votre voix ses vœux irrésolus!...
(*Elle revient.*)
Si mon amant paraît je ne vous entends plus...
[MS3 *marginal note:* Elle débite ce vers avec un éclat de voix déchirant.]
Dieu que je veux servir! Dieu puissant que [MS1: <Dieu puissant que> et
que pourtant] j'outrage!
135   MS2: (*tendrement.*)

Reviens. Ah! je te vois. Ah! je t'entends encore.
J'idolâtre avec toi le crime que j'abhorre.
O crime! éloigne-toi! Ciel... quel objet affreux!
Quel spectre menaçant se jette entre nous deux!   140
Est-ce toi, Nicéphore? Ombre terrible, arrête:
Ne verse que mon sang, ne frappe que ma tête.
Moi seule j'ai tout fait: c'est mon coupable amour,
C'est moi qui t'ai trahi, qui t'ai ravi le jour. 5
Quoi! tu te joins à lui, toi, mon malheureux père!   145
Tu poursuis cette fille homicide, adultère!
Fuis, mon cher Alexis; détourne avec horreur
Ces yeux si dangereux, si puissants sur mon cœur!
Dégage de mes mains ta main de sang fumante;
Mon père et mon époux poursuivent ton amante!   150
Sur leurs corps tout sanglants me faudra-t-il marcher
Pour voler dans tes bras dont on vient m'arracher?
Ah! je reviens à moi... Religion sacrée,
Devoir, nature, honneur! à cette âme égarée
Vous rendez sa raison, vous calmez ses esprits...   155

137   MS2: ᵛ↑(*égarée*.)⁺
139   MS2: ᵛ↑(*avec horreur*.)⁺ ᵛ↑(*Elle marche*.)⁺
141   MS2: [*marginal note*] Tout ce couplet est récité en parcourant le théâtre d'un
air égaré en poussant quelques soupirs, en versant quelques larmes, et en observant
de longs silences aux endroits marqués, pour donner plus de facilité à Irène
d'exprimer ses transports par des éclats de voix attendrissants et terribles.
144   MS2: (*Elle fait quelques pas*.)
147   MS2: (*Elle revient*.)
152   MS2: (*Elle fait quelques pas encore et se rejette dans son fauteuil*.)
155   MS2: (*Elle se lève et elle éclate*.)

5 By making Irène imagine that she sees the ghost of her dead husband, Voltaire
possibly wanted the audience to view this passage as a brief mad scene, thus making
her suicide, which occurs only a few moments later, a more forgivable act. Voltaire
might also be borrowing from himself, since there is a similar passage in his earlier
tragedy, *Sophonisbe* (*OCV*, vol.71B), where, in act 2, the heroine describes seeing the
'ombre de mon époux' to her confidante.

Je ne vous entends plus si je vois Alexis!...
Dieu que je veux servir, et que pourtant j'outrage,
Pourquoi m'as-tu livrée à ce cruel orage?
Contre un faible roseau pourquoi veux-tu t'armer?
Qu'ai-je fait? Tu le sais: tout mon crime est d'aimer!   160
Malgré mon repentir, malgré ta loi suprême,
Tu vois que mon amant l'emporte sur toi-même.
Il règne, il t'a vaincu dans mes sens obscurcis,
Eh bien, voilà mon cœur; c'est là qu'est Alexis:
Oui, tant que je respire il en est le seul maître.   165
Je sens qu'en l'adorant je vais te méconnaître...
Je trahis et l'hymen et la nature, et toi...
(*Elle tire un poignard, et se frappe.*)
Je te venge de lui, je te venge de moi.
Alexis fut mon dieu, je te le sacrifie:
Je n'y puis renoncer qu'en m'arrachant la vie.   170
(*Elle tombe dans un fauteuil.*)

156   MS2: (*Un silence.*)
160   MS1, MS3: (*Elle se rassied.*)
163   MS1, MS3: (*Elle se relève.*)
164   MS2: ᵛ↑(*avec désespoir.*)⁺
       MS1, MS3: (*Elle tire un poignard.*)
165-69   MS1 *crossed out*, MS3: Je te venge de lui... je te le sacrifie...
166   MS2: (*En éclatant et en pleurant.*)
167a   MS2: (*Elle tire un poignard.*)
167a-170a   MS1 [*added in margin*]:
      Oui tant que je respire, il en est le seul maître.
      Je suis quand je le vois prête à te méconnaître.
      J'ai trahi l'hyménée et la nature et toi.
      Je te venge de lui je te venge de moi.
      Alexis fut mon Dieu, je te le sacrifie [*end of marginal addition*]   5
      Je n'y puis renoncer qu'en m'arrachant la vie. (*Elle se frappe et tombe sur*
      son fauteuil.) [*end of scene*]
168   MS2: (*Elle se frappe; avec désespoir.*)
170a   MS3: (*Elle se frappe, et tombe sur son fauteuil.*) [*end of scene*]
170a   MS2: (*Elle tombe dans son fauteuil. L'actrice choisit de se frapper ici ou au vers*
précédent.)

SCÈNE V et dernière

IRÈNE *mourante*, ALEXIS, LÉONCE, MEMNON, Suite

ALEXIS

Je vous ramène un père, et je me suis flatté
Que nous pourrions fléchir sa dure austérité. [6]
Que sa justice enfin me jugeant moins coupable
Daignerait... juste Dieu! quel spectacle effroyable!
Irène! chère Irène!...

LÉONCE

O ma fille! ô fureur!   175

ALEXIS *se jetant aux genoux d'Irène.*

Quel démon t'inspirait!

IRÈNE

(*A Alexis.*) Mon amour, (*à Léonce.*) votre honneur.

170b   MS1-MS3: *Scène dernière*
170c   MS1, MS3: Alexis, Léonce, Suite
175a   MS1, MS2: *à ses genoux.*
            MS3: *se jetant à genoux.*
176   MS1:

IRÈNE

<C'est> ᵛ↑*à Alexis*⁺ l'amour, et ᵛ↑*à Léonce* votre⁺ l'honneur
MS3: ᵛ↑*à Alexis*⁺ ᵛ↑*à Léonce*⁺

[6] The vague wording indicates only that Léonce has agreed to forgive Alexis for
arresting him and to resume discussions with him, presumably because the hero has
offered to confer on him the title of emperor (lines 121-22). But given Léonce's firm
conviction that a marriage between his daughter and Alexis is morally and
religiously unacceptable, it is hard to imagine what, short of a dispensation from
the patriarch, would make him change his mind. However, in this scene of extreme
pathos all that counts is that the old man finally proves his earlier claim that he is
'sensible' (IV.142).

J'adorais Alexis, et je m'en suis punie.
(*Alexis veut se tuer, Memnon l'arrête.*)

LÉONCE

Ah! mon zèle funeste eut trop de barbarie.

IRÈNE *leur tendant les mains.*

Souvenez-vous de moi... plaignez tous deux mon sort...
Ciel! prends soin d'Alexis, et pardonne ma mort!   180

ALEXIS *à genoux d'un côté.*

Irène! Irène! ah Dieu!

LÉONCE *à genoux de l'autre côté.*

Déplorable victime!

IRÈNE

Pardonne, Dieu clément! ma mort est-elle un crime? [7]

Fin du cinquième et dernier acte.

177   MS2: J'idolâtre Alexis
177a   MS1, MS2: *tuer, et Memnon*
178a   MS2: [*marginal note*] Quand on se tue sur le théâtre il faut mourir toute en
vie, élever sa voix jusqu'au dernier moment, et mourir dans une convulsion. Les
dernières paroles doivent être fortement prononcées.
179   MS3: [*marginal note*] Elle leur prend la main.
181a   MS3: (*de l'autre côté à genoux.*)

[7] In his letter to the marquis de Thibouville (10 November 1777, D20885),
Voltaire, arguing for Irène's righteousness despite her suicide, suggests the
following alteration to the closing lines of the play: 'Dieu prends soin d'Alexis et
pardonne ma mort! / Pardonne, j'ai vaincu ma passion cruelle, / Je meurs pour
t'obéir, mourrais-je criminelle?'

Supplique à M. Turgot

Edition critique

par

Robert Granderoute

TABLE DES MATIÈRES

INTRODUCTION

1. *Circonstances de composition*

Alors qu'à la suite de l'arrêt du parlement de Besançon (19 août 1775) qui a condamné les serfs du Mont-Jura 'aux dépens et à la servitude'[1] Voltaire place toute sa confiance – même s'il prévoit de grands obstacles et une longue attente – dans la magnanimité du roi et l'esprit de justice des deux ministres Turgot et Malesherbes,[2] il en vient, le 26 janvier 1776, dans le cadre de l'affaire du sel,[3] à décrire à l'attention de Jean-Charles-Philibert Trudaine de Montigny et de François Fargès de Polizy, maître des requêtes, devenu en 1776 intendant des finances,[4] la situation du 'petit abîme qu'on appelle Lélex', situé 'entre les deux plus horribles montagnes de l'Europe' et 'peuplé d'environ deux cents habitants qui ont toujours été employés aux corvées de l'abominable chemin dit la Faucille' et qui 'ont toujours pris leur sel à Gex'. Car, souligne-t-il,

[1] D19624, 24 août 1775, à D'Alembert.

[2] Voir *Requête au roi pour les serfs de Saint-Claude, etc.* et *Extrait d'un mémoire pour l'entière abolition de la servitude en France*, M, t.29 et 30. Rappelons qu'à la suite de la mort de Louis XV (29 avril 1774) et de l'avènement de Louis XVI, Anne-Robert-Jacques Turgot, maître des requêtes, intendant de Limoges (1761-1774), est nommé secrétaire d'Etat à la Marine, puis contrôleur général des finances en remplacement de l'abbé Terray qui occupait le poste depuis décembre 1769 et que Malesherbes, qui a abandonné la direction de la Librairie à Sartine en 1763, revient au pouvoir en 1775 comme secrétaire d'Etat à la maison du roi.

[3] Sur cette affaire liée à la libération du pays de Gex, voir *VST*, t.2, p.451-64, et les différents écrits de Voltaire relatifs à ce sujet (*M*, t.29 et 30).

[4] Jean-Charles-Philibert Trudaine de Montigny (1733-1777), homme de sciences, adjoint de son père Daniel-Charles dans sa charge d'intendant des finances avec promesse de survivance (son père meurt en 1769), a les quatre départements des fermes générales, du commerce, des manufactures et des ponts et chaussées. Avant de devenir intendant des finances en 1776, François Fargès de Polizy a été maître des requêtes et intendant de Bordeaux. Par un édit de juin 1777, Necker supprimera les offices des intendants des finances, tout en laissant subsister leurs fonctions.

'ils étaient du pays de Gex quand cette province appartenait au duc de Savoie'. Or, à la suite des échanges consécutifs au traité conclu le 24 mars 1760 à Turin avec Charles-Emmanuel III, roi de Sardaigne, l'abbé Terray, contrôleur général des finances, les a, en 1771, déclarés 'ressortissants de Belley quoique Belley soit à dix-huit lieues et que Gex ne soit qu'à une'. Voltaire se fie à Turgot pour qu'ils soient remis 'dans l'état où la nature les a placés'.[5] Le 7 février, c'est précisément à Turgot qu'il s'adresse tandis que les habitants de Lélex viennent d'être, pour quelques livres de sel achetées à Ferney, réputés 'faux sauniers', eux qui, répète-t-il, ont 'toujours pris leur sel à Gex' et ont 'toujours travaillé aux corvées à Gex'.[6] Deux jours plus tard, il écrit de nouveau à Fargès de Polizy: 'Je me jette encore aux pieds de monsieur le contrôleur général en faveur de ces malheureux qui travaillèrent encore l'an passé à nos corvées et qui ont toujours pris leur sel à Gex'.[7]

Le 23 février, c'est par l'intermédiaire de Pierre Samuel Dupont de Nemours, nommé en 1774 inspecteur général du commerce, qu'il sollicite une nouvelle fois le 'digne ministre' en faveur de ces 'quelques bipèdes ensevelis sous cinq cents pieds de neige et dépecés par des moines et par des commis des fermes au milieu des roches et des précipices' – il s'agit ici nommément de Chézery.[8] Avec vigueur, Voltaire brosse un tableau qu'il affirme 'très fidèle' de la situation de ces 'douze cents spectres' qui habitent 'au revers du mont Jura au bord d'un torrent nommé la Valserine' et qui, savoyards jusqu'en 1760, sont alors devenus Français. Il explique et précise, rappelant, puisque ces nouveaux Français se trouvent dans une situation comparable à celle des habitants de Saint-Claude, quelques-uns des traits caractéristiques du servage,

---

[5] D19880 (26 janvier 1776), à Fargès de Polizy, D19882 (26 janvier 1776), à Trudaine de Montigny.

[6] D19906.

[7] D19914.

[8] Voltaire a déjà évoqué la situation de ces habitants serfs de moines décimateurs par le biais de la note qu'il insère dans la *Requête au roi pour les serfs de Saint-Claude*, etc. (voir *M*, t.30, p.397).

tandis qu'il ne peut s'empêcher d'ironiser sur le fondement des insupportables et odieuses prérogatives des religieux:

Les bernardins sont seigneurs de ce terrain et voici les droits que s'arrogent ces seigneurs par excès d'humilité et de désintéressement.

Tous les habitants sont esclaves de l'abbaye et esclaves de corps et de bien. Si j'achetais une toise de terrain dans la censive de Monseigneur l'abbé, je deviendrais serf de Monseigneur, et tout mon bien lui appartiendrait sans difficulté, fût-il situé à Pondichéry.

Le couvent commence à ma mort par mettre le scellé sur tous mes effets, prend pour lui les meilleures vaches et chasse mes parents de la maison.

Les habitants de ce pays les plus favorisés sèment un peu d'orge et d'avoine dont ils se nourrissent, ils paient la dîme sur le pied de la sixième gerbe à Monseigneur l'abbé,[9] et on a excommunié ceux qui ont eu l'insolence de prétendre qu'ils ne devaient que la dixième gerbe.

Et Voltaire de redire qu'il est prêt à aller se jeter avec les habitants aux pieds du contrôleur général et à l'implorer: '*Domine, perimus, salva nos*'.[10]

A cette lettre, on doit rattacher la *Supplique à M. Turgot* que sont censés écrire les habitants de la vallée de Chézery et de Lélex réclamant la protection du ministre contre les corvées imposées par leurs seigneurs bernardins.[11] L'allusion à l'édit 'par lequel Sa Majesté supprime les corvées et ordonne la confection des grandes routes à prix d'argent', donné à Versailles en février 1776, confirme la datation avancée. Brève, concise, clairement et énergiquement articulée, la pièce allie habilement le ton attendu de politesse et de respect à l'expression sensible et discrètement pressante de la demande d'affranchissement.

---

[9] Voir la *Requête au roi pour les serfs de Saint-Claude, etc.*

[10] D19946, citation tirée de Matthieu 8:25 ('Seigneur, nous périssons, sauve-nous').

[11] Beuchot rappelle que le titre de 'Supplique' a été donné par Jean Clogenson (*Œuvres complètes de Voltaire*, Paris, 1824-1832, t.39, 1827) à cette pièce que l'édition Kehl insère dans le volume des *Lettres* de janvier 1776.

Cette *Supplique* a-t-elle été envoyée à son destinataire? Nous n'avons trouvé aucune trace d'envoi – ni dans la correspondance ni dans la presse contemporaine. De toute façon, la situation du petit 'canton'[12] resta inchangée. Le 5 avril 1776, Voltaire avoue à Dupont de Nemours: 'Je conçois bien, Monsieur, que le fruit de l'arbre de la liberté n'est pas assez mûr pour être mangé par les habitants de Chézery et qu'ils auront la consolation d'aller au ciel en mourant de faim dans l'esclavage des moines bernardins'.[13] L'éloignement de Turgot le 13 mai 1776 rendra définitivement vain l'appel direct lancé par le philosophe.

2. *Choix du texte de base*

En l'absence d'une édition séparée, nous nous reportons à l'édition de Kehl, dans laquelle la pièce figure au tome 12 du *Recueil des lettres* (t.63 des *OCV*) sous la date de 1776.

3. *Edition*

De plus amples informations sur les éditions collectives se trouvent ci-dessous, p.339-41.

K84

Tome 63 (*Recueil des lettres de M. de Voltaire, Correspondance générale*, tome 12): Lettre LXXXIX 161-62 Au Même.

Cette lettre ('Au Même') suit la lettre *A M. Turgot* du 13 janvier 1776 et précède la lettre *A M. Bailly* du 19 janvier.

4. *Principes de cette édition*

Nous respectons la ponctuation et l'orthographe des noms propres.

---

[12] D19886, 28 janv[ier] 1776, à Louis-Gaspard Fabry.
[13] D20043.

Les aspects suivants de l'orthographe et de la grammaire ont été modifiés selon l'usage moderne.

1. Consonnes

— absence de la consonne *t*: habitans.

2. Le trait d'union

— il est présent dans: très-humblement.

3. Emploi de la majuscule:

— absence de majuscule dans: français (substantif de nationalité).

SUPPLIQUE À M. TURGOT

Les habitants de la vallée de Chézery et de Lellex au mont Jura, frontière du royaume,[1] représentent très humblement qu'ils sont serfs des moines bernardins établis à Chézery.[2]

Que leur pays appartenait à la Savoie, avant l'échange de 1760.[3]

Que le roi de Sardaigne, duc de Savoie, abolit la servitude en 1762,[4] et qu'ils ne sont aujourd'hui esclaves de moines que parce qu'ils sont devenus Français.

[1] C'est la vallée de la Valserine. Située au pied du Crêt-de-Chalam, Chézery est aujourd'hui, comme Lélex, une commune du département de l'Ain, arrondissement de Gex.

[2] L'abbaye cistercienne de Chézery date du douzième siècle. Elle exerça une grande influence sur la région réputée hostile, les moines ayant été à l'origine du défrichement de la vallée, de la création d'alpages et de l'installation d'une population permanente. Elle fut détruite au cours de la Révolution en 1793 par les Chézerands qui, étant encore serfs, envahirent et pillèrent le monastère.

[3] Allusion au traité de délimitation conclu entre le roi de France et le roi de Sardaigne à Turin le 24 mars 1760: 'Ce traité donne de nouvelles limites à la France du côté de la Savoie et du Piémont depuis les environs de Genève le long du Rhône etc. jusqu'à l'embouchure du Var. Ces limites sont dirigées naturellement, sans enclaves, par les rivières et les montagnes. Pour y parvenir, les deux rois ont échangé des territoires contre d'autres' (Lelong, *Bibliothèque historique de la France*, Paris, 1719, n° 2277). Voir *Requête au Roi pour les serfs de Saint-Claude, etc.*; *Lettre du révérend père Polycarpe, prieur des bernardins de Chézery, à M. l'avocat général Séguier*, ci-dessous; et les deux lettres de Voltaire du 26 janvier 1776, D19882 et D19946.

[4] Voltaire invoque ce précédent de Charles-Emmanuel III dès sa première requête (*Au roi en son conseil* [...], *OCV*, t.72, n.a) et se plaît à le rappeler (voir *Extrait d'un mémoire pour l'entière abolition de la servitude en France*, *M*, t.29). Préparé par une commission constituée en 1758, l'édit est du 20 janvier 1762: le roi affranchit gratis ses propres serfs et, 'pour encourager les taillables de ses seigneurs à jouir de la liberté, il renonça au droit perçu par les finances qui s'élevait à la moitié du prix des affranchissements'. Mais, bien que le taillable pût contraindre son seigneur à l'affranchir et que l'absence de droits fiscaux favorisât les contrats, l'édit n'eut pas grand succès – ce demi-échec venant parfois de l'hostilité du haut clergé, plus généralement du paysan lui-même qui, s'il acquérait par l'affranchissement la liberté de tester, demeurait contraint du fait du maintien de la taille réelle. D'où un second édit du 19 décembre 1771: l'abolition de la taillabilité réelle complète celle de la

Ils informent monseigneur que, tandis qu'il abolit les corvées en France,[5] le couvent des bernardins de Chézery leur ordonne de travailler par corvées aux embellissements de cette seigneurie, et   10 leur impose des travaux qui surpassent leurs forces, et qui ruinent leur santé.

Ils se jettent aux pieds du père du peuple.

taillabilité personnelle et se trouve prolongée par l'abolition de tous les droits seigneuriaux (voir *L'Abolition des droits seigneuriaux en Savoie (1761-1793)*, documents publiés par Max Bruchet, Annecy, 1908, p.lxii-lxvi).

[5] C'est, après l'édit du 13 septembre 1774 relatif à la liberté du commerce des grains, la seconde grande réforme de Turgot: l'édit, donné à Versailles en février 1776, registré en Parlement le 12 mars et qui souligne, dans son préambule, l'injustice de faire contribuer ceux qui n'ont rien à la confection de chemins dont profite la classe des propriétaires, supprime les corvées et les remplace par une contribution territoriale additionnelle aux vingtièmes et frappant donc ceux des privilégiés qui étaient déjà soumis aux vingtièmes. On sait que les privilégiés renversèrent Turgot et que la corvée en nature fut rétablie par la déclaration du 11 août 1776.

Lettre du révérend père Polycarpe, prieur des bernardins de Chézery, à M. l'avocat général Séguier

Edition critique

par

Robert Granderoute

TABLE DES MATIÈRES

INTRODUCTION

1. *Circonstances de composition*

Tandis qu'à la suite de l'arrêt du parlement de Besançon du 19 août 1775 qui a condamné les serfs du Mont-Jura 'aux dépens et à la servitude',[1] Voltaire place sa confiance dans le roi et ses deux ministres philosophes, Turgot et Malesherbes, et songe à les solliciter en faveur d'une abolition générale de la mainmorte,[2] une alerte est lancée dans les derniers jours de février 1776 avec la condamnation des *Inconvénients des droits féodaux* prononcée le 23 février par le Parlement de Paris sur réquisitoire de l'avocat général Antoine-Louis Séguier.[3] L'auteur est non Voltaire, comme a pu d'abord le croire Frédéric II,[4] mais Pierre-François Boncerf (1745-1794), reçu avocat au parlement de Besançon en 1770 et, depuis 1774, premier commis de Turgot. Chargé par celui-ci d'un travail sur la nature du domaine et sur la recherche des formes et des moyens de l'aliéner, Boncerf, qui, en faisant ses cours de droit à Besançon, s'est particulièrement intéressé aux questions de droit naturel et politique, remet au ministre quelques pages sur le régime féodal, et Turgot, frappé de l'idée d'une abolition, engage son commis à mettre par écrit et à publier ses vues.[5] Rédigé en deux

---

[1] D19624, 24 août 1775, à D'Alembert.

[2] Voir *Requête au roi pour les serfs de Saint-Claude, etc.* et *Extrait d'un mémoire pour l'entière abolition de la servitude en France*, M, t.29 et 30.

[3] Né en 1726, avocat du roi au Châtelet en 1748, il est nommé avocat général au Grand Conseil en 1751, puis, en 1755, au Parlement de Paris où il occupera cette fonction jusqu'à la Révolution. Adversaire des philosophes (on se souvient qu'il demanda en février 1759 la suppression de l'*Encyclopédie*, et, en 1770, la condamnation de sept ouvrages dont le *Système de la nature* de d'Holbach), il s'affirme un ardent défenseur des privilèges et un ennemi déterminé des réformes en s'opposant à l'enregistrement des édits de Turgot.

[4] 'Tandis que le Parlement qui radote vous brûle à Paris' (D20007).

[5] Né à Chazault en Franche-Comté (aujourd'hui Chazot dans le Doubs), Boncerf a laissé différents ouvrages relatifs notamment à l'agriculture. Lorsqu'il quitte sa

matinées, l'ouvrage, qui propose le rachat des droits féodaux moyennant une somme représentative du capital,[6] qui attribue au roi sur ses domaines l'initiative de l'opération appelée à être bientôt imitée, et qui s'attache à en montrer les avantages tant pour les seigneurs que pour les vassaux,[7] est imprimé après approbation d'un censeur, Charles Coquelet de Chaussepierre,[8] et avec l'accord du garde des sceaux. Mais il est peu après dénoncé au Parlement de Paris par Louis-François de Bourbon, prince de Conti. L'enjeu paraît si considérable que toutes les chambres sont assemblées et les princes et pairs convoqués. La séance qui a lieu le 23 février est longue, car il s'agit d'infliger des peines corporelles à l'auteur, au libraire et au censeur. Mandé et interrogé, le libraire se justifie en arguant de l'approbation obtenue. Cependant l'édition est saisie[9] et l'écrit est, le 24 février, conformément à l'arrêt de la veille,[10] lacéré et brûlé aux pieds du grand escalier du Palais par l'exécuteur de la

---

place de commis, il se retire en Normandie, dans la vallée d'Auge, où il compose un *Mémoire* sur l'assèchement des marais. Lié au duc d'Orléans dont il est secrétaire quand commence la Révolution, il devient officier municipal de la commune de Paris et manque de peu d'être guillotiné sous la Terreur après l'exécution de Philippe Egalité: il échappe au couperet grâce à son livre des *Inconvénients des droits féodaux* qu'il a l'habileté d'invoquer; mais il meurt au début de l'année suivante (1794).

[6] A raison du denier 50 ou 60: *Les Inconvénients des droits féodaux ou réponse d'un avocat au Parlement de Paris, à plusieurs vassaux des Seigneuries de ... de ... etc.* (s.l.n.d.), p.11.

[7] Boncerf oppose les 'médiocres produits' que procurent les droits féodaux aux innombrables embarras, difficultés, procès dont pâtissent les deux parties (*Les Inconvénients des droits féodaux*, p.23).

[8] Sur ce censeur spécialisé dans le domaine de la jurisprudence, avocat au Parlement de Paris et garde des Archives du Louvre, voir *Dictionnaire des journaux (1600-1789)*, éd. J. Sgard (Oxford, 1999), t.1, notice 191.

[9] L'ouvrage paraît anonyme et ne porte aucune mention de lieu.

[10] La brochure est condamnée 'comme injurieuse aux lois et coutumes de la France, aux droits sacrés et inaliénables de la Couronne, et au droit des propriétés des particuliers et comme tendant à ébranler toute la constitution de la monarchie en soulevant tous les vassaux contre leurs seigneurs et contre le roi même, en leur présentant tous les droits féodaux et domaniaux comme autant d'usurpations, de vexations et de violences également odieuses et ridicules et en leur suggérant les

Haute-Justice en présence de maître Isabeau, cependant qu'un décret est pris contre le censeur et l'auteur[11] avant que le roi ne fasse défense au Parlement de s'occuper de l'affaire davantage et ne casse par un arrêt du Conseil celui du Parlement.[12] Le 1er mars 1776, les *Mémoires secrets*[13] ne conçoivent pas comment les parlementaires ont pu condamner au feu 'ce petit écrit, tout au plus dans le cas d'être supprimé, ou, pour mieux dire, ne contenant que des raisonnements fort sensés, des réflexions, des opinions, un système toujours soumis respectueusement à la sagesse et aux lumières du législateur'. Et de souligner que le sort fait au livre lui 'donne de la vogue et le fait renchérir'.[14]

---

prétendus moyens de les abolir qui sont aussi contraires au respect dû au roi et à ses ministres qu'à la tranquillité du royaume' (*Arrest de la Cour de Parlement* [...] *Extrait des registres du Parlement du 23 février 1776*, Paris, 1776, p.6). Voir *Mémoires secrets*, t.9, p.56-57 (2 mars 1776).

[11] Boncerf reçoit une lettre de cachet pour se rendre à Versailles, est menacé de scellés dans sa maison et de l'annotation de ses biens.

[12] Voir, à ce propos, la 'Préface historique' de l'édition de 1791 (s.l.) des *Inconvénients des droits féodaux*, p.i-vi. Par-delà l'intervention du roi, il est intéressant de signaler que, dès le 30 mars 1776, dans un arrêt rendu toutes Chambres assemblées, le Parlement, 'considérant qu'il importe à la tranquillité publique de maintenir de plus en plus les principes anciens et immuables qui doivent servir de règle à la conduite des peuples et que quelques esprits inquiets ont paru vouloir altérer en essayant de répandre des opinions systématiques et des spéculations dangereuses', ordonne 'à tous les sujets du roi, censitaires, vassaux et justiciables des seigneurs particuliers de continuer, comme par le passé, à s'acquitter soit envers ledit seigneur roi, soit envers leurs seigneurs particuliers des droits et devoirs dont ils sont tenus à leur égard selon les ordonnances du royaume, déclarations et lettres-patentes du roi dûment vérifiées, registrées et publiées en la Cour, coutumes générales et locales, reçues et autorisées, titres particuliers et possessions valables des seigneurs'. Et l'arrêt de défendre 'd'exciter soit par des propos, soit par des écrits indiscrets, à aucune innovation contraire auxdits droits et usages' sous peine de poursuites (*Extrait des registres du Parlement du samedi 30 mars 1776*).

[13] T.9, p.55.

[14] 'Malgré la proscription', les éditions se multiplient (*Mémoires secrets*, t.10, p.10, 16 janvier 1777). La 'Préface historique' de l'édition de 1791 précise: 'Toutes les villes et provinces voulurent connaître l'écrit qui avait occasionné tout ce bruit; il

Dès qu'il apprend la nouvelle, Voltaire réagit vivement: 'Je suis pétrifié d'étonnement et de douleur', écrit-il, le 5 mars, à l'avocat des serfs, Charles Frédéric Gabriel Christin, car *Les Inconvénients,* 'cet examen sage et savant, ce code plein d'humanité', propre à soulager le peuple et à assurer le bien de l'Etat, lui paraissaient comme un 'préliminaire de la justice que le roi pouvait rendre à ses sujets les plus utiles'.[15] Le lendemain, il se désole auprès de Condorcet: 'Les monstres noirs [...] viennent de faire brûler par leur bourreau le livre le plus sage et le plus patriotique que j'aie jamais lu sur les corvées, sur toutes les oppressions que le peuple souffre et que notre grand homme veut détruire.'[16] Il se récrie également dans une lettre du 6 mars à Jean de Vaines, premier commis du Contrôle général des finances sous Turgot:[17] 'Il est clair, Monsieur, que c'est faire brûler par le bourreau les édits du roi que de faire brûler cette brochure intitulée *Les Inconvénients des droits féodaux.* Cette brochure ne contient, à ce qu'il me paraît, que les principes de Monsieur Turgot, l'abolissement des corvées, le soulagement du peuple, et le bien de l'Etat.'[18]

s'en fit quatre éditions dans la Bretagne seule; le régiment du roi en fit faire une à Nancy [...]. A Lyon, on imprima en marge le réquisitoire de l'arrêt; à Bar, on y joignit le livre des fiefs de Montesquieu.' Signalons la 'nouvelle édition' (Londres, 1776) 'augmentée de fragmens sur l'origine des droits féodaux et de l'examen de la règle: nulle terre sans seigneur [...], par M. Francaleu' et que, selon les *Mémoires secrets,* les additions rendent 'encore plus curieuse': 'On y prouve qu'il est aisé de concevoir que les droits féodaux ne sont qu'une servitude travestie et ne doivent leur origine et leur existence qu'à la force [...]. Quant à la règle: *Nulle terre sans seigneur,* l'écrivain la qualifie d'*un simple brocard de droit* [...]. Enfin, dans les notes, on conteste le principe de l'inaliénabilité des domaines de la couronne et l'on en fait voir l'absurdité sous certains rapports' (*Mémoires secrets,* t.10, p.10-11). La 'Préface' de l'édition de 1791 ne manque pas de souligner l'influence historique du livre dont les 'principes' furent, par l'effet même de la persécution, répandus et 'adoptés': 'Ils ont mis la nation en état de demander et l'Assemblée nationale en état de prononcer l'abolition du régime féodal'.

15 D19968.
16 D19970.
17 Il le restera sous Necker.
18 D19971.

Le 8 mars, c'est à Boncerf lui-même qu'il s'adresse. Il loue 'l'excellent ouvrage', 'les vues de l'auteur' propres à 'contribuer au bonheur des peuples et à la gloire du roi' et 'conformes aux projets et à la conduite du meilleur ministre que la France ait jamais eu à la tête des finances'. Amer, désabusé, il en vient à déclarer, dans un accès d'humour noir, que 'l'idée de faire du bien aux hommes est absurde et criminelle' et que Boncerf a été 'justement puni de penser comme M. Turgot et comme le roi'.[19] Cette lettre est diffusée dans la capitale, ainsi que le rappelle Voltaire dans une missive du 3 avril 1776 adressée à Condorcet ('On a fait courir dans Paris une lettre que j'avais écrite à M. Boncerf le brûlé. Je ne m'en défends pas, si on l'a donnée telle que je l'écrivis'),[20] et est même imprimée.[21] Boncerf le reconnaît quand, le 21 mars, écrivant à Pierre Gosse et fils, rédacteurs de la *Gazette de La Haye*, il déclare qu''on a abusé' de sa confiance 'pour prendre copie d'une lettre' que lui a écrite Voltaire le 8 mars. 'On a poussé l'indiscrétion', précise-t-il, 'jusqu'à la faire imprimer'. Informé à temps, il a fait 'enlever l'édition'. Mais craignant que des exemplaires ou copies aient pu échapper à ses recherches, il demande à ses correspondants de 'ne point donner place dans [leur] ouvrage à cette lettre'. Car, dit-il, 'ce serait aller contre l'intention de l'auteur et de la mienne' et aussi 'contre celle du gouvernement'.[22] D'ailleurs, de Versailles, Vergennes[23] signale lui-même, le 24 mars, à l'abbé Etienne-Jules Gastebois Desnoyers, secrétaire de l'ambassade française à La Haye,[24] qu'on a imprimé à Paris une lettre de Voltaire à l'auteur de la brochure sur les *Droits féodaux* et que l'éditeur 'en a

---

[19] D19974.
[20] D20042.
[21] On n'en connaît aucun exemplaire imprimé.
[22] D20016.
[23] Charles Gravier comte de Vergennes remplace en 1774 le duc d'Aiguillon, ministre des Affaires étrangères depuis 1771. Vergennes restera ministre des Affaires étrangères jusqu'à sa mort (13 février 1787).
[24] Il est secrétaire de 1772 à 1776; en 1777, le nouveau chargé d'affaires se nomme Bérenger.

retiré tous les exemplaires en vertu d'ordres supérieurs'. 'Cependant', poursuit-il, 'comme il est possible qu'il en existe encore quelques-uns ou qu'on en ait tiré des copies, et qu'on les ait fait passer à l'étranger pour les faire insérer dans les gazettes ou autres feuilles périodiques, vous voudrez bien prendre toutes les précautions qui dépendront de vous pour empêcher cette insertion.'[25] Le 30 mars, Gastebois Desnoyers écrit de La Haye à la *Gazette d'Amsterdam* pour prévenir la demande qui pourrait être faite au journal d'insérer la lettre de Voltaire: 'La crainte que quelques copies ne pénètrent plus loin que Paris m'engage, d'après les instructions que j'ai reçues, à vous prier non seulement de me renvoyer ce qui vous parviendrait de semblable, mais encore de soustraire par la sagesse de vos conseils les libraires de votre connaissance et qui doivent avoir en vous la même confiance qu'en moi au péril et au peu de profit de violer les lois de la prudence particulière et de la justice publique.'[26] Et, le 2 avril, il répond à Vergennes, lui transmet une copie de la lettre envoyée au directeur de la publication périodique[27] et y joint la copie de la lettre de Boncerf adressée au gazetier de La Haye.[28] Il indique qu'il s'est refusé à prendre la voie de l'autorité et à alerter les magistrats des villes alors rassemblés aux Etats Généraux et aux Etats de la province afin d'éviter l'éclat et de ne pas répondre peut-être au désir 'de quelques écrivains en France'. En post-scriptum, il précise que la lettre de Voltaire a effectivement été envoyée aux gazetiers des différentes villes de Hollande puisqu'il vient de recevoir un certain nombre d'exemplaires que lui ont remis plusieurs de ces gazetiers.[29]

Voltaire a-t-il songé directement à une publication dans les gazettes hollandaises? Le 17 avril, il reconnaît que Boncerf ne devait pas faire courir sa lettre et qu'il n'a pas montré 'autant de

[25] D20023.
[26] D20038.
[27] Il a alerté d'autres journaux.
[28] D20016.
[29] D20045.

circonspection que de philosophie et de vertu'; mais, ajoute-t-il, 'après tout, que pourra-t-on y avoir vu de si dangereux? J'ai pensé précisément comme le roi, il n'y a pas là de quoi se désespérer'. [30] Contrairement à ce que prétend le philosophe, Louis XVI n'alla pas jusqu'à interdire au Parlement de dénoncer les livres et jusqu'à affirmer que 'ces dénonciations n'appartenaient qu'à son procureur général qui même ne pouvait le faire qu'après avoir pris ses ordres'. [31] Mais le pouvoir empêcha que l'auteur des *Inconvénients des droits féodaux* ne fût poursuivi. Comme le note Condorcet, [32] l'intervention du Parlement correspondait à l'une de ces entreprises auxquelles certains ministres n'étaient pas étrangers et qui étaient destinées à faire en sorte que Turgot ne pût 'sauver la nation'. Les *Mémoires secrets*, qui invitent à juger 'à quel degré les têtes du Parlement sont exaltées' par le parti violent adopté contre la brochure, soulignent combien est hostile aux économistes le réquisitoire de Séguier enclin à les présenter, à travers injures et déclamations, comme 'des perturbateurs de l'Etat', comme 'un parti méditant secrètement sa subversion, y travaillant sans relâche, et dont il faut réprimer les écarts et les excès'. [33]

C'est dans ce contexte que Voltaire, surpris, indigné, plein de rage contre 'Messieurs', contre 'les fichus pères', [34] prompt à partager le sentiment de Condorcet sur l'avocat général ('Ce Séguier est un des plus vils coquins que nous ayons à Paris. Il ressemble au Wasp de *L'Ecossaise* qui ne mordait que par instinct de bassesse'), [35] en vient à composer la *Lettre du révérend père*

[30] D20071, à Mme de Saint-Julien. Voir J. Vercruysse, 'Turgot et Vergennes contre la lettre de Voltaire à Boncerf', *SVEC* 57 (1969), p.65-71; F. Moureau, *La Plume et le plomb* (Paris, 2006), p.446.

[31] D19986. Voir aussi D19985, D19989, D20009.

[32] Sur le manuscrit.

[33] *Mémoires secrets*, t.9, p.55 (1er mars 1776), et p.57 (2 mars).

[34] D20072, 19 avril 1776, au comte d'Argental. Expression empruntée à une chanson du Pont-Neuf: 'Ô les fichus pères, oh gai! / Ô les fichus pères' (voir également D20042, 3 avril 1776, à Condorcet).

[35] D19973. Rappelons que Wasp est la traduction anglaise de 'Frelon', surnom de Fréron.

Polycarpe, prieur des bernardins de Chézery, à M. l'avocat général Séguier et la *Lettre d'un bénédictin de Franche-Comté à M. l'avocat général Séguier*, deux libelles vengeurs. Sans doute la rédaction doit-elle être placée dans le courant de mars, car, le 3 avril 1776, Louise-Suzanne Gallatin envoie au landgrave Frédéric de Hesse-Cassel 'deux petits ouvrages de notre ami' qui, précise-t-elle, ne 'peuvent être plus nouveaux': il s'agit des deux lettres.[36]

2. *Les avantages des droits féodaux ou de l'art d'ironiser*

Quand il rédige la *Lettre du révérend père Polycarpe*, adressée nommément à Séguier, Voltaire a bien sûr sous les yeux le réquisitoire de l'avocat général – ce réquisitoire 'fort verbeux, fort emphatique', selon les *Mémoires secrets*,[37] et qui, ainsi que le remarque Condorcet,[38] donne au livre de Boncerf des 'qualifications' surprenantes; et il ne manque pas d'en extraire des passages caractéristiques. Il a évidemment aussi sous les yeux *Les Inconvénients des droits féodaux* et profite de l'argumentation avancée. D'autre part, comme dans des brochures précédentes (on pense notamment à la *Requête pour les serfs de Saint-Claude, etc.*), il se reporte à l'*Histoire de France depuis l'établissement de la monarchie jusqu'au règne de Louis XIV* de l'abbé Velly, continuée par Claude Villaret et Jean-Jacques Garnier:[39] les faits historiques qu'il leur emprunte sont accompagnés en note de références précises et exactes. Avec le même souci de précision et d'exactitude, il renvoie également à des œuvres de juristes (Cujas, d'Argentré, Dumoulin)

---

[36] Cité par F. Deloffre, à propos de la lettre de Voltaire à Coindé du 3 avril 1776 (D20041). *Correspondance*, éd. La Pléiade, t.12, p.1117, lettre 14572, n.1.

[37] T.9, p.57 (2 mars 1776).

[38] D19973.

[39] Commencée par Paul-François Velly, auteur des tomes 1-8, cette *Histoire* comprend 30 volumes au total (Paris, 1755-1786): à Villaret reviennent les tomes 9-16, à Garnier les tomes 17-30. L'ouvrage a été l'objet de nombreuses réimpressions et de nouvelles éditions.

ou à des textes législatifs, telle l'ordonnance de Louis XIV d'avril 1667. Mais, tout en brassant ces éléments tirés des sources, l'opuscule voltairien, il va sans dire, les dépasse et se distingue par son tour et son orientation propres. Dans la série des écrits relatifs aux serfs du Mont-Jura, le philosophe qui, on l'a vu, a recouru à des modes divers de présentation, d'allure juridique (*Requête au roi, Nouvelle requête au roi, Supplique des serfs de Saint-Claude à M. le Chancelier*), historique (*Au roi en son conseil*), narrative (*La Voix du curé*), retient ici un genre qu'il a eu maintes fois l'occasion d'exploiter au cours de sa longue carrière, le genre épistolaire. Il imagine en effet que le prieur du couvent de Chézery écrit à Antoine-Louis Séguier à la suite de la lecture, au sein du chapitre, du réquisitoire de l'avocat général prononcé contre l'ouvrage de Boncerf. Et le religieux de communiquer, dans un élan de spontanéité mêlé de gratitude, ses impressions et ses réactions. La fiction est habile: construit à la première personne du singulier – une personne que le titre désigne d'un nom significatif et savoureux, issu des substantif et adjectif grecs 'polycarpia' (c'est-à-dire abondance de fruits), 'polycarpos' (très abondant en fruits),[40] le développement permet de faire entendre directement la voix des tenants du servage et, de la sorte, d'entonner un vif éloge de cet état que Voltaire combat depuis tant d'années. Jeu d'ironie soutenu non sans brio: au mouvement d'indignation et de révolte que l'écrivain engagé a pu exprimer ailleurs se substitue ici, en des arabesques variées, un panégyrique de la situation.

Ce panégyrique s'organise autour du réquisitoire de l'avocat général dont des citations bien choisies émaillent la *Lettre*. Le père abbé ne cache pas son enthousiasme et il vante autant la forme oratoire, illustrée notamment à travers la retranscription d'une comparaison prolongée et hyperbolique, que le fond de

---

[40] Dans l'article 'Amour socratique' des *Questions sur l'Encyclopédie*, Voltaire a l'occasion d'évoquer un révérend père Polycarpe, carme déchaussé de la petite ville de Gex (*OCV*, t.38, p.258-67).

l'argumentation – de la légitimité des droits féodaux à la reconnaissance de la valeur des coutumes présentées comme le résultat d'un consensus des différents ordres. Sous l'effet de son exaltation, il n'hésite pas d'ailleurs lui-même à renchérir et va jusqu'à déclarer le servage conforme non seulement au droit, mais également à la religion! L'ouvrage de Boncerf, qui pourtant, comme il le rappelle, propose la solution d'un accord amiable et équitable entre maîtres et serfs, devient sous sa plume un brûlot révolutionnaire, attentatoire au régime monarchique, juste objet d'un autodafé.

L'ironie se prolonge lorsque le rédacteur de la *Lettre* recense, témoignages d'historiens à l'appui, les actes royaux qui ont visé à accorder au fil des siècles la liberté aux habitants de France: l'énumération de ces actes successifs d'affranchissement, dont Voltaire a d'ailleurs déjà fait état, [41] conduit en la circonstance à des réactions non d'approbation et de reconnaissance sensible, mais de désolation, de chagrin, d'appréhension, d'effroi, dont l'ardeur et la vivacité sont soutenues par la vigueur du vocabulaire et l'insistance du tour de l'anaphore ('j'ai lu'). On ne s'étonne pas dès lors que le prieur en vienne à se féliciter du transfert récent du territoire de la Savoie à la France grâce auquel les habitants ont pu échapper au ... malheur de la libération accordée par le roi de Sardaigne!

Avec l'évocation des mesures prises par Charles-Emmanuel III, la tonalité ironique ne se relâche pas. Le prieur, en effet, en vient à reconnaître, pour s'en indigner et s'en scandaliser, que l'indemnisation donnée aux propriétaires produit un bénéfice égal au bénéfice actuel qui, lui, est obtenu au prix de procès répétés lesquels du reste tendent à entraîner, outre la misère et le dénuement des serfs, la ruine même des maîtres. Raisonnement absurde qui précise la silhouette du personnage: Voltaire s'amuse à esquisser un être qui allie à des sentiments odieux et inhumains l'aveuglement et la sottise.

---

[41] Voir, par exemple, *Requête au roi pour les serfs de Saint-Claude, etc.* (*M*, t.30).

Mais le comble de l'ironie semble être atteint lorsque, dans les derniers paragraphes de sa *Lettre*, le Révérend Père n'hésite pas à avancer, au titre de justification du maintien du servage, l'intérêt exclusif de deux groupes sociaux, le personnel de justice, d'une part, qui tire profit des contestations judiciaires multipliées, et les membres du parlement, d'autre part, dont bon nombre sont possesseurs de fiefs et jouissent de l'usage d'être, tout en étant parties, juges en matière de droits féodaux, juges partiaux évidemment. Ce trait final laisse deviner la profonde irritation du philosophe contre les parlementaires rappelés par Maurepas, ces 'monstres noirs' qui ont fait brûler 'le livre le plus sage et le plus patriotique' et qui ne cherchent qu'à 'écraser' 'un contrôleur général qui a pitié du peuple'. [42]

Cependant, soulignons-le, Voltaire suspend, au cœur de la *Lettre*, son exercice ironique. Il suppose qu'un des auditeurs interrompt le prieur dans sa lecture et apporte la contradiction. Plutôt qu'un moine, il imagine un 'curé': avec cet ecclésiastique, l'auteur de *La Voix du curé* reprend un type qu'il a précédemment mis en scène. Mais ici ce représentant du bas clergé n'est pas le curé naïf, candide, qui, dans l'opuscule antérieur, s'étonnait, niait, puis, peu à peu, découvrait la triste réalité, c'est un curé informé, instruit, capable de citer, dans un mouvement d'énumération et d'accumulation en parallélisme et en correspondance avec celui de son antagoniste, d'illustres jurisconsultes à l'appui desquels il renverse sans peine la position du prieur et montre que la coutume répond à la seule volonté et au seul bénéfice des privilégiés (qui en sont les auteurs exclusifs) et se révèle un défi à la raison, à l'équité et à l'humanité.

Cette structure antithétique n'est pas dénuée d'adresse. Voltaire dessine une sorte de face à face: adversaires et partisans du servage se mesurent et s'affrontent et opposent argument à argument. Pourtant, de ce texte à deux voix, l'une domine assurément: celle

---

[42] D19964 (1er mars 1776, à Jean-François de La Harpe) et D19971 (6 mars 1776, à Jean de Vaines).

du rédacteur de la missive. Certes le développement central de la *Lettre* revient au curé 'anti-esclavagiste', autrement dit, au porte-parole de Voltaire, et énonce sans détour l'essentiel du message philosophique. Mais c'est le supérieur du couvent qui s'exprime le plus longuement, qui fait valoir ses opinions avec le plus de fougue et d'abondance, et qui ouvre et ferme le développement. Ce n'est pas ici tant la critique et la dénonciation qui importent et que Voltaire a souvent formulée auparavant, c'est bien plutôt la défense acharnée et obstinée de l'institution existante, une défense qui est assurée de telle sorte que, par ses excès, ses affirmations mons-trueuses et révoltantes, ses absurdités, elle tombe d'elle-même aux yeux du lecteur raisonnable. Tant Voltaire exploite avec maîtrise et avec art toutes les ressources de l'ironie, de l'antiphrase à la contre-vérité, de l'illogisme au non-sens. Recourant aux procédés de la simplification et de l'outrance, il compose un portrait qui fait figure de repoussoir. En dehors de son défaut d'esprit et de jugement, le personnage révèle les traits les plus détestables et les plus opposés à son état de religieux; ce qui frappe, en effet, chez lui, c'est l'amour du pouvoir, de l'autorité et de la tyrannie, un attachement irréductible à une situation d'iniquité, un authentique sadisme souligné à travers l'aveu de la jouissance qu'il tire du malheur des hommes dont il est la cause. En quelques touches rapides, mais suggestives, Voltaire réussit à caricaturer l'adversaire, et l'éloge que celui-ci entend faire du servage tourne à l'anti-éloge. Cette manière de pourfendre la condition mainmortable, distincte du mode de la stigmatisation directe employé dans des textes antérieurs, s'affirme, dans le cadre du combat en faveur de la liberté, de la justice et de l'humanité, d'une efficacité polémique particulière et assure à l'opuscule toute son originalité.

3. *Choix du texte de base*

Nous n'avons pas trouvé d'édition séparée de la *Lettre du révérend père Polycarpe*. Nous n'avons relevé aucune indication susceptible de nous éclairer sur la publication ni dans la correspondance de / à Voltaire ni non plus dans les journaux et mémoires du temps que nous avons consultés. Dans ses *Additions au Commentaire historique sur les œuvres de l'auteur de la Henriade*, Wagnière se contente de dire que Voltaire, 'en 1776 et 1777', composa 'la *Requête au Roi pour les habitants du Mont-Jura, serfs des chanoines de Saint-Claude* et divers autres petits écrits sur cette affaire à laquelle il s'intéressa beaucoup'. [43]

Faute d'édition séparée, nous nous reportons à l'édition de Kehl qui, dans son troisième tome de *Mélanges littéraires*, a publié la *Lettre*.

En 1791, la *Lettre du révérend père Polycarpe* est réimprimée à la suite de la 'trente-deuxième édition' des *Inconvénients des droits féodaux* 'pour servir à l'histoire de l'abolition du régime féodal'. [44]

4. Editions

De plus amples informations sur les éditions collectives se trouvent ci-dessous, p.339-41.

K84

Tome 49: 362-69 Lettre du révérend père Polycarpe, prieur des bernardins de Chézery, à M. l'avocat-général Séguier.

SL91

LES INCONVÉNIENS / DES / DROITS FÉODAUX. / [*filet*] / *Inde mali labes*. VIRG. / [*filet*] / Ouvrage brûlé en 1776, en exécution de / l'Arrêt du Parlement du 23 Février, les / Chambres assemblées, les Princes et / Pairs y séant. / *Trente-deuxième Edition, pour servir à l'Histoire* / *de l'abolition du Régime Féodal.* / [*vignette*] / [*filet*] / 1791.

8°. π² a⁴ A-E⁸ F⁶ [F6 blanc] [\$4 signé en chiffres arabes]; pag.[*4*], viii, 90. Réclames par cahier.

---

[43] Jean-Louis Wagnière et Sébastien Longchamp, *Mémoires sur Voltaire et sur ses ouvrages*, 2 vol. (Paris, 1826), t.1, p.97. La composition de la *Requête* doit être en fait placée en 1775 (Voir *M*, t.30).

[44] L'édition reproduit également la lettre de Voltaire à Boncerf du 8 mars 1776.

[i] faux titre [ii] en blanc; [iii] titre; [iv] en blanc; [i]-vi: PRÉFACE HISTORIQUE; vii-viii: AVERTISSEMENT DE L'ÉDITEUR; 1-69 LES INCONVÉNIENS / DES / DROITS FÉODAUX, / OU / *RÉPONSE d'un Avocat au Parlement / de Paris, à plusieurs Vassaux des / Seigneuries de ... de ... etc.*; 70-77 ARRÊT / DE LA COUR / DE PARLEMENT, / *Qui condamne une Brochure intitulée*: / Les Inconvéniens des Droits féodaux, à / *être lacérée et brûlée au pied du grand / Escalier du Palais, par l'Exécuteur de / la Haute-Justice.* / EXTRAIT DES REGISTRES DU PARLEMENT. / *Du vingt-trois Février mil sept cent soixante-seize.* /; 78-79 COPIE / DE LA LETTRE / DE / M. DE VOLTAIRE, / à l'Auteur du Livre intitulé: *Les Inconvé / niens des Droits Féodaux.* / Du 8 Mars 1776. / 80-82 EXTRAIT / DES REGISTRES / DU PARLEMENT, / *Du Samedi trente Mars mil sept cent soixante-seize.* /; 83-90 [*filets gras-maigre*] / LETTRE / *Du Révérend père Policarpe, Prieur des / Bernardins de Chésery, à M. L'Avocat / général Séguier.*

Paris, BnF: F.36643; 8° Lb³⁹. 203 D.

5. *Principes de cette édition*

Nous avons jugé utile d'établir les variantes que présente l'édition de 1791 par rapport à l'édition Kehl à laquelle nous nous référons, comme nous l'avons dit, pour établir le texte. De l'édition Kehl, nous respectons la ponctuation; les seuls changements apportés sont les suivants:

- nous supprimons le point qui suit la date de 1776 placée après le titre.
- ligne 61: nous supprimons le point-virgule qui précède la fermeture des guillemets et ajoutons une virgule après ces guillemets.
- ligne 89: nous ajoutons des virgules précédant les trois derniers etc.
- note (*f*) de Voltaire: nous ajoutons une virgule après cod. (devenu code).

Traitement du texte de base

Nous respectons l'orthographe des noms propres sans toutefois reproduire l'italique employée.

En revanche, les titres suivants sont ici mis en italique: *Histoire de*

France (ligne 32, notes (*a*) et (*b*)), *Commentaire* (ligne 75), *Traité des fiefs* (ligne 78).

I. *Particularités de la graphie*
– Les aspects suivants de l'orthographe et de la grammaire ont été modifiés selon l'usage moderne.

1. Consonnes:
– absence du *t* dans: fondemens, habitans, ignorans, inconvéniens, monumens, tremblemens, turbulens.

2. Voyelles:
– *e* employé au lieu de -*ai*-: fesait.

3. Majuscule
– présence de majuscule dans: Code, DIEU.

4. Minuscule
– présence de minuscule dans: français, savoyards (substantifs de nationalité).

5. Trait d'union:
– employé dans: avocat-général, c'est-là, très-bien.

6. Elision:
– présente dans: quelqu' (ligne 139).

II. *Particularités d'accentuation*
– accent aigu employé au lieu du grave dans: priviléges.
– accent circonflexe employé au lieu du grave dans: glêbe.

III. *Divers*
– utilisation systématique de l'esperluette.
– note (*f*) de Voltaire: code est écrit cod.
– livre est écrit liv.
– page est écrit pag.
– saint est écrit S^t.
– titre est écrit tit. (notes (*f*), (*g*) et ligne 77).
– *urna dant* est écrit *urnadant*.

LETTRE DU RÉVÉREND PÈRE POLYCARPE, PRIEUR DES BERNARDINS DE CHÉZERY, A M. L'AVOCAT GÉNÉRAL SÉGUIER.

1776

J'ai lu, Monsieur, avec admiration votre éloquent plaidoyer contre cette abominable et détestable brochure des *Inconvénients des droits féodaux*; je tremblais pour le plus sacré de nos droits seigneuriaux, le plus convenable à des religieux, celui d'avoir des esclaves.[1] Hélas! nous avons failli à le perdre. Notre couvent et les terres qui   5 en dépendent étaient ci-devant enclavés dans les Etats du roi de Sardaigne; ce n'est que par le dernier traité de délimitation de 1760, qu'ils ont été unis au royaume de France.[2] Cette union est arrivée bien à propos. Si elle eût été différée de quelques années, cinq ou six mille serfs que nous possédons dans nos terres, seraient libres   10 aujourd'hui, en vertu de l'édit du feu roi de Sardaigne de 1762, et nous aurions été dépouillés de nos autres droits féodaux, en vertu

d SL91: [*date omise*]
8 SL91: elles ont été unies

---

[1] Voltaire n'a cessé de souligner dans ses opuscules antérieurs la contradiction qui existe entre le fait d'être disciple du Christ et apôtre de la charité et celui d'être maître de serfs (voir *EM*, t.1, p.777: 'Il est encore quelques cantons en France où le peuple est esclave, et, ce qui est aussi horrible que contradictoire, esclaves de moines'). Sur les *Inconvénients des droits féodaux*, voir notre introduction.

[2] Allusion au traité de délimitation conclu entre le roi de France et le roi de Sardaigne à Turin le 24 mars 1760: 'Ce traité donne de nouvelles limites à la France du côté de la Savoie et du Piémont depuis les environs de Genève le long du Rhône etc. jusqu'à l'embouchure du Var. Ces limites sont dirigées naturellement, sans enclaves, par les rivières et les montagnes. Pour y parvenir, les deux rois ont échangé des territoires contre d'autres' (Lelong, *Bibliothèque historique de la France*, n° 2277). Voir *Requête au roi pour les serfs de Saint-Claude, etc., M*, t.30, p.377 (ci-après *Requête au roi*); *Supplique à M. Turgot, ci-dessus*, n.3; D19882 et D19946.

233

d'un autre édit du même prince, du mois de décembre 1771.[3] Il est
vrai que nous aurions été indemnisés de la perte de ces droits; mais
cette indemnité n'aurait consisté qu'à nous faire payer en argent un 15
capital,[4] dont l'intérêt nous aurait produit, sans procès, le même
revenu que nous tirons de nos vassaux avec le secours des
procureurs et des huissiers;[5] et nous n'aurions point été dédom-
magés du plaisir de commander en maîtres à six mille esclaves;
nous ne jouirions pas de la consolation de ruiner toutes les années 20

[3] Voltaire ne cesse d'invoquer ce précédent de Charles-Emmanuel III (mort le
20 janvier 1773) qui abolit la mainmorte réelle et personnelle (*Au roi en son conseil*
[...], *OCV*, t.72, n.*a*; *Supplique à M. Turgot, ci-dessus*, n.4). Préparé par une
commission constituée en 1758, le premier édit est du 20 janvier 1762: le roi
affranchit gratis ses propres serfs et, 'pour encourager les taillables de ses seigneurs à
jouir de la liberté, il renonça au droit perçu par les finances qui s'élevait à la moitié du
prix des affranchissements'. Mais, bien que le taillable pût contraindre son seigneur à
l'affranchir et que l'absence de droits fiscaux favorisât les contrats, l'édit n'eut pas
grand succès – ce demi-échec venant parfois de l'hostilité du haut clergé, plus
généralement du paysan lui-même qui, s'il acquérait par l'affranchissement la liberté
de tester, demeurait contraint du fait du maintien de la taille réelle. D'où l'édit du
19 décembre 1771 à la préparation duquel œuvra le magistrat piémontais, fort estimé
en raison de ses compétences et de sa probité, Jean-Thomas-Dominique de Rossi,
comte de Tonengo, qui, substitut du procureur général de la Chambre des Comptes
de Turin, sera nommé en 1778 procureur général: l'abolition de la taillabilité réelle
complète celle de la taillabilité personnelle et se trouve prolongée par l'abolition de
tous les droits seigneuriaux. 'Cette abolition avait le caractère d'une expropriation
pour cause d'utilité publique', mais avec 'indemnité équitable, discutée contra-
dictoirement entre le seigneur et ses sujets' (*L'Abolition des droits seigneuriaux en
Savoie (1761-1793)*, documents publiés par Max Bruchet, Annecy, 1908, p.lxii-lxvi).
L'édition de 1791 présente ici la note suivante: 'Ces deux édits ont été pleinement
exécutés en Savoie. Tous les habitants de la campagne y bénissent le feu roi de
Sardaigne'.
[4] Mode de dédommagement retenu par Charles-Emmanuel III. Un autre mode
possible de dédommagement est la conversion de la mainmorte en d'autres
redevances (voir *Extrait d'un mémoire pour l'entière abolition de la servitude en
France, M*, t.29)
[5] La mainmorte est effectivement l'occasion de nombreux procès, ce que ne cache
pas François-Ignace Dunod de Charnage dans son *Traité de la mainmorte* (Dijon et
Besançon, 1733). Voltaire y revient plus loin en s'appuyant sur Boncerf.

une vingtaine de familles pour apprendre aux autres à nous obéir et à nous respecter.[6]

J'avais lu dans votre historien Mézerai, ces paroles qui vous feront frémir: 'La liberté de cette noble monarchie est si grande, que même son air la communique à ceux qui le respirent; et la majesté de nos rois est si auguste, qu'ils refusent de commander à des hommes s'ils ne sont libres'.[7]

J'avais lu ces autres paroles, non moins condamnables, prononcées dans l'assemblée des états de Tours par le chancelier de Rochefort: 'Vous ne doutez pas qu'il ne soit plus glorieux à nos monarques d'être rois des Francs que des serfs'. (*a*)

J'avais lu avec douleur dans votre nouvelle *Histoire de France*, 'que saint Louis s'occupa plus qu'aucun de ses prédécesseurs du soin d'étendre la liberté renaissante. Ce sage monarque, ami de Dieu et des hommes, ne connut, pendant tout le cours de son règne, d'autre satisfaction que celle de faire servir son pouvoir à jeter les fondements de la félicité publique. La misère, compagne inséparable de l'esclavage, disparut ainsi que l'oppression'. (*b*)

L'acte d'autorité par lequel la reine Blanche affranchit pendant

(*a*) *Histoire de France* par Garnier, tome XIX, page 290.[8]
(*b*) *Histoire de France*, tome XIX, page 191.[9]

[6] Réaction teintée de sadisme que le polémiste impute aux seigneurs ecclésiastiques.

[7] Citation rapportée par Villaret, continuateur, avant Jean-Jacques Garnier, de l'abbé Velly, dans l'*Histoire de France depuis l'établissement de la monarchie jusqu'au règne de Louis XIV* (voir ci-dessus, introduction, n.39), t.15 (1770), p.348. Catalogue Ferney 2910-11 (ci-après *Histoire de France*).

[8] *Histoire de France*, t.19 (1768), p.290. La harangue du chancelier est du 26 février 1484: 'Vous ne doutez point qu'il ne lui [le roi Charles VIII] soit plus glorieux d'être *roi des Francs que des serfs*'.

[9] *Histoire de France*, t.14 (1763), p.191-92. Entre 'félicité publique' et 'La misère', omission de la phrase suivante: 'Ses ordonnances attestent encore aujourd'hui son zèle infatigable à procurer, non tout le bien dont la législation était susceptible, mais tous les adoucissements que les circonstances lui permettaient d'opérer'.

sa régence les habitants de Chatenay, malgré les chanoines de   40
Notre-Dame de Paris, (*c*) ne me faisait pas moins de peine.
J'étais effrayé d'un arrêt rendu au quinzième siècle par le
parlement de Languedoc, portant que tout serf qui entrerait dans
le royaume, en criant *France*, serait dès ce moment affranchi. (*d*)

(*c*) *Ibid.* tome V, page 104. [10]
(*d*) *Ibid.* tome XV, page 348. [11]

[10] *Histoire de France*, t.5 (1758), p.102-104. L'abbé Velly rapporte l'épisode comme
un 'exemple de justice et de fermeté' de la régente: 'Le chapitre de Paris avait fait
emprisonner tous les habitants de Châtenay et de quelques autres lieux pour certaines
choses qu'on leur imputait et que la loi interdisait aux serfs. C'était son droit sans
doute, mais ce droit ne détruisait pas ceux de l'humanité. Cependant ces malheureux,
enfermés dans un noir cachot, manquaient des choses les plus nécessaires à la vie et se
voyaient en danger de mourir de faim. La régente, instruite de leur état, ne put leur
refuser les sentiments de la plus tendre compassion. Elle envoya prier les chanoines
de vouloir bien en sa faveur, sous caution néanmoins, relâcher ces infortunés colons,
promettant d'informer de tout, et de leur faire toute sorte de justice. Ceux-ci piqués
peut-être qu'une femme leur fît des leçons d'une vertu qu'eux-mêmes auraient dû
prêcher aux autres, ou, ce qui est plus vraisemblable, trop prévenus de l'obligation de
soutenir les prétendus privilèges de leur Eglise, répondirent avec fierté qu'ils ne
devaient compte à personne de leur conduite vis-à-vis de leurs sujets, sur lesquels ils
avaient droit de vie et de mort. En même temps, comme pour insulter à l'illustre
protectrice de ces pauvres esclaves, ils ordonnent d'aller prendre leurs enfants et
leurs femmes qu'ils avaient d'abord épargnés, les font traîner impitoyablement dans
le même cachot et les traitent de façon qu'il en mourût un grand nombre, soit de
misère, soit de l'infection d'un lieu capable à peine de les contenir. La reine, indignée
de l'insolence et de la barbarie, ne crut pas devoir respecter des prérogatives qui
dégénéraient en abus et favorisaient la plus horrible tyrannie. Elle se transporte à la
prison, commande de l'enfoncer, donne elle-même le premier coup pour animer ceux
qui pouvaient être retenus par la crainte des censures si communes en ces temps-là; et
dans l'instant les portes sont forcées.' Blanche assure sa protection aux malheureux,
fait saisir les biens du chapitre, et les chanoines, rendus enfin dociles, affranchissent
les colons contre une redevance annuelle (voir *Requête au roi*, p.375-76).
[11] Voltaire se reporte encore à l'*Histoire de France* (t.15, 1770, p.347-48) où Villaret
évoque, sinon la création qui remonte à l'édit de 1306, du moins l'institution devenue
perpétuelle du parlement de Toulouse fixée à l'année 1443: 'Mézerai observe que le
premier acte de ce nouveau parlement fut en faveur de la liberté. Quelques serfs de
Catalogne s'étant réfugiés dans son territoire furent réclamés par leurs maîtres. Le
Parlement rendit un arrêt portant que tout homme qui entrerait dans le royaume en
criant France serait dès ce moment affranchi' (voir *Requête au roi*, p.376).

J'avais craint jusqu'à ce jour que ces maximes et ces exemples   45
n'autorisassent nos esclaves à réclamer comme nouveaux Français
une liberté dont ils jouiraient, s'ils étaient restés quelques années de
plus Savoyards.

Mais vous me rassurez, Monsieur; vous avez très bien prouvé
que *les droits féodaux sont une portion intégrante de la propriété des*   50
seigneurs; que nos rois ont déclaré eux-mêmes qu'ils sont dans
l'heureuse impuissance d'y donner atteinte.[12] Cette admirable sentence nous rassure pleinement contre les fausses et pernicieuses
maximes du chancelier de Rochefort et de vos historiens, contre les
arrêts surannés du parlement de Toulouse.   55

Nous lisions, Monsieur, avec des larmes d'attendrissement, ces
paroles si consolantes de votre plaidoyer: 'Les coutumes rédigées
sous les yeux des magistrats et en vertu de l'autorité du roi, ne sont
que l'effet de la convention et du concert des trois ordres
rassemblés qui y ont donné leur consentement, et s'y sont   60
librement et volontairement soumis',[13] lorsqu'un curé qui avait
été autrefois avocat, et qui jusque-là avait entendu tranquillement
notre lecture, nous interrompit brusquement, et nous dit que la
plupart des coutumes n'étaient que des monuments d'imbécillité et
de barbarie; qu'elles avaient toutes été rédigées, ou dans les états   65
des provinces, ou dans les assemblées des commissaires, à la
pluralité des voix, et que par conséquent les ignorants avaient

50   SL91: féodaux étaient une
66   SL91: provinces [...] des assemblées de commissaires

[12] 'Que deviendra la propriété, ce bien si sacré que nos rois ont déclaré eux-mêmes
qu'ils sont *dans l'heureuse impuissance* d'y donner atteinte? Non seulement on veut
détruire la propriété de tous les seigneurs, car les droits féodaux, les corvées, les
banalités, les cens et autres de cette nature sont une portion intégrante de la propriété'
(*Arrest de la Cour de Parlement qui condamne une brochure intitulée Les Inconvénients*
des droits féodaux à être lacérée et brûlée au pied du grand escalier du Palais par
l'exécuteur de la Haute-Justice, Extrait des registres du Parlement du 23 février 1776,
Paris, 1776, p.4, ci-après *Arrest de la Cour de Parlement*).
[13] *Arrest de la Cour de Parlement*, p.4-5 (on lit: 'ne sont, *pour la plupart*, que l'effet').

toujours prévalu sur le petit nombre des sages. [14] Il nous dit que tous les jurisconsultes qui ont de la célébrité, attestent que c'est ainsi que les coutumes ont été rédigées. Il nous cita le fameux Charles Dumoulin qui dit *que les coutumes ont été rédigées contre l'intention des rois, en ce que la plupart sont obscures, contradictoires, iniques.* (e) Il nous cita d'Argentré, l'un des commissaires qui avaient assisté à la rédaction de la coutume de Bretagne, lequel dans la préface de son *Commentaire* sur cette coutume, avoue que l'avis des ignorants prévalut presque toujours sur celui des jurisconsultes humains et instruits. [15] Il nous cita aussi le titre 14 du livre 4 du *Traité des fiefs* de Cujas, où l'on trouve ces paroles: *Multa sunt in moribus Galliae dissentanea, multa sine ratione.* [16] Il ajouta que les habitants des campagnes, sur lesquels tombe tout le poids des droits féodaux, n'avaient jamais été appelés à la rédaction

(e) Tome II, page 399, édition de 1681. [17]

[14] Dans l'article 'Coutumes' des *Questions sur l'Encyclopédie*, Voltaire rappelle que les coutumes ayant force de loi et dont il fixe le nombre à 144 en France ne commencèrent pour la plupart à être rédigées par écrit qu'au temps de Charles VII.

[15] L'ouvrage s'intitule: *Bertrandi d'Argentre, Redonensis provinciae praesidis, Commentarii in Patrias Britonum leges seu (ut vulgo loquuntur) consuetudines Antiquissimi Ducatus Britanniae. Coustumes générales du pays et duché de Bretagne, réformées en l'an mil cinq cents quatre vingts. Aitilogia, sive Ratiocinatio de reformandis causis, auctore B. d'Argentré* (Paris, 1608) et est souvent réédité au dix-septième siècle. De la *Coutume de Bretagne*, on peut citer l'édition de Rennes, 1484. Les commentaires de cette coutume se prolongent jusqu'à la fin du dix-huitième siècle; certains sont l'œuvre du jurisconsulte et professeur Augustin-Marie Poullain du Parc (1701-1782) dont l'ouvrage, *La Coutume et la jurisprudence coutumière de Bretagne dans leur ordre naturel* (Rennes, 1759), connaît une troisième édition en 1778.

[16] 'Il y a beaucoup de contradictions dans les coutumes de la Gaule, beaucoup de déraison' (voir *Opera Jacobi Cujacii...*, Paris, 1577, 5 tomes en 2 volumes in-folio: *De feudis libri quinque et in eos commentarii*, vol.1, t.4, p.538).

[17] *Caroli Molinaei Franciae et Germaniae celeberrimi jurisconsulti, et in supremo parisiorum senatu antiqui advocati Omnia quae extant opera [...]. Editio novissima quinque tomis distributa, auctior et emendatior* (Paris, 1681). Conscient des inconvénients et des maux qui résultent de la multiplicité et de l'incohérence des coutumes, Dumoulin appelle à la 'réduction, concorde et union des coutumes du royaume de France en une' qui soit 'claire, suffisante et certaine', 'utile' et 'équitable'.

des coutumes; et qu'il n'est pas vrai, par conséquent, qu'ils s'y soient volontairement soumis.

Après nous avoir étalé toutes ces autorités et beaucoup d'autres encore, ce curé nous dit qu'il suffisait d'ouvrir les coutumes pour se 85 convaincre de la vérité qu'il soutenait. Je lui répondis que ces auteurs avaient été soupçonnés d'hérésie, et que l'avis d'un avocat général était d'une autorité bien supérieure aux témoignages des Cujas, des Dumoulin, des d'Argentré, etc., etc., etc., etc.

Vous ne sauriez croire, Monsieur, combien de personnes dans 90 les provinces pensent comme ce curé. Une espèce de frénésie, pour me servir de vos propres termes, 'semble agiter ces esprits turbulents que l'amour de la liberté porte aux plus grands excès, et qui leur fait envisager le bonheur dans la subversion de toutes les règles et de tous les principes'. [18] 95

Les insensés qui pensent rendre heureux les habitants des campagnes, en proposant à l'administration de les affranchir de l'esclavage de la glèbe, de leur permettre de racheter des droits qui sont une source de procès continuels, lesquels causent souvent la ruine des seigneurs et des vassaux! 100

Il était temps de sévir contre ces auteurs audacieux: 'semblables à des volcans qui, après s'être annoncés par des bruits souterrains et des tremblements successifs, finissent par une éruption subite, et couvrent tout ce qui les environne d'un torrent enflammé de ruines, de cendres, et de laves, qui s'élancent du foyer renfermé dans les 105 entrailles de la terre'. [19]

86   SL91: soutenait. ¶Je
88   SL91: était une
91-95   SL91: [guillemets ouverts] 'Une espèce de frénésie [...] principes'.
99   SL91: source continuelle de procès lesquels

[18] *Arrest de la Cour de Parlement*, p.2 (on lit: 'l'amour de la liberté *et de l'indépendance* portent').
[19] *Arrest de la Cour de Parlement* (on lit: 'à *ces* volcans').

Que ce morceau est sublime! je n'ai jamais rien lu d'approchant dans les plaidoyers du chancelier d'Aguesseau. [20]

Nous vous devons, Monsieur, une reconnaissance éternelle, pour avoir déféré à la vengeance des lois un écrit aussi pernicieux que celui contre lequel vous vous êtes élevé. Il était bien juste, assurément, de faire brûler par le bourreau, au pied du grand escalier, cette brochure capable d'échauffer le peuple et de le porter à la révolte; cet écrit qui renverse les principes fondamentaux de la monarchie, puisqu'il détourne les vassaux de plaider avec leurs seigneurs; qu'il conseille aux uns et aux autres de se concilier et de convenir, de gré à gré, du prix de l'affranchissement des droits féodaux, qui sont une source intarissable de procès. [21] Tout le monde sait que ces procès sont les plus difficiles, les plus compliqués, les plus obscurs de tous; mais ce sont ceux aussi qui procurent aux juges les plus fortes épices. La bonne moitié des procès roule sur des droits féodaux. Supprimez ces droits, vous supprimez net la moitié des procès; vous paraîtriez soulager les juges, mais vous les dépouilleriez d'une partie de leur considération, et de leurs meilleurs revenus. Vous ruineriez les procureurs, les greffiers, les commissaires à terrier, tous gens fort nécessaires à l'Etat. Ils servent les tribunaux, les tribunaux doivent donc les protéger. [22]

109   SL91: une éternelle reconnaissance
120   SL91: sont eux

[20] Henri-François d'Aguesseau (1668-1751), avocat général, puis procureur général, fut chancelier de 1717 à 1718, de 1720 à 1722 et de 1737 à 1750 et se montra un homme intègre et dévoué aux intérêts publics. Ses plaidoyers et autres discours ont été regardés comme des modèles d'éloquence judiciaire; ils sont recueillis dans le tome 5 (1767) de ses *Œuvres* éditées par son bibliothécaire, l'abbé André, oratorien, en 13 volumes de 1759 à 1789.

[21] *Les Inconvénients des droits féodaux*, p.23 et 46: Boncerf parle d'"énormes procès', de 'millions de procès' qui passent de père en fils et n'ont ni terme ni mesure.

[22] Sur la prolifération des procès, voir ci-dessus, n.5 et 21. Voltaire se souvient ici de Boncerf qui, à propos de 'la foule des procès', évoque 'la milice innombrable des praticiens qui sèment la discorde dont ils vivent' (p.46-47).

Proposer la suppression des droits féodaux, c'est encore attaquer particulièrement les propriétés de messieurs du parlement, dont la plupart possèdent des fiefs.[23] Ces messieurs sont donc personnellement intéressés à protéger, à défendre, à faire respecter, les droits féodaux: c'est ici la cause de l'Eglise, de la noblesse, et de la robe. Ces trois ordres, trop souvent opposés l'un à l'autre, doivent se réunir contre l'ennemi commun. L'Eglise excommuniera les auteurs qui prendront la défense du peuple; le parlement, père du peuple, fera brûler et auteurs et écrits, et par ce moyen ces écrits seront victorieusement réfutés.

Si quelque insolent osait publier que tous messieurs du parlement qui possèdent des fiefs, doivent s'abstenir de juger les écrits et les procès concernant les droits féodaux, parce que c'est leur propre cause, et qu'on ne peut être à la fois partie et juge; on lui répondrait que messieurs du parlement sont en possession de juger les causes féodales, que c'est là un des privilèges de leurs offices, une loi fondamentale à laquelle le roi même est *dans l'heureuse impuissance de donner atteinte.*[24] Si l'insolent ne se rendait pas à l'évidence de ces raisons, on pourrait faire brûler son mémoire, et en tant que de besoin décréter sa personne de prise de corps.

On nous dit que dans la patrie de Cicéron, où le pouvoir de juger n'était attaché, ni à un certain état, ni à une certaine profession, il était permis à tout plaideur de récuser le juge qu'il croyait suspect, sans être même obligé de prouver la suspicion. *Sors et urna dant*

130
135
140
145
150

---

130   SL91: la propriété
136   SL91: peuple et le parlement
147-48   SL91: et décréter en tant que de besoin sa
152   SL91: sans même être obligé

---

[23] La *Seconde requête au roi et à nos seigneurs de son Conseil* (*Collection des mémoires présentés au Conseil du roi par les habitants du Mont-Jura et le chapitre de S. Claude avec l'arrêt rendu par ce tribunal*, s.l., 1772, p.29) souligne que les auteurs des décisions jurisprudentielles 'ne peuvent pas toujours oublier qu'ils ont eux-mêmes des serfs dans leurs terres'.

[24] Citation faite plus haut (voir n.12).

judices, licet exclamare: hunc nolo. [25] Cette liberté de récuser ses juges subsista encore sous les empereurs, comme je l'ai remarqué dans une loi du code, rapportée dans un ancien *factum* qui m'est 155 tombé par hasard sous la main. (*f*)

Mais les lois des Welches sont bien plus raisonnables que celles des Romains. Le juge révocable d'une justice de village, peut, en France, juger en première instance les causes féodales de son

---

(*f*) *Licet enim imperiali numine judex delegatus est, tamen quia sine suspicione omnes lites procedere nobis cordi est: Liceat ei qui suspectum judicem putat, eum recusare.* Loi 16, au code, titre *De judiciis.* [26]

---

156 SL91: [*la note infrapaginale renvoie par erreur à l'*'*Ordonnance de 1667, tit. 24, art.11*', *c'est-à-dire à la note (g) de Voltaire*]

---

[25] 'Le sort et les urnes font les juges; il est possible de s'écrier: 'Je récuse'. On sait que, dans l'organisation judiciaire de la république romaine, 'les jugements, tant en matière civile que criminelle, étaient rendus par les simples citoyens ou par un ordre entier de citoyens qui délibéraient sous la présidence et avec le concours d'un magistrat chargé de procéder à l'information et à dégager les questions de droit du débat [...]. On comprend que, sur les tables ou listes des citoyens jugeurs, les plaideurs pouvaient faire le choix de leurs juges ou, du moins, les choisir par voie d'élimination, en récusant sans restriction et sans limitation de nombre tous ceux dont l'impartialité pouvait leur être suspecte' (P. Larousse, *Grand dictionnaire universel du dix-neuvième siècle*, 1866-1877, 'Récusation', t.13, p.807).

[26] 'Quand même le juge aurait été délégué par notre majesté impériale, désirant qu'il soit procédé dans la décision des procès avec la plus grande impartialité, qu'il soit permis à celui qui suspecte un juge de le récuser' (*Les Douze Livres du Code de l'Empereur Justinien de la seconde édition*, trad. P. A. Tissot, 4 vol., Metz, 1807-1810, t.1 [1807], p.400-401). Il s'agit de la 'loi' 14: l'empereur s'adresse de Constantinople à Julien, préfet du prétoire, le 5 des calendes de mai sous le consulat de Lampadius et d'Oreste en 530. Le texte s'ouvre sur le rappel du principe: 'C'est un point de droit très ancien que les plaideurs peuvent récuser avant le commencement du procès les juges délégués pour s'en occuper.' Dans la citation, Voltaire a omis la précision: 'putat, *antequam lis inchoetur*, eum recusare' ('avant le commencement du procès').

242

seigneur. (*g*) Un conseiller au parlement, possesseur de fief, peut   160
donc aussi juger en dernier ressort la cause féodale d'un autre
seigneur.

Il est vrai qu'une ordonnance de Louis XIV statue (*h*) que le
juge est récusable, s'il a, en son nom, un procès sur une question
semblable à celle dont il s'agit entre les parties qui plaident devant   165
lui; parce que si le juge, possesseur de fief, n'a pas actuellement un
procès au sujet des droits de son fief avec ses vassaux, il peut l'avoir
dans la suite. Il est vrai qu'étant intéressé à donner gain de cause
aux autres seigneurs qui plaident dans son tribunal, il établit une
jurisprudence qui, en confirmant leurs droits, confirme les siens   170
propres, et détourne ses vassaux de les contester.

Mais ce raisonnement n'est que captieux. L'usage est le plus sûr
interprète des lois; et l'usage de messieurs du parlement les autorise
à être juges et parties dans les causes féodales, comme vous le

(*g*) Ordonnance de 1667, titre 24, article 11. [27]
(*h*) *Ibid.* article 5. [28]

160   SL91: [*la note infrapaginale renvoie (nouvelle erreur) à: 'Tit. 24 article 5',*
c'est-à-dire à la note (h) de Voltaire]
160-62   SL91: [*nouvel alinéa*]
163   SL91: [*la note infrapaginale correspondant à (h) et dont l'appel est placé après*
'Louis XIV' renvoie encore par erreur au cod. tit. De judiciis: 'Licet [...]', c'est-à-dire à
la note (f) de Voltaire].
168   SL91: suite, ou que plutôt intéressé à

[27] *Ordonnance de Louis XIV, roi de France et de Navarre, donnée à Saint-Germain-*
en-Laye au mois d'avril 1667 (Paris, 1667), titre 24; *Des récusations des juges*, article 11
(p.132-33): 'N'entendons [...] exclure les juges des seigneurs de connaître de tout ce
qui concerne les domaines, droits et revenus ordinaires ou casuels, tant en fief que
roture de la terre, même des baux, sous-baux, et jouissances, circonstances et
dépendances, soit que l'affaire fût poursuivie sous le nom du seigneur ou du
procureur fiscal.'
[28] *Des récusations des juges*, article 5 (p.130-31): 'Le juge pourra être récusé s'il a un
différend sur pareille question que celle dont il s'agit entre les parties, pourvu qu'il y
en ait preuve par écrit; sinon le juge en sera cru à sa déclaration, sans que celui qui
proposera la récusation puisse être reçu à la preuve par témoins ni même demander
aucun délai pour rapporter la preuve par écrit.'

prouverez, Monsieur, avec votre éloquence ordinaire, dans votre 175
premier réquisitoire.

Je suis, avec la plus profonde vénération, etc.

177 SL91: avec la profonde

244

Lettre d'un bénédictin de Franche-Comté à M. l'avocat général Séguier

Edition critique

par

Robert Granderoute

TABLE DES MATIÈRES

INTRODUCTION

i. *Une autre Lettre*

Adressée comme la *Lettre du révérend père Polycarpe* à l'avocat général au Parlement de Paris, Antoine-Louis Séguier, parcourue par la même veine corrosive, quoique d'un souffle moins puissant, la *Lettre d'un bénédictin de Franche-Comté*, dont l'auteur supposé se révèle un digne émule de Polycarpe, a été écrite, nous l'avons dit, au lendemain de la condamnation du livre de Pierre-François Boncerf, *Les Inconvénients des droits féodaux* (23 février 1776). [1] Et les allusions faites aux édits de Turgot donnés à Versailles en février 1776 et registrés en Parlement le 12 mars confirment la datation proposée.

Construite, elle aussi, sur le mode ironique, émaillée de traits moqueurs relatifs à l'attitude de Séguier et de formules reprises de façon piquante du réquisitoire qu'il a prononcé contre *Les Inconvénients des droits féodaux*, la *Lettre d'un bénédictin* énonce quelques-unes des dispositions essentielles de la coutume de Franche-Comté que le philosophe a déjà eu maintes fois l'occasion de relever depuis sa première requête, [2] mais qu'il présente ici, par l'effet du jeu de l'ironie, comme de légitimes prérogatives seigneuriales. Car jusqu'en ses derniers termes, le religieux mis en scène fait entendre la voix de l'étroit conservatisme et de l'égoïsme cynique alliés à un total mépris pour la main-d'œuvre paysanne.

La publication de la *Lettre d'un bénédictin* pose le même problème que celle de la *Lettre du révérend père Polycarpe*. Nous sommes confrontés à la même incertitude: nous n'avons pas trouvé d'édition séparée; nous n'avons relevé dans les

---

[1] Voir ci-dessus notre Introduction de la *Lettre du révérend père Polycarpe*.
[2] Voir *Au Roi en son conseil* [...], *OCV*, t.72. Voltaire s'appuie évidemment sur les mêmes sources.

correspondances, les journaux ou les mémoires que nous avons consultés aucune indication susceptible de nous éclairer. Ce que nous pouvons dire simplement, c'est qu'avec ces deux *Lettres*, nous sommes en présence des derniers textes voltairiens composés en faveur des malheureux serfs, puisque la *Requête au roi pour les serfs de Saint-Claude, etc.* date, nous l'avons vu, de 1775 et non de 1777.[3]

2. *Au lendemain de la* Lettre du révérend père Polycarpe *et de la* Lettre d'un bénédictin

Est-il besoin de dire que, si, de Ferney, aucun nouvel opuscule n'est plus désormais lancé dans l'affaire du Mont-Jura, l'attention et l'intérêt du philosophe ne se relâchent pas pour autant? Certes, la démission des deux ministres Malesherbes et Turgot en mai 1776 le plonge d'abord dans la désolation ('Le reste de ma vie [...] ne sera plus que de l'amertume'),[4] mais il ne se laisse pas longtemps abattre et reprend bientôt espoir. Car Boncerf précisément conserve sa place de commis sous l'autorité de M. de Clugny[5] et la requête pourrait être admise au Conseil avant octobre.[6] Cependant

---

[3] Voir *M*, t.30.

[4] D20143. L'amertume est d'autant plus forte qu'il venait de parler de l'affaire à Trudaine, de passage à Ferney, et que celui-ci répondait des deux ministres attachés au bien public.

[5] Jean-Etienne-Bernard Clugny de Nuis (1729-1776), intendant des colonies à Saint-Domingue (1760-1764), de la marine à Brest (1765-1770), puis, intendant du Roussillon (1773-1774) et de Guyenne (1775-1776), remplace Turgot, le 21 mai 1776, à l'instigation de Maurepas. Sa nomination est interprétée comme le signe d'une réaction à l'œuvre de Turgot. En réalité, Clugny s'efforce de tenir un juste milieu entre ceux qui réclament l'abrogation des édits de Turgot et certains des membres de l'administration qui, tel Trudaine de Montigny, restent partisans de la liberté économique. Mais il n'a guère le temps de s'affirmer comme homme d'Etat: il meurt en effet subitement le 18 octobre 1776, moins de cinq mois après avoir été nommé contrôleur général des finances; il est remplacé, le 21 octobre, par Jean-Gabriel Taboureau des Réaux.

[6] Boncerf obtient que le procès soit porté au Conseil privé (D20337, 8 octobre 17[76], à Christin).

Voltaire ne minimise pas l'obstacle des forces de l'intérêt et de l'orgueil. Il ne le sait que trop: ni les moines, ni les seigneurs, ni les juges propriétaires de mainmortables ne veulent renoncer à leur 'tyrannie'. Et, le 8 janvier 1777, à Christin qui se préoccupe du pourvoi en cassation intenté par les serfs contre l'arrêt de Besançon, il ne cache pas ses craintes: 'J'ai bien peur que les mêmes raisons qui vous ont fait perdre votre procès à Besançon soient employées contre vous à Versailles.'[7]

C'est finalement le prince de Montbarrey[8] qui est nommé rapporteur au Conseil des dépêches lequel proscrit les pièces extrajudiciaires. 'Cruellement désigné' dans un factum de la partie adverse, Voltaire, qui n'ignore pas qu'il a été question de décréter l'auteur de *La Voix du curé*, se terre prudemment: 'Je crois qu'il ne faut point sortir du port dans un temps d'orage.'[9] L'expectative se prolonge jusqu'à la fin de 1777 et le philosophe, qui a profité de l'article 'Esclavage' du *Commentaire sur l'Esprit des lois*[10] pour se tourner une nouvelle fois vers Louis XVI et le prier de délivrer plus de cent mille fidèles sujets, esclaves de moines en vertu de titres forgés de toutes pièces, ne peut guère faire autre chose qu'assurer ses 'chers esclaves' de son intérêt le plus vif et souhaiter au 'défenseur des infortunés tout le succès que sa constance mérite'.[11] A vrai dire, Necker serait le seul à même d'inciter Maurepas à illustrer son ministère par la suppression de la servitude; mais que n'est-il au pouvoir de Voltaire de l'y intéresser?[12] Le 23 décembre 1777, la requête dont le chapitre de

[7] D20506.
[8] Alexandre-Marie-Léonor de Saint-Mauris, prince de Montbarrey (1732-1796), maréchal de camp, est secrétaire d'Etat adjoint au comte de Saint-Germain; il succède à celui-ci le 27 septembre 1777 et reste secrétaire d'Etat à la guerre jusqu'au 19 décembre 1780. Le 23 décembre, il est remplacé par Phillippe-Henri, marquis de Ségur. Emigré en Suisse en 1791, il meurt à Constance dans un état proche de la misère.
[9] D20558, à Christin (10 février 1777).
[10] *OCV*, t.80B, p.412-16.
[11] D20889 et D20959, à Christin (12 novembre et 23 décembre 1777).
[12] D20959. Voir D20983, à Christin (13 janv[ier] 1778): Voltaire donne la raison

Saint-Claude a obtenu le renvoi devant le bureau des affaires ecclésiastiques, présidé par M. de Marville, [13] oncle d'un chanoine de l'abbaye, est rejetée au motif que les mainmortables se plaignaient d'un mal-jugé et que le mal-jugé n'est pas un moyen de cassation. [14]

Rien d'étonnant que l'année 1778 s'ouvre sur un aveu d'inquiétude et de lassitude. Redisant à Christin qu'il ne saurait écrire au directeur général des finances, Voltaire avoue qu'il tremble pour les 'chers Saint-Claudiens' qui risquent bien d'être 'mangés par les pharisiens et par les publicains'. 'Tout ce que je vois', ajoute-t-il, 'me fait horreur et me décourage. Je vais mourir bientôt en détestant les persécuteurs'. [15] Il s'éteindra en effet sans avoir vu son long effort couronné. [16]

3. Choix du texte de base

En l'absence d'édition séparée, nous nous reportons à l'édition Kehl qui a publié la *Lettre d'un bénédictin de Franche-Comté* à la suite de la *Lettre du révérend père Polycarpe* dans son troisième tome de *Mélanges littéraires*. Nous avons tenu à conserver le même ordre de présentation.

---

personnelle pour laquelle il ne peut intercéder auprès de Necker (Mme Necker a refusé de recevoir Reine-Philiberte Rouph de Varicourt, surnommée Belle et Bonne, fille adoptive de Mme Denis, épouse de Charles-Michel Du Plessis-Villette).

[13] Camarade de Voltaire à Louis-le-Grand, Claude-Henri Feydeau de Marville, comte de Gien, marquis de Dampierre (1705-1787), est lieutenant général de police de Paris (1740-1747), conseiller d'Etat ordinaire et conseiller au Conseil royal.

[14] Voir P. Laborderie, 'Le procès des serfs du Mont-Jura. 1767-1777', *Feuilles d'histoire du XVIIe au XXe siècle* (Paris, 1909), t.2, p.107-15.

[15] D20983.

[16] Sur l'influence néanmoins exercée par son action, voir notre introduction de la requête *Au roi en son Conseil* (1770, *OCV*, t.72).

4. *Edition*

De plus amples informations sur les éditions collectives se trouvent ci-dessous, p.339-41.

K84

Tome 49 (*Mélanges littéraires*, tome 3): 370-72 Autre lettre d'un bénédictin de Franche-Comté, au même magistrat. [17]

5. *Principes de cette édition*

De l'édition Kehl qui constitue notre texte de base, nous respectons la ponctuation. Simplement, ligne 18, nous ajoutons des virgules devant les deux derniers 'etc.'. Nous respectons également l'orthographe des noms propres, sans toutefois reproduire l'italique employée.

Traitement du texte de base

Les aspects suivants de l'orthographe et de la grammaire ont été modifiés selon l'usage moderne.

I. Particularités de la graphie

1. Consonnes

– absence de la consonne *t* dans: enfans, habitans, parens, puissans.

2. Trait d'union

– employé dans: de-là, long-temps, main-morte, sont-là.

3. Minuscule

– employée dans: église, français (substantif de nationalité).

II. Particularités d'accentuation

– accent aigu employé au lieu de l'accent grave dans: priviléges.
– accent circonflexe employé dans: toît.

---

[17] Puisque la lettre suit la *Lettre du révérend père Polycarpe, prieur des bernardins de Chézery* qui est également adressée *à M. l'avocat général Séguier.*

III. Divers

— le pluriel 'aux pieds de' devient 'au pied de'.
— utilisation systématique de l'esperluette.
— 'bon cœur' imprimé en caractères romains.

LETTRE D'UN BÉNÉDICTIN DE FRANCHE-COMTÉ
À M. L'AVOCAT GÉNÉRAL SÉGUIER

MONSIEUR,

C'est un usage ancien et sacré dans notre province, que l'étranger libre ou le Français d'une autre province, qui vient habiter dans nos terres pendant une année et un jour, devienne notre esclave au bout de cette année, et que toute sa postérité demeure *entachée* du même   5 opprobre.[1]

Qu'une fille serve n'hérite point de son père, si elle n'a pas rempli le devoir conjugal, la première nuit de ses noces, dans la hutte paternelle.[2]

---

[1] 'L'homme franc qui va demeurer *en lieu de mainmorte et y tient feu et lieu par an et jour continuellement, payant en son chef au seigneur dudit lieu les devoirs tels que font les autres hommes dudit lieu, demeure, pour lui et sa postérité à naître, de la condition dudit lieu de mainmorte*' (l'article 6 du titre 9 de la Coutume du duché de Bourgogne est ici retranscrit): François-Ignace Dunod de Charnage, *Traité de la mainmorte et des retraits*, Dijon et Besançon, 1733, ch.2, section 3, 'De la mainmorte par convention tacite', p.38 (ci-après Dunod). Mais Dunod écarte l'hypothèse du 'domicile occasionnel'; il doit s'agir d'un choix volontaire et définitif de domicile (p.43). Voir *Coutume de Franche-Comté sur l'esclavage imposé à des citoyens par une vieille coutume*, *OCV*, t.73, p.326, n.16 et p.327, n.20. 'Un particulier a-t-il acheté ou occupé pendant un an seulement une maison de la contrée mortaillable? Il est réduit par cela seul en servitude, il est au bout de ce temps serf des chanoines de Saint-Claude. Ses enfants tombent dans le même avilissement; sa dépendance est imprescriptible' (*Seconde requête au roi et à nos seigneurs de son Conseil*, dans *Collection des mémoires présentés au Conseil du roi par les habitants du Mont-Jura et le chapitre de S. Claude avec l'arrêt rendu par ce tribunal*, s.l., 1772, p.34). L'image 'entachée' est habituelle sous la plume des juristes et commentateurs de la coutume qui parlent de la 'macule' de la mainmorte.

[2] 'Puisque l'habitation séparée dissout la communion, la fille de mainmorte qui se marie et qui quitte la maison de ses père et mère pour servir son mari cesse d'être communière et ne peut par conséquent leur succéder.' Mais, selon l'article 8 de la Coutume de Bourgogne, 'la fille mariée [...] peut [...] recouvrer son partage, pourvu qu'elle retourne gésir la première nuit de ses noces en son meix et héritage' (Dunod, p.105). 'Remède aussi bizarre que la loi est monstrueuse', observe la *Seconde requête au roi et à nos seigneurs de son Conseil* (p.24): la fille en effet 'peut se faire expédier par un notaire une attestation qui constate que la première nuit de ses noces, elle a couché

Que l'artisan ne puisse transmettre à ses enfants la cabane qu'il a 10
bâtie, et où ils sont nés, le champ qu'il a acquis et payé du produit de
son travail, le lit même où ces enfants recueilleront ses derniers
soupirs, s'ils n'ont pas toujours vécu avec lui sous le même toit, au
même feu, et à la même table. [3]

Que ces biens nous soient dévolus sans que nous soyons obligés 15
de payer les dettes dont ils sont affectés, le prix même que
l'acquéreur auquel nous succédons pourrait en devoir au vendeur,
etc., etc., etc. [4]

Ce sont là, Monsieur, des propriétés bien sacrées, [5] puisqu'elles
nous appartiennent; ce sont les privilèges des seigneurs féodaux de 20
notre province, qui pour cela a été nommée *franche*, comme les
Grecs avaient donné aux furies le nom d'*Euménides*, qui veut dire
bon cœur. [6]

---

dans la maison paternelle': c'est 'l'acte de repret'. Voir *Coutume de Franche-Comté*, *OCV*, t.73, p.330, n.37.

[3] Dunod, ch.3, p.76, 'De la communion en mainmorte'. L'enfant ne succède à son père que 'lorsqu'il n'a jamais quitté, lorsqu'il a toute sa vie partagé sa chaumière et ses travaux': c'est ce qu'on appelle 'avoir eu meix ou manoir commun' (*Seconde requête au roi et à nos seigneurs de son Conseil*, p.22). L'essentiel est de faire bourse et dépenses communes. Voir *Coutume de Franche-Comté*, *OCV*, t.73, p.325, n.9 et p.330, n.39.

[4] Abordant le problème de la succession en faveur des seigneurs, Dunod de Charnage (p.149) parle d'un 'droit de retour et de réunion', les héritages mainmortables ayant été, par l'effet de la coutume à défaut de convention, comme donnés sous la condition qu'ils retourneraient aux seigneurs au cas de décès sans communiers: 'c'est pourquoi', poursuit-il, 'le seigneur les reprend sans être tenu de payer les dettes si le seigneur n'y a pas consenti'. Voir *Coutume de Franche-Comté*, *OCV*, t.73, p.332, n.47.

[5] Lancé dès le premier paragraphe de la *Lettre*, l'adjectif ici repris est d'autant plus ironique qu'il n'est pas dénué, sous la plume du bénédictin, d'une connotation proprement religieuse.

[6] Voltaire a ironisé sur le qualificatif de la province dès le chapitre 42 du *Précis du Siècle de Louis XV* ajouté en 1769 (voir *Coutume de Franche-Comté*, *OCV*, t.73, p.323, n.3). Filles de la Nuit et de Chronos, déesses de la vengeance, les Erinyes grecques (ou Furies romaines) étaient, surtout en Attique, appelées Euménides (c'est-à-dire 'bienveillantes') non par antiphrase, mais parce que les Grecs voulaient éviter de prononcer des mots de mauvais augure et peut-être aussi parce qu'ils espéraient par ce nom apaiser la colère des terribles divinités. D'ailleurs celles-ci finirent par être considérées comme bienfaisantes, étant gardiennes de l'ordre moral.

Mais quel a été mon étonnement de voir que dans un édit du roi, du mois de février de la présente année 1776, portant suppression 25
des jurandes, l'on ait érigé en loi cette fausse maxime de la philosophie moderne: *Le droit de travailler est le droit de tout homme; cette propriété est la première, la plus sacrée, et la plus imprescriptible, de toutes.*[7]
De mauvais raisonneurs concluent de là, que le fruit du travail 30
d'un laboureur, ou d'un artisan, doit appartenir, après sa mort, à ses parents, et non à des moines.

Vous avez mérité, Monsieur, le titre de père de la patrie, en plaidant contre les édits qui supprimaient les corvées,[8] et rendaient la liberté à l'industrie.[9] Vous mériterez encore le titre de père des 35

[7] L'édit portant suppression des jurandes et communautés de commerce, arts et métiers, donné à Versailles en février 1776, est registré en Parlement le 12 mars. Contre ceux qui ont pu avancer que 'le droit de travailler était un droit royal', l'édit pose la maxime que 'Dieu, en donnant à l'homme des besoins, en lui rendant nécessaire la ressource du travail, a fait, du droit de travailler, la propriété de tout homme, et cette propriété est la première, la plus sacrée et la plus imprescriptible de toutes' (*Les Edits de Turgot*, éd. Maurice Garden, Paris, 1976, p.82). Du lit de justice du 12 mars, Voltaire déclare que c'est un 'lit de bienfaisance' (D20021, D20029, D20035). On sait que l'édit qui abolit les corporations (sauf celles des pharmaciens, des orfèvres, libraires et imprimeurs pour des raisons de police et d'ordre public) et conduit au libre exercice du métier suscita des protestations dans les membres de la moyenne et petite bourgeoisie qui avaient acquis, souvent fort cher, des droits de maîtrise. A l'exemple des économistes de son temps, Turgot considère le droit de travailler comme un droit naturel qui ne doit souffrir aucune entrave.

[8] Allusion à la grande réforme de Turgot et à l'édit 'par lequel Sa Majesté supprime les corvées et ordonne la confection des grandes routes à prix d'argent', donné à Versailles en février 1776 et registré en Parlement le 12 mars (voir *Les Edits de Turgot*, p.11-36). Voir *Supplique à M. Turgot*, ci-dessus, n.5.

[9] Antoine-Louis Séguier s'est élevé contre l'édit portant suppression des jurandes: voir De Seine, *Mémoire sur la nécessité du rétablissement des maîtrises et corporations comme moyens d'encourager l'industrie et le commerce* [...] *suivi d'un discours sur le même sujet prononcé devant le roi au lit de justice tenu à Versailles le mardi 12 mars 1776 par M. Antoine-Louis Séguier, avocat dudit seigneur roi, portant la parole* (Paris, 1815). Dans ce discours (p.29-36), Séguier entend s'expliquer sur 'une loi destructive de toutes les lois'. Les sujets étant 'divisés en autant de corps différents qu'il y a d'états différents', 'la seule idée de détruire cette chaîne précieuse devrait être effrayante': 'La loi a érigé des corps de communautés [...] parce que l'indépendance est un vice de

moines, en dénonçant à votre compagnie les détracteurs de la servitude.

C'est à vous seul qu'il est donné de démontrer que les paysans français ne sont pas faits pour avoir des propriétés.

Que chaque peuple a ses mœurs, ses lois, ses usages; que ces 40
institutions politiques forment l'ordre public. [10]

Les étrangers qui abordaient autrefois dans la Tauride, étaient égorgés par des prêtres au pied de la statue de Diane. [11] En France, dans les terres de mainmorte, les hommes libres qui y passent une année, doivent être esclaves d'autres prêtres. [12]   45

Que les laboureurs suédois, anglais, suisses, et savoyards, [13] soient libres, à la bonne heure; mais les habitants des campagnes en France sont faits pour être serfs.

Dans le douzième siècle cette servitude était répandue dans tout le royaume, elle couvrait les villes comme les campagnes. Depuis   50
longtemps elle ne subsiste plus que dans quelques provinces; [14]

---

la constitution politique [...]. Relâcher les ressorts, qui font mouvoir cette multitude de corps différents, anéantir les jurandes, abolir les règlements, en un mot, désunir les membres de toutes les communautés, c'est détruire les ressources de toute espèce que le commerce lui-même doit désirer pour sa propre conservation.' Et Séguier s'attache à montrer que, si l'on a proposé 'd'étendre et de multiplier le commerce en le délivrant des gênes, des entraves, des prohibitions', ce sont, au contraire, 'ces gênes, ces entraves, ces prohibitions qui font la gloire, la sûreté, l'immensité du commerce de la France' (p.29-31).

[10] Citation extraite du réquisitoire prononcé par Séguier contre *Les Inconvénients des droits féodaux* (*Arrest de la Cour de Parlement qui condamne une brochure intitulée Les Inconvénients des droits féodaux à être lacérée et brûlée au pied du grand escalier du Palais par l'exécuteur de la Haute-Justice, Extrait des registres du Parlement du 23 février 1776*, Paris, 1776, p.2: on lit 'ses lois, *ses coutumes*, ses usages'. L'arrêt est reproduit à la fin des *Inconvénients des droits féodaux*, Londres et Paris, 1776).

[11] Allusion à l'Artémis de Tauride, déesse sanguinaire qui exigeait des victimes humaines. On sait que les Grecs ont confondu l'Artémis hellénique, déesse de la lune, avec des divinités étrangères, d'origine notamment orientale.

[12] Voir ci-dessus, n.1.

[13] Voir, à propos du laboureur savoyard, la *Lettre du révérend père Polycarpe*.

[14] Outre la Franche-Comté et la Bourgogne, la Champagne, l'Auvergne, la Marche, le Nivernais, le Bourbonnais. Au début de la *Requête au roi pour les serfs de*

qu'est-il résulté de là? Les moines sont riches dans les provinces où on leur a permis de conserver des serfs. Dans les autres endroits où la servitude a été abolie, des cités se sont élevées; le commerce et les arts se sont étendus; l'Etat est devenu plus florissant; nos rois plus riches, et plus puissants. [15] Mais les seigneurs châtelains et les gens d'Eglise sont devenus plus pauvres; et le peuple devait-il être compté pour quelque chose? 55

J'ai l'honneur d'être, etc.

Saint-Claude, etc. (*M*, t.30), Voltaire a énuméré les différents édits royaux d'affranchissement promulgués depuis Louis VI en 1137.

[15] La *Coutume de Franche-Comté* a déjà souligné le lien étroit qui existe entre liberté et prospérité économique (*OCV*, t.73, p.339-40).

Dialogue de Maxime de Madaure, entre Sophronime et Adélos

Edition critique

par

Ute van Runset

TABLE DES MATIÈRES

INTRODUCTION

Le 11 mars 1776, Voltaire annonce à Frédéric II (D19979):

Puisque votre majesté m'ordonne de lui envoyer la correspondance d'un bénédictin avec M. Paw, je la mets à vos pieds; j'en retranche un fatras de pièces étrangères qui grossissait cet inutile volume; j'y laisse seulement un petit ouvrage de *Maxime de Madaure*, célèbre païen, ami de St. Augustin, célèbre chrétien. Il me semble que ce Maxime pensait à peu près comme le héros de nos jours, et qu'il avait l'esprit plus conséquent et plus solide que M. l'évêque d'Hippone.

Il s'agit, en fait, du dialogue entre Sophronime et Adélos qui venait de paraître pour la première fois au début de mars 1776 à la suite des *Lettres chinoises, indiennes et tartares à M. Paw, par un bénédictin.* [1] Dans sa réponse du 8 avril 1776 (D20055), Frédéric donne un commentaire sur cette œuvre dont le thème l'intéressait depuis la fin de 1775, période à laquelle Voltaire la lui avait annoncée. Comme Paw était politiquement son sujet,[2] l'intérêt que porte Frédéric à ces *Lettres chinoises* n'est pas étonnant. Par contre, il est surprenant qu'il ne fasse aucune allusion au *Dialogue de Maxime de Madaure* que Voltaire lui avait toutefois recommandé. Pourtant, les thèmes traités dans ce *Dialogue* avaient également été discutés par les deux correspondants à travers d'autres œuvres de caractère métaphysique, et il y eut nombre de réactions à la parution du Dialogue de la part des autres correspondants de Voltaire, toujours en rapport avec les *Lettres chinoises*. En avril 1776 Meister, entre autres, en parle dans la *Correspondance littéraire* de Grimm. Il avance que

---

[1] *Avec plusieurs autres pièces intéressantes* (Paris [Genève], 1776).

[2] Corneille de Pauw, chanoine de Xanten, dans le duché de Clèves, avait publié en 1774 des *Recherches philosophiques sur les Egyptiens et les Chinois*, 2 vol. (Londres, 1774). Voir Joseph-Marie Quérard, *La France littéraire*, 10 vol. (Paris, 1827-1839), t.6, p.643.

ce dialogue peut être considéré comme la profession de foi de l'auteur. Sa philosophie ressemble beaucoup à celle de Cicéron. Ses preuves en faveur de l'immortalité de l'âme sont d'un esprit qui doute, et les doutes qu'il propose sur cette grande question sont d'une âme toute disposée à croire. Le morceau qui termine ce charmant ouvrage est de l'éloquence la plus sublime et la plus touchante. [3]

Le 1ᵉʳ septembre 1770 déjà, après la parution de l'écrit *Dieu: réponse au système de la nature, section 2*, [4] Grimm s'était moqué, dans la *Correspondance littéraire*, de l'image de Dieu chez Voltaire, de 'son rémunérateur vengeur' qu'il 'croit nécessaire au bon ordre'. Dans une critique assez détaillée, Grimm couvre les idées du patriarche sur la fonction de Dieu pour l'homme et l'univers et conclut: 'Il raisonne là-dessus comme un enfant, mais comme un joli enfant qu'il est'. [5]

Beuchot (d'après une note manuscrite de l'éditeur de Kehl, Decroix) situe la parution du dialogue entre Sophronime et Adélos en 1766, bien que, selon lui, la publication la plus ancienne qu'il connaisse figure dans le tome 27 de l'édition in-4° des *Œuvres de Voltaire*, datée de 1777. [6] On se demande si Voltaire a gardé en secret pendant environ dix ans un texte d'une telle envergure métaphysique. Certes, les sujets abordés, tels l'existence de Dieu, l'immortalité de l'âme et surtout le problème de la liberté captivent Voltaire depuis son retour d'Angleterre, et les doutes dont parle Meister jouent un rôle déterminant dans le *Philosophe ignorant*, écrit autour de 1766. Il y a pourtant d'autres indices qui laissent supposer que le dialogue entre Sophronime et Adélos a été écrit plus tard.

Voltaire fait précéder son dialogue d'une notice assez longue sur

---

[3] Voir *CLT*, t.11, p.242-43; voir également les *Mémoires secrets* du 29 juin 1776 (Londres, 1771-1789, t.9, p.147-48).

[4] L'écrit forme un peu plus tard la section 3 de l'article 'Dieu' des *Questions sur l'Encyclopédie: Du système de la nature* (*OCV*, t.40, p.438-49).

[5] Voir *CLT*, t.9, p.117-20.

[6] Il mentionne pourtant aussi l'édition de 1776, à la suite des *Lettres chinoises, indiennes et tartares* (*M*, t.25, p.459, n.1 et 2).

Maxime de Madaure, philosophe platonicien du temps de Saint Augustin et 'traducteur' fictif de ce même dialogue. La notice contient une lettre de Maxime de Madaure à Augustin et la réponse de celui-ci. Rappelons que Voltaire présente également ces lettres dans la section première de l'article 'Dieu, Dieux' des *Questions sur l'Encyclopédie* comme témoignage de l'adoration d'un Dieu suprême et que ces lettres apparaissent dans la traduction exacte de Dubois de Port-Royal. Dans le texte qui nous intéresse, par contre, il les présente dans un style plus adapté au ton de son dialogue entre Sophronime et Adélos; on peut donc supposer que Voltaire a repris des lettres qu'il connaissait déjà, et que par conséquent la date de composition du *Dialogue* est probablement postérieure à celle de l'article des *Questions* de 1771.[7]

Raymond Naves trouve même inutile de reproduire cette notice,[8] certainement parce qu'elle semble un peu déranger cette 'lucidité sereine' du dialogue même.[9] D'ailleurs, l'utilisation des deux lettres dans la section première de l'article 'Dieu' ainsi que dans le dialogue semble témoigner du fait que les problèmes qui y sont abordés deviennent plus urgents pour un Voltaire qui arrive au terme de sa vie; sa lettre du 11 mars 1776 à Frédéric II exprime les mêmes préoccupations. L'absence presque totale de polémique dans le dialogue et le choix des deux interlocuteurs au seuil de la mort paraît également indiquer le texte ne date pas de 1766.[10]

En ce qui concerne le développement des idées sur les thèmes métaphysiques, le dialogue prend une place bien précise dans l'œuvre de Voltaire. La conversation entre le sage Sophronime et un Adélos qui doute tente de nous éclairer sur les problèmes de la

---

[7] Voir *OCV*, t.40, p.421-27. Voir également l'allusion à la lettre de Maxime de Madaure à saint Augustin dans une note à la notion d'un 'Dieu suprême' dans le chapitre 9, 'Des martyrs', du *Traité sur la tolérance* (*OCV*, t.56C, p.170).

[8] Voir Voltaire, *Dialogues et anecdotes philosophiques*, éd. R. Naves (Paris, 1939; réimpression 1955), p.524.

[9] *Dialogues et anecdotes philosophiques*, p.iv.

[10] Ceci semble vrai aussi dans les paroles d'Epictète à la fin du dialogue, paroles qui, dans le 'Premier entretien' du *Dîner du comte de Boulainvilliers* de 1767, sont utilisées presque textuellement par le comte dans un but polémique.

vie et de la mort, de la liberté de l'homme, de sa position dans le monde ainsi que de son créateur: ainsi, Voltaire s'implique dans le caractère de Sophronime aussi bien que dans celui d'Adélos avec tous les doutes et le désespoir qui tourmentaient déjà le *Philosophe ignorant*. Les six points de la philosophie 'éclectique' de Sophronime sur l'existence de Dieu et la nature de l'homme, ses idées sur les conséquences morales et la dépendance de Dieu ou encore la place de l'homme dans l'univers représentent une sorte de somme philosophique de Voltaire. Quant à l'existence de Dieu, idée principale de ce dialogue déiste, Voltaire mobilise pour son argument toutes les preuves possibles que propose la philosophie. Il se sert de la preuve cosmologique impliquant les causes finales, preuve qui se retrouve dans plusieurs autres écrits philosophiques, notamment dans le deuxième chapitre du *Traité de métaphysique* (*OCV*, t.14, p.424-39) et dans l'*Homélie sur l'athéisme* (*OCV*, t.62, p.427-47). Aux athées qui affirment que l'être pensant et doué de sensation prend son origine dans le mouvement de la matière, Voltaire avait lancé: 'Vous existez, donc il y a un Dieu'. La preuve cosmologique qu'il évoque surtout dans les deux premiers points du premier grand discours de Sophronime apparaît de façon très poétique dans le paragraphe 15, 'Intelligence', du *Philosophe ignorant* (*OCV*, t.62, p.49). Etant donné qu'il s'agit de questions existentielles qui se posent à l'homme à la fin de sa vie, la preuve appelée 'morale' de l'existence de Dieu prend ici une importance toute particulière: d'abord parce qu'elle donne encore une fois l'occasion à Voltaire de se libérer de ce qu'il appelle 'fables', et ensuite parce qu'elle indique le seul chemin possible par lequel l'homme peut arriver à 'quelque faible participation de son être, comme une étincelle à quelque chose de semblable au soleil' (voir ci-dessous, lignes 303-305). Ainsi, Voltaire revient à sa maxime: 'Si Dieu n'existait pas, il faudrait l'inventer' (*Epître à l'auteur du livre des trois imposteurs*, *M*, t.10, p.403).

Pour ce qui est de la liberté de l'homme, la conviction qu'exprime Sophronime par le doute est ainsi formulée: cette liberté 'n'est autre chose que le pouvoir de faire ce qu'on veut' (lignes 273-74). Nous nous trouvons dans ce dialogue au bout d'un long développement rempli de contradictions, mais qui a mené Voltaire à travers des expériences existentielles jusqu'à une position qui se situe à l'opposée de ce qu'il avait défendu dans ses échanges d'idées avec Frédéric II entre 1737 et 1740 – position qui propage une philosophie déiste si modérée qu'elle aurait à peine été possible en 1766.

En conclusion, ce *Dialogue* renferme, malgré ses allusions polémiques, l'immense savoir et l'aboutissement de la pensée de Voltaire vers la fin de sa vie. L'identification avec la culture de l'Antiquité semble être, chez Voltaire comme chez Frédéric II, un refuge pour échapper au désespoir du monde environnant. La profession d'un déisme déjà évoqué par les doctrines de l'antiquité gréco-latine, fournit réconfort et protection contre la réalité existante.

Editions

De plus amples informations sur les éditions collectives se trouvent ci-dessous, p.339-41.

76P1

LETTRES / CHINOISES, / INDIENNES ET TARTARES. / *À MONSIEUR PAW.* / PAR UN BENEDICTIN. / *Avec plusieurs autres Pièces intéressantes.* / [*ornement typographique: putto, panier de fleurs, feuillage*] / A PARIS, / [*deux filets doubles, entre lesquels se voit un soleil*] / 1776.

8°. Sig. π², A-S⁸, T² [A-S $4, T $2 en chiffres arabes. K1 n'est pas signé]; pag. [iv], 292. Réclames par page.

[i] faux-titre; [ii] en blanc; [iii] titre; [iv] en blanc; [1] – 290 Lettres chinoises et indiennes; 290 Fautes à corriger; 291-92 Table des pièces contenu [*sic*] dans ce volume.

145-74 Dialogue de Maxime de Madaure, entre Sophronime et Adélos.

Edition d'origine suisse, comme l'attestent la facture et les ornements typographiques. Première publication du dialogue, et le texte de base de la présente édition.

Bengesco 1859.1; BnC.

Oxford, Taylor: V.8.L.2.1776 (2). Paris, BnF: Rés. Z Beuchot 490.

76P2

LETTRES / CHINOISES, / INDIENNES ET TARTARES. / A
MONSIEUR PAW, / PAR UN BENEDICTIN. / *Avec plusieurs autres
pièces intéressantes.* / [*ornement typographique, au centre duquel est un
portrait en profil*] / A PARIS, / [*filet agrémenté*] 1776.

8°. Sig. π², A-H⁸ [-H8, $4]; pag. [iv], 126, [ii]. Réclames par cahier.

103-26 Dialogue de Maxime de Madaure.

Genève, ImV: D Lettres 4/1776/1.

76G

LETTRES / CHINOISES, / INDIENNES / ET TARTARES. / *A
MONSIEUR PAW*, / PAR UN BENEDICTIN. / *Avec plusieurs
autres Pièces interessantes.* / [*vignette*] / A GENEVE, / [*deux filets*] /
MDCCLXXVI.

8°. Sig. π², A-Q⁸, R⁴ [A-Q $4, R $2, en chiffres arabes]; pag. [iv], 263 [i].
Réclames par cahier; réclames supplémentaires C7, E5, F7, G3, H3, K5,
L7, M5, N7, O4, P7, Q2, Q4, R3.

[i] faux-titre; [ii] en blanc; [iii] titre; [iv] en blanc; [1]-263.

129-34 Notice sur Maxime de Madaure; 135-54 Dialogue de Maxime de
Madaure, entre Sophronime et Adélos.

Oxford, Taylor: V.8.L.2.1776 (3).

76L

LETTRES / CHINOISES, / INDIENNES / ET / *TARTARES.* / *A
MONSIEUR. PAW* / PAR UN BENEDICTIN. / *Avec plusieurs autres
Pieces interéssantes.* / [*ornement typographique*] / [*filet gras-maigre*] /
LONDRES.

M.DC.CC.LXXVI.

8°. Sig. π², A-L⁸, M⁴ [A-L $5, M $3 signé, en chiffres arabes]; pag. [iv],
184. Réclames par cahier.

[i] faux-titre; [ii] en blanc; [iii] titre; [iv] en blanc; [1]-182 Lettres chinoises et indiennes.

75 DIALOGUE DE MAXIME DE MADAURE / [*filet gras-maigre*] / Notice sur Maxime de Madaure.

79-90 Traduction du dialogue de Maxime de Madaure, entre Sophronime et Adélos.

Edition fort proche, sur le plan typographique, du *Système de la nature* du baron d'Holbach, qui sortit des presses de Marc-Michel Rey à Amsterdam en 1770. Voir J. Vercruysse, *Bibliographie descriptive des écrits du baron d'Holbach* (Paris, 1971).

Bengesco 1859.2.

Oxford, Bodleian. Paris, BnF: Rés. Z Beuchot 491.

w68

Tome 27 (*Mélanges Philosophiques, littéraires, historiques, etc.*): 507-20 Dialogue de Maxime de Madaure.

EJ76

Tome 13 (1776): 75-90 Dialogue de Maxime de Madaure.

w70L

Tome 57: 134-50 Dialogue de Maxime de Madaure.

K84

Tome 36: 200-12 Sophronime et Adélos, traduit de Maxime de Madaure.

Principes de cette édition

L'édition retenue comme texte de base est 76P1, la première parution du dialogue. Il n'y a pas de variantes dans les autres éditions du texte. Kehl contient trois omissions: 'd'Egypte' (ligne 246), 'de leurs amis' (ligne 257); 'par l'amitié des gens de bien' (ligne 264).

Traitement du texte de base

On renonce à l'écriture en italique du texte de base concernant le discours direct et les citations latines (n.*a*, lignes 207-208, 298-99). On garde l'écriture en italique pour 'Gaufrédi le sorcier' (ligne 8), 'père commun des dieux et des hommes' (lignes 49-50) et pour les titres 'Notice sur Maxime de Madaure', 'Lettre de Maxime de Madaure à Augustin' et 'Rèponse d'Augustin'. On garde le titre de la première édition: 'Dialogue de Maxime de Madaure, entre Sophronime et Adélos'. On corrige les fautes suivantes: 'nud' (ligne 53), 'mêmes' (ligne 79)

La ponctuation originale a été respectée.

I. Consonnes

– emploi de *c* à la place de *ch*: caldéens.
– emploi de *c* à la place de *q*: Cohelet.
– emploi de *d* à la place de *t*: quand.
– emploi de *x* à la place de *s*: loix.
– emploi de *ʒ* à la place de *s*: hazard.
– absence de *h*: labyrinte.
– absence de *p*: long tems.
– absence de *s*: remord.
– absence de *t*: éclaircissemens, enfans, ignorans, indifférans, instrumens, méchans, monumens, pensans, raisonnemens, savans, sentimens, sentans, vivans.
– consonne simple dans: boureaux, échapent, pourais, pourait, soufle.
– consonne double dans: appercevons, écclecticisme.

II. Voyelles

– absence de *e* dans: encor.
– emploi de *e* à la place de *ai*: fesait.
– emploi de *ai* à la place de *é*: Daimons.
– emploi de *y* à la place de *i*: abyme, joye, vrayes.
– emploi de *i* à la place de *y*: élisées, métaphisique, Sirie.
– emploi de *oi* à la place de *ai*: connois.

III. Accentuation

1. Accent aigu

– absent dans: Acheron, Ciceron, Cohelet.

2. Accent grave

– employé dans: priùs.

3. Accent circonflexe

– absent dans: ame, ames, grace, graces.
– employé dans: moderatûm, pêtrissant, systême.

IV. Traits d'union

– absent: nous mêmes, peut être, sur le champ, toute puissante, vous même.
– présent: De-là, très-humbles, sur-tout.

V. Minuscule

– présente dans: africain (nom), cerbères, être (Dieu), fabricateur (Dieu), furies, parques.

VI. Majuscule

– présente dans: Commentateur, Consuls, Daimons, Dictionnaires, Elisées, Empereur, Empire, Formateur, Législateur, Magicien, Océan, Père, Platonicien, Sorcier, Triumvirs.

VII. Divers

– un mot au lieu de deux: delà.
– deux mots au lieu d'un: long tems.
– abréviation: St.
– utilisation systématique de l'esperluette.
– mise en italique: Cohelet, Tusculane, Tusculanes.
– synonyme peu usité: éclecticisme.

DIALOGUE DE MAXIME DE MADAURE, ENTRE SOPHRONIME ET ADÉLOS

Notice sur Maxime de Madaure

Il y a eu plusieurs hommes célèbres du nom de Maximus, que nous abrégeons toujours par celui de Maxime. Je ne parle pas des empereurs et des consuls romains, ni même des évêques de ce nom, je parle de quelques philosophes qui sont encore estimés pour avoir laissé quelques pensées par écrit. [1]

Il y en a un qui dans nos dictionnaires est toujours appelé Maxime le magicien, ainsi qu'on nomme encore le curé Gaufrédi, *Gaufrédi le sorcier*;[2] comme s'il y avait en effet des sorciers et des

---

[1] Voltaire fait allusion aux empereurs Magnus Maximus (383-388), Petronius Maximus, appelé aussi Flavius Anicius Maximus (395-455) et M. Clodius Pupinius Maximus dont le règne constitue un épisode intéressant de la tentative de restauration sénatoriale du troisième siècle après J.-C. En ce qui concerne les évêques, Voltaire doit, entre autres, penser à saint Maxime de Turin (mort vers 470), qui assistait au concile de Milan en 451 et fut l'auteur de 118 homélies, 116 sermons et 6 traités (*Sancti Maximi* [...] *opera*, éd. B. Bruni, Rome, 1784); à Maxime de Jérusalem, mort vers 350, qui participa au concile de Nicée, et à Maxime de Reji (433-460). Voltaire certainement connaissait la vie de saint Maxime le Confesseur, né vers 580, mort en 662. Ardent adversaire de la doctrine du monothélisme et opposé aux desseins conciliants de l'empereur Héraclius, il fut consécutivement abbé du monastère Chrysopolis (Scutari) et dirigea avec le moine Sopronius (plus tard évêque de Jérusalem) une vive opposition contre le patriarche Cyrus d'Alexandrie. Ayant été l'un des promoteurs du concile de Latran sous le pape Martin Ier contre les doctrines du monothélisme en 655, Maxime fut arrêté et conduit à Constantinople parce qu'accusé de crimes politiques et finalement exilé en Thrace. Voir les *Œuvres de Maxime*, 2 vol. (Paris, 1675).

[2] Il s'agit du philosophe grec Maxime de Smyrne qui exerça une grande influence sur l'empereur Julien. Il l'initia aux mystères de la théurgie et aurait même accompli devant lui plusieurs prodiges. Après la mort de l'empereur, il fut persécuté, mis en prison et, à la suite d'un complot, mis à mort en 370. Louis Gofridi, né à Bauverset près de Colmar en 1580, curé à Marseille; il se croyait sorcier. A la suite d'une aventure avec une jeune fille d'une des premières familles de Provence, il fut

magiciens; car les noms donnés à la chose subsistent toujours, quand la chose même est reconnue fausse.   10
Ce philosophe était le favori de l'empereur Julien,[3] et c'est ce qui lui fit une si méchante réputation parmi nous.
Maxime de Tyr dont l'empereur Marc-Aurèle fut le disciple, obtint de nous un peu plus de grâce. Il n'est point qualifié de sorcier, et il a eu Hensius pour commentateur.[4]   15

---

condamné à être brûlé vif pour sorcellerie par le parlement d'Aix et exécuté le 30 avril 1611. Voltaire cite l'exemple de sa vie comme aperçu des erreurs judiciaires, du 'scandale de notre Eglise' et des victimes de la superstition en général. Voir F. de Rosset, 'Horrible et espouventable sorcelerie de Louys Goffredy, prestre de Marseille' (*Histoires tragiques de notre temps*, ch.2, Paris, 1614), que Voltaire mentionne dans l'article 'Superstition' (1765) des *Questions sur l'Encyclopédie* (*M*, t.20, p.455); voir également *Le Siècle de Louis XIV*, ch.31, 'Des sciences' (*M*, t.14, p.537), *Fragments sur l'Inde* (*OCV*, t.75B, p.182-83), et *Prix de la justice et de l'humanité* (*Extrait de la Gazette de Berne*) (1777), article 9, 'Des sorciers' (*OCV*, t.80B, p.98-99, 101).

[3] Julien l'Apostat (331-362), devenu célèbre pour sa réaction contre le christianisme et pour son effort pour instituer un gouvernement de philosophes. Son précepteur Mardonius et le philosophe Maxime avaient inspiré au jeune chrétien l'amour de la vieille religion hellénique ainsi que sa répulsion contre les sectaires des ariens, des orthodoxes, des novatiens, donatistes etc.; de cette manière ils l'écartaient du nouveau culte. Malgré le fait qu'il supprima les privilèges de l'Eglise chrétienne, qu'il interdit aux chrétiens l'enseignement des belles-lettres, et leur ferma l'accès aux fonctions publiques, il n'y eut aucune persécution et le changement fut accueilli sans heurts, même par les chrétiens. Le paganisme que Julien voulait restaurer fut un syncrétisme où, sous une théologie néoplatonicienne, furent combinés les mythes solaires de l'Asie occidentale et la vieille mythologie hellénique; voir à ce sujet l'article 'Julien' dans le *Dictionnaire philosophique* (*OCV*, t.36) et les *Questions sur l'encyclopédie* (*M*, t.19); voir également le *Discours de l'empereur Julien contre les chrétiens* (*OCV*, t.71B), *Histoire de l'établissement du christianisme*, ch.20, 21 (*M*, t.31). Concernant la place de choix qu'occupe Julien dans le panthéon voltairien, voir C. Mervaud, 'Julien l'Apostat dans la correspondance de Voltaire et de Frédéric II', *RhlF* (1976), p.724-43; voir également John Spink, 'The reputation of Julien the "Apostate" in the Enlightenment', *SVEC* 57 (1967), p.1399-415.

[4] Daniel Heins ou Heinsius (1580-1655), philologue hollandais de Leyde, publia entre autres une édition savante de Maxime de Tyr. Celui-ci, philosophe grec, ayant vécu vers le milieu du deuxième siècle, appartenait à la philosophie de l'éclectisme; il prépare comme Plutarque, son contemporain, le néoplatonisme. Il considère Dieu

Le troisième Maxime dont il s'agit ici, était un Africain né à Madaure[5] dans le pays qui est aujourd'hui celui d'Alger. Il vivait dans le commencement de la destruction de l'empire romain.

comme l'esprit suprême, supérieur au temps et à la nature. Entre Dieu et le monde, il admettait des intermédiaires qui représentaient, outre les dieux visibles, les démons, instruments de la Providence, les protecteurs et les gardiens des hommes vertueux. De même que les mythes et les traditions populaires sont aussi des moyens par lesquels la divinité communique avec les hommes, il tient en grand honneur les poètes et les anciens philosophes.

A l'article 'Prières' des *Questions sur l'Encyclopédie* de 1772, Voltaire résume les idées de Maxime de Tyr au thème déiste du dialogue: 'L'Eternel a ses desseins de toute éternité. Si la prière est d'accord avec ses volontés immuables, il est très inutile de lui demander ce qu'il a résolu de faire. Si on le prie de faire le contraire de ce qu'il a résolu, c'est le prier d'être faible, léger, inconstant; c'est croire qu'il soit tel, c'est se moquer de lui. Ou vous lui demandez une chose juste: en ce cas il la doit, et elle se fera sans qu'on l'en prie; c'est même se défier de lui que lui faire instance; ou la chose est injuste, et alors on l'outrage. Vous êtes digne ou indigne de la grâce que vous implorez: si digne, il le sait mieux que vous; si indigne, on commet un crime de plus en demandant ce qu'on ne mérite pas' (*M*, t.20, p.275-76). Il cite Maxime de Tyr et son discours *De Dieu selon Platon* également dans l'article 'Dieu' des *Questions sur l'Encyclopédie*. Dans ce contexte suivent aussi la 'Lettre de Maxime de Madaure' et la 'Réponse d'Augustin' (*OCV*, t.40, p.423-27).

Marc-Aurèle, qui fut avec Epictète un des grands représentants de l'école stoïcienne, est considéré par Voltaire et par Frédéric II comme le souverain parfait, le modèle 'des princes, des guerriers, des savants' (*Epître au prince royal de Prusse*, octobre 1736, *OCV*, t.16). Voir *Poème sur la loi naturelle*, deuxième partie (*OCV*, t.32B). Comme Antonin, il est admiré pour avoir été philosophe tout en gouvernant: 'Marc-Aurèle, sur le trône de l'Europe et de deux autres parties de notre hémisphère, ne pensa pas autrement que l'esclave Epictète: l'un ne fut jamais humilié de sa bassesse, l'autre ne fut jamais ébloui de sa grandeur' (*Histoire de Jenni*, 1775, ch.9). Voir aussi le dialogue 'Marc-Aurèle et un récollet', *Dialogues et anecdotes philosophiques*.

[5] Maxime de Madaure était un rhéteur et grammairien latin de la fin du quatrième siècle. Païen convaincu, mais d'esprit tolérant, il resta toujours en bonne relation avec son ancien condisciple des écoles de Tagaste, Augustin, plus tard évêque d'Hippone, à qui il soumit ses objections contre le christianisme. Sa lettre à Augustin et la réponse de celui-ci, citées par Voltaire comme introduction à son dialogue, sont historiques. Dans une note à l'article 'Des martyrs' du *Traité sur la tolérance* de 1763, Voltaire cite déjà la lettre: 'lisez la lettre de Maxime de Madaure à saint Augustin, dans laquelle il dit "qu'il n'y a que des imbéciles qui puissent ne pas reconnaître un Dieu souverain"' (*OCV*, t.56c, p.170), et à la section 3

273

Madaure, ville considérable par son commerce, l'était encore plus par les lettres; elle avait vu naître Apulée et Maxime.[6] Saint Augustin, contemporain de Maxime, né dans la petite ville de Tagaste, fut élevé dans Madaure; et Maxime et lui furent toujours amis, malgré la différence de leurs opinions; car Maxime resta toujours attaché à l'antique religion de Numa;[7] et Augustin quitta le manichéisme pour notre sainte religion, dont il fut, comme on le sait, une des plus grandes lumières.[8]

C'est une remarque bien triste, et qu'on a faite souvent sans doute, que cette partie de l'Afrique qui produisit autrefois tant de

---

de l'article 'Idole, idolâtre, idolâtrie' des *Questions sur l'Encyclopédie*, il y revient: 'Qu'on lise encore ce passage du philosophe Maxime de Madaure, que nous avons déjà cité: "Quel homme est assez grossier, assez stupide pour douter qu'il soit un Dieu suprême, éternel, infini, qui n'a rien de semblable à lui-même, et qui est le père commun de toutes choses?"' (*M*, t.19, p.414).

[6] Apulée (L. Apuleus) naquit vers 125 après J.-C. à Madaure, en Numidie. Il s'appliqua plus particulièrement à la philosophie platonicienne. Il fut considéré comme un faiseur de miracles que l'on opposa au Christ. Ses œuvres, parmi lesquelles les *Métamorphoses*, roman satirique dit de l'*Ane d'or*, se révèlent être de précieux documents pour l'histoire de la langue latine en Afrique au deuxième siècle.

[7] Numa Pompilius, second des rois légendaires de Rome (715-672 avant J.-C.), à qui on prête un caractère pacifique et pieux. La légende en fait l'organisateur de l'Etat romain, en particulier de ses institutions religieuses. En l'an 181, on déclara avoir découvert les livres sacrés de Numa sur le Janicule; 7 ou 12 livres étaient écrits en latin, autant en grec; les derniers furent brûlés par le sénat.

[8] Augustin, né à Tagaste en 354, mourut à Hippone en 430. Voltaire se réfère à deux moments importants de sa vie: Augustin adopta la doctrine des manichéens en 373 (voir *Confessiones*, livre 3). Le traité *De pulchro et apto* est inspiré par leur doctrine. A Milan, en 386, il résolut, sous l'influence d'Ambroise, d'abandonner les manichéens, de se faire catéchumène dans l'Église catholique et de s'en tenir là jusqu'à ce qu'une décision soit prise (livre 5). Il fut baptisé en 387. De 396 à 430, il fut évêque d'Hippone. Malgré la légère ironie avec laquelle Voltaire traite tout ce qui regarde l'Église catholique, il ne fait pourtant pas abstraction de l'œuvre importante d'Augustin. Dans son article 'Augustin' des *Questions sur l'Encyclopédie*, Voltaire se moque de la jeunesse 'débauchée' de saint Augustin pour faire voir 'combien ce monde est un tableau changeant. Augustin débauché devient orateur et philosophe' (*OCV*, t.39, p.226). Dans l'article 'Economie de paroles' des *Questions sur l'Encyclopédie*, la raillerie de Voltaire se dirige moins contre la pensée d'Augustin que contre l'influence du langage théologique (*OCV*, t.40, p.608-16).

grands hommes, et qui fut probablement depuis Atlas, la première
école de philosophie, ne soit aujourd'hui connue que par ses   30
corsaires. Mais ces révolutions ne sont que trop communes:
témoin la Thrace,[9] qui produisit autrefois Orphée et Aristote;
témoin la Grèce entière, témoin Rome elle-même.

Nous avons encore des monuments de la correspondance qui
subsista toujours entre le disert Augustin de Tagaste, et le   35
platonicien Maxime de Madaure. On nous a conservé les lettres
de l'un et de l'autre. Voici la fameuse lettre de Maxime sur
l'existence de Dieu, avec la réponse de saint Augustin, toutes
deux traduites par Dubois de Port-Royal, précepteur du dernier
duc de Guise.[10]   40

Lettre de Maxime de Madaure à Augustin

Or qu'il y ait un Dieu souverain qui soit sans commencement et
qui sans avoir rien engendré de semblable à lui, soit néanmoins le
père et le formateur de toutes choses, quel homme est assez
grossier, assez stupide pour en douter? C'est celui dont nous
adorons sous des noms divers l'éternelle puissance, répandue dans   45
toutes les parties du monde; ainsi honorant séparément par
diverses sortes de cultes, ce qui est comme ses divers membres,

[9] Ce nom fut donné par les anciens Grecs et Romains à la partie orientale de la
péninsule des Balkans, séparée par l'Asie, par l'Hellespont et le Bosphore. Les Grecs
attribuaient aux anciens Thraces un rôle considérable dans la période légendaire. On
leur attribue l'importation du culte des Muses, et l'on range parmi eux la plupart des
anciens poètes: Orphée, Musée, Thamyris et Eumolpos. Au chapitre 25 de la
Philosophie de l'histoire, Voltaire y fait allusion: 'Orphée est un personnage aussi réel
que Minos; il est vrai que les marbres de Paros n'en font point mention, c'est
probablement parce qu'il n'était pas né dans la Grèce proprement dite, mais dans la
Thrace' (*OCV*, t.59, p.177).

[10] Philippe Goibaud-Dubois (1626-1694), d'abord maître de danse auprès du
duc de Guise; après la mort de celui-ci, il traduisit saint Augustin et Cicéron. Ces
traductions pompeuses et apprêtées suffirent pour lui ouvrir les portes de l'Académie
française en 1693; voir Augustin, *Lettres*, 2 vol. (Paris, 1684); Cicéron, *Les Offices*
(Paris, 1691); *Livres de la vieillesse et de l'amitié avec les Paradoxes* (Paris, 1691).

nous l'adorons tout entier [...] qu'ils vous conservent, ces dieux subalternes, sous les noms desquels, et par lesquels tout autant de mortels que nous sommes sur la terre, nous adorons le *père commun* 50 *des dieux et des hommes*, par différentes sortes de cultes, à la vérité; mais qui s'accordent tous dans leur variété même, et ne tendent qu'à la même fin.

Réponse d'Augustin

Il y a dans votre place publique deux statues de Mars, nue dans l'une, et armée dans l'autre, et tout auprès la figure d'un homme qui 55 avec trois doigts qu'il avance vers Mars, tient en bride cette divinité dangereuse à toute la ville. Sur ce que vous me dites que de pareils dieux sont des membres du seul véritable Dieu, je vous avertis avec toute la liberté que vous me donnez, de ne pas tomber dans de pareils sacrilèges; car ce seul Dieu dont vous parlez, est sans doute 60 celui qui est reconnu de tout le monde, et sur lequel les ignorants conviennent avec les savants, comme quelques anciens ont dit. Or, direz-vous que celui dont la force, pour ne pas dire la cruauté, est réprimée par un homme mort soit un membre de celui-là? Il me serait aisé de vous pousser sur ce sujet; car vous voyez bien ce 65 qu'on pourrait dire sur cela; mais je me retiens, de peur que vous ne disiez que ce sont les armes de la rhétorique que j'emploie contre vous plutôt que celles de la vérité.

Venons maintenant au fameux ouvrage de ce Maxime.

Traduction du dialogue de Maxime de Madaure, entre Sophronime et Adélos

ADÉLOS

Vos sages conseils, Sophronime, ne m'ont pas rassuré encore. 70 Parvenu à l'âge de quatre-vingt-six années, [11] vous croyez être plus

[11] Il est certain qu'il y a une identification marquée de Voltaire avec ses personnages, particulièrement avec Sophronime. L'âge des deux protagonistes ne

près du terme que moi qui en ai soixante et quinze. Vous avez
rassemblé toutes vos forces pour combattre l'ennemi qui s'avance.
Mais je vous avoue que je n'ai pu me forcer à regarder la mort avec
ces yeux indifférents dont on dit que tant de sages la contemplent. 75

SOPHRONIME

Il y a peut-être dans l'étalage de cette indifférence un faste de vertu
qui ne convient pas au sage. Je ne veux point qu'on affecte de
mépriser la mort; je veux qu'on s'y résigne. Nous le devons,
puisque tout corps organisé, animaux pensants, animaux sentants,
végétaux, métaux même, tout est formé pour la destruction. La 80
grande loi est de savoir souffrir ce qui est inévitable.

ADÉLOS

C'est précisément ce qui fait ma douleur. Je sais trop qu'il faut
périr. J'ai la faiblesse de me croire heureux en considérant ma
fortune, ma santé, mes richesses, mes dignités, mes amis, ma
femme, mes enfants. Je ne puis songer, sans affliction, qu'il me faut 85
bientôt quitter tout cela pour jamais. J'ai cherché des éclaircis-
sements et des consolations dans tous les livres, je n'y ai trouvé que
de vaines paroles.

J'ai poussé la curiosité jusqu'à lire un certain livre qu'on dit
chaldéen, et qui s'appelle le *Qohélet*.[12] 90

---

peut cependant pas fournir d'indice concernant la date de la composition du
dialogue.

[12] Chapitre 2. Le Qohélet ou l'Ecclésiaste, attribué autrefois à Salomon, a pour but
de démontrer à l'homme que le bonheur terrestre existe. Déjà en 1759, et peut-être
même en 1756 (D6760), Voltaire tente d'approfondir ce sujet en composant le *Précis
de l'Ecclésiaste* et à sa suite le *Précis du Cantique des cantiques* pour Mme de
Pompadour. Le premier, qu'il appelle lui-même 'philosophique' et qui fut condamné
et brûlé le 7 septembre 1759, sera dédié au roi de Prusse et publié beaucoup plus tard
en 1775 (voir *M*, t.9, p.483). Dans l'avertissement de 1759, Voltaire en donne lui-
même son interprétation: 'Il [l'Ecclésiaste] montre le néant des choses humaines, il
conseille en même temps l'usage raisonnable des biens que Dieu a donnés aux
hommes: il ne fait pas de la sagesse un tableau hideux et révoltant; c'est un cours de
morale pour les gens du monde' (*M*, t.9, p.484).

L'auteur me dit, que m'importe d'avoir appris quelque chose si je meurs tout ainsi que l'insensé et l'ignorant? [13] – La mémoire du sage et celle du fou périssent également. [14] – Le trépas des hommes est le même que celui des bêtes; leur condition est la même; l'un expire comme l'autre, après avoir respiré de même [15] – L'homme n'a rien de plus que la bête. – Tout est vanité. – Tous se précipitent dans le même abîme. – Tous sont produits de terre, tous retournent à la terre – et qui me dira si le souffle de l'homme s'exhale dans l'air, et si celui de la bête descend plus bas? 95

Le même instructeur après m'avoir accablé de ces images désespérantes m'invite à me réjouir, [16] à boire, à goûter les voluptés de l'amour, à me complaire dans mes œuvres. Mais lui-même en me consolant est aussi affligé que moi. Il regarde la mort comme un anéantissement affreux. Il déclare qu'un chien vivant [17] vaut mieux qu'un lion mort. [18] Les vivants, dit-il, ont le malheur de savoir qu'ils mourront, et les morts ne savent rien, ne sentent rien, ne connaissent rien, n'ont rien à prétendre. Leur mémoire est dans un éternel oubli. 100 105

Que conclut-il sur-le-champ de ces idées funèbres? Allez donc, dit-il, mangez votre pain avec allégresse, [19] buvez votre vin avec joie. [20] 110

[13] Ecclésiaste 2:15.
[14] Ecclésiaste 2:16.
[15] Ecclésiaste 3:19-21.
[16] Ecclésiaste 5:7.
[17] Ecclésiaste 9:4-5.
[18] Dans une lettre du 22 décembre 1772 à Frédéric II, dans laquelle il se prononce une fois de plus contre l'immortalité de l'âme, Voltaire fait allusion à l'Ecclésiastique de Jésus, fils de Sirach (17:27): 'Salomon eut raison de dire / Que Dieu fait en vain ses efforts / Pour qu'on le loue en cet empire / Dieu n'est point loué par les morts. / On a beau dire, on a beau faire / Pour trouver l'immortalité. / Ce n'est rien qu'une vanité, / Et c'est aux vivants qu'il faut plaire'. En revenant textuellement à la note 17: 'Il est pourtant clair qu'il n'y a que le déiste ou l'athée auteur de l'Ecclésiaste qui avait raison, il est bien certain qu'un lion mort ne vaut pas un chien vivant, qu'il faut jouir, et que tout le reste est folie' (D18099).
[19] Ecclésiaste 9:7.
[20] 'Dieu nous donna des biens, il veut qu'on en jouisse' (*Précis de l'Ecclésiaste, M,*

Pour moi, je vous avoue qu'après de tels discours je suis prêt à
tremper mon pain dans mes larmes, et que mon vin m'est d'une
insupportable amertume.

SOPHRONIME

Quoi! parce que dans un livre oriental il se trouve quelques   115
passages où l'on vous dit que les morts n'ont point de sentiment,
vous vous livrez à présent à des sentiments douloureux! vous
souffrez actuellement de ce qu'un jour vous ne souffrirez plus du
tout!

ADÉLOS

Vous m'allez dire qu'il y a là de la contradiction; je le sens bien.   120
Mais je n'en suis pas moins affligé. Si on me dit qu'on va briser une
statue faite avec le plus grand art, qu'on va réduire en cendres un
palais magnifique, vous me permettez d'être sensible à cette
destruction; et vous ne voulez pas que je plaigne la destruction
de l'homme, le chef-d'œuvre de la nature!   125

SOPHRONIME

Je veux, mon cher ami, que vous vous souveniez avec moi des
Tusculanes de Cicéron,[21] dans lesquelles ce grand homme vous
prouve avec tant d'éloquence que la mort n'est point un mal.

---

t.9, p.492). Voltaire y rajoute, sous forme de note, Ecclésiaste 11:9: 'Laetare ergo,
juvenis, in adulescentia tua, et in bono sit cor tuum'. Outre le message déiste que
Voltaire exprime à travers ce *Précis*, il souligne surtout l'idée de vanité des biens
terrestres à l'âge mûr qu'Adélos déplore tant: 'J'ai recours à l'ignorance: / Le savoir
est vanité' (*M*, t.9, p.485).

[21] Dans l'enseignement des auteurs de l'antiquité grecque et latine, Cicéron avait
joué pour Voltaire un rôle prépondérant à Louis-le-Grand. On trouve d'ailleurs son
éloge à maintes reprises. Bien qu'il porte un jugement assez sévère sur la physique
des stoïciens (voir l'article 'Fin du monde' des *Questions sur l'Encyclopédie*, *M*, t.19,
p.143), il admire Cicéron surtout pour sa morale. Dans une lettre du 12 février 1736
à l'abbé d'Olivet, Voltaire rapporte la lecture des *Tusculanes* faite avec Mme
Du Châtelet en manifestant son admiration pour les 'charmes de cette belle latinité',

ADÉLOS

Il me le dit, mais peut-être avec plus d'éloquence que de preuves. Il s'est moqué des fables de l'Achéron et du Cerbère, mais il y a peut-être substitué d'autres fables. Il usait de la liberté de sa secte académique, qui permet de soutenir le pour et le contre. Tantôt c'est Platon qui croit l'immortalité de l'âme; tantôt c'est Dicéarque[22] qui la suppose mortelle. S'il me console un peu par l'harmonie de ses paroles, ses raisonnements me laissent dans une triste incertitude.[23] Il dit comme tous les physiciens qui me semblent si mal instruits, que l'air et le feu montent en droite ligne à la région céleste: et de là, dit-il, il est clair que les âmes au sortir des

---

pour 'cette beauté de génie' et 'ce caractère vrai de vertu et d'élévation' (D1012). Cependant, dans la même lettre, il critique Cicéron à propos de l'immortalité de l'âme (sujet repris par Adélos dans sa réponse), et déclenche toute une quantité d'arguments dont la quintessence se trouve déjà dans la remarque suivante: 'C'est une chose pitoyable que toutes ces prétendues preuves de l'immortalité de l'âme alléguées par Platon. Ce qu'il y a de plus pitoyable peut-être est la confiance avec laquelle Cicéron les rapporte'.

[22] Dicéarque (347-285 avant J.-C.) de Messine, célèbre philosophe, historien et géographe, un des jeunes disciples d'Aristote, était aussi l'auteur de deux grands ouvrages philosophiques mentionnés par Cicéron (*Tusculanes* I, 18): l'un en trois livres, intitulé $\Lambda\epsilon\sigma\delta\iota\alpha\chi o i$, avait pour but de démontrer que l'âme est mortelle, l'autre continuait le sujet sous le titre de $Ko\rho\iota\nu\theta\iota\alpha\chi o i$. Dicéarque soutient un point de vue matérialiste en affirmant que l'âme n'est pas un principe, une essence distincte du corps. Elle ne se distingue pas de cette force qui est répandue en toutes choses et anime les êtres vivants. Aussi est-elle présente dans toutes les parties du corps et il ne reste rien d'elle après la mort. Les fragments de ses œuvres qui subsistent et qui avaient été à la disposition de Voltaire ont été publiés par H. Estienne (Paris, 1589), et par Heinsius (3 vol., Leyde, 1613).

[23] On retrouve ces arguments sous forme de critique dans une note du *Poème sur le désastre de Lisbonne*, dans laquelle il défend Bayle au détriment de Cicéron: 'Il soutient en cent endroits la mortalité de l'âme, dans ses *Tusculanes*, après avoir soutenu son immortalité. [...] Jamais Bayle n'a dit rien d'approchant. Cependant on met Cicéron entre les mains de la jeunesse; on se déchaîne contre Bayle: pourquoi? c'est que les hommes sont inconséquents, c'est qu'ils sont injustes' (*OCV*, t.45A, p.356-57).

corps, montent au ciel, soit qu'elles soient des animaux respirant
l'air, soit qu'elles soient composées de feu. (a)   140
Cela ne me paraît pas si clair. D'ailleurs Cicéron aurait-il voulu
que l'âme de Catilina et celle des trois abominables triumvirs
eussent monté au ciel en droite ligne? [24]
J'avoue à Cicéron que ce qui n'est point n'est pas malheureux;
que le néant ne peut ni se réjouir, ni se plaindre; je n'avais pas   145
besoin d'une *Tusculane* pour apprendre des choses si triviales et si
inutiles. On sait bien, sans lui, que les enfers inventés soit par
Orphée, soit par Hermès, soit par d'autres, sont des chimères
absurdes. [25] J'aurais désiré que le plus grand orateur, le premier
philosophe de Rome, m'eût appris bien nettement s'il y a des âmes,   150
ce qu'elles sont, pourquoi elles sont faites, ce qu'elles deviennent.
Hélas! sur ces grands et éternels objets de la curiosité humaine,
Cicéron n'en sait pas plus que le dernier sacristain d'Isis ou de la
déesse de Syrie. [26]
Cher Sophronime, je me rejette entre vos bras; ayez pitié de ma   155

(a) 'Perspicuum debet esse animos, cum e corpore excesserint, sive illi
sint animales spirabiles, sive ignei, sublime ferri.' [27]

[24] Allusion au rôle de Cicéron dans *Rome sauvée*.

[25] A l'article 'Enfer' des *Questions sur l'Encyclopédie*, Voltaire ajoute cette
constatation: 'Les poètes ayant inventé ces enfers s'en moquèrent les premiers'
(*M*, t.18, p.541).

[26] Le fait que Voltaire mentionne *expressis verbis* les doutes de Cicéron dans la
section 11 de l'article 'Ame' du *Dictionnaire philosophique* de 1764 et 1765, pourrait
porter à croire que le *Dialogue* fut composé à la même époque. Cependant, ce serait
ignorer le rôle de la répétition d'arguments au fil des œuvres de Voltaire. En ce qui
concerne la datation des différentes sections de l'article 'Ame' voir *Fragment sur
l'antiquité du dogme de l'immortalité de l'âme* (*M*, t.17). Voir aussi l'article 'Ame' des
Questions sur l'Encyclopedie (*OCV*, t.35 et 38).

[27] Le texte de Cicéron est: 'Perspicuum debet esse animos, cum e corpore
excesserint, sive illi sint animales, id est spirabiles, sive ignei, in sublime ferri'
(*Tusculanes*, livre 1, article 17); donc, 'des animaux, c'est-à-dire des êtres aériens'.

faiblesse. Faites-moi un petit résumé de ce que vous me disiez ces jours passés sur tous ces objets de doute.

SOPHRONIME

Mon ami, j'ai toujours suivi la méthode de l'éclecticisme;[28] j'ai pris dans toutes les sectes ce qui m'a paru le plus vraisemblable. Je me suis interrogé moi-même de bonne foi, je vais encore vous parler 160 de même, tandis qu'il me reste assez de force pour rassembler mes idées, qui vont bientôt s'évanouir.

1° J'ai toujours avec Platon et Cicéron, reconnu dans la nature un pouvoir suprême, aussi intelligent que puissant, qui a disposé l'univers tel que nous le voyons. Je n'ai jamais pu penser avec 165 Epicure que le hasard, qui n'est rien, ait pu tout faire.[29] Comme j'ai

[28] La philosophie de l'éclectisme dont Cicéron fut un des représentants les plus éminents, se caractérise par le fait que le philosophe choisit dans les systèmes antérieurement constitués les parties qui lui paraissent les plus vraies et essaie de former un ensemble avec les éléments qu'il a empruntés. La pensée éclectique qui, depuis Hegel, paraît être un courant plutôt péjoratif dans l'histoire de la philosophie, était au dix-huitième siècle synonyme de pensée éclairée, telle que l'exprime Diderot dans son article 'Eclectisme' de l'*Encyclopédie*. En vue des deux sortes d'éclectisme que Diderot distingue, à savoir l'un expérimental et l'autre systématique, Voltaire semble représenter, comme le montrent les idées qu'il développe par la suite, le dernier philosophe qui, d'après Diderot, 's'occupe à comparer entre elles les vérités connues et à combiner les faits donnés pour en tirer ou l'explication d'un phénomène ou l'idée d'une expérience' (voir l'*Encyclopédie*, t.2, p.270-93).

[29] Cette phrase semble obscure, voire incorrecte, si l'on considère la philosophie d'Epicure. Jamais il n'a prétendu que le hasard ait pu tout faire. Pour atteindre son but, c'est-à-dire le bonheur humain, il rejette aussi bien la religion et les superstitions populaires que la crainte de la mort et de la vie future. Epicure professe que les choses sont l'effet nécessaire des combinaisons qui résultent du mouvement et des propriétés des atomes. Concernant les doutes de Voltaire sur ce point, voir l'article 'Mouvement' des *Questions sur l'Encyclopédie*, neuvième partie, 1772 (*M*, t.20, p.112-15).

Ce que Voltaire appelle 'hasard' semble être le contraire des 'causes finales' et d'une 'puissance intelligente', notions si importantes pour son déisme et sa vision du monde. Dans l'écrit *Des singularités de la nature* (1768), il reproche à Epicure et à Lucrèce d'avoir rejeté les causes finales et d'avoir osé 'nier à la nature, au grand Etre, à l'intelligence universelle, ce qu'ils accordaient tous à leurs moindres ouvriers'

vu toute la nature soumise à des lois constantes, j'ai reconnu un législateur; et comme tous les astres se meuvent selon des règles d'une mathématique éternelle, j'ai reconnu avec Platon l'éternel Géomètre. [30]

170

(*M*, t.27, p.138). Une importante profession de foi en un seul Dieu sera réalisée dans une preuve des *Lettres de Memmius à Cicéron* de 1771 'contre Epicure, Lucrèce et autres philosophes' (*M*, t.28, p.441-43).

[30] Voir *M*, t.28, p.440-41. Un an après l'apparition du *Système de la nature*, Voltaire oppose dans les *Lettres de Memmius à Cicéron* ses principes et sa foi en l'existence de Dieu aux idées d'Holbach, de Diderot et de leurs adhérents à travers les personnages de Lucrèce, Epicure et Straton. Cicéron (dont la *Natura deorum* lui sert de point de référence) et surtout Platon (sans adopter ses autres principes qu'il avait sévèrement critiqués dans deux morceaux des *Nouveaux mélanges* de 1765: *Du 'Timée' de Platon, et de quelques autres choses* et *Questions sur Platon, et sur quelques autres bagatelles*, *M*, t.20, p.224-30) sont de nouveau les philosophes à qui il fait appel, presque dans les mêmes mots, pour prouver l'existence de 'l'éternel Géomètre' et pour démontrer l'organisation du monde créé par ce 'Fabricateur éternel'. Bien que Voltaire recoure assez souvent à la philosophie de Platon, il la voit de façon plutôt négative. Il qualifie les arguments par lesquels Platon prouve l'immortalité de l'âme dans son *Phédon* d'"épouvantable galimatias'; voir l'article 'Aristote' des *Questions sur l'Encyclopédie* (*OCV*, t.39, p.2); voir aussi *Dieu et les hommes*, 1769: 'Tout ce beau galimatias valut à Platon le surnom de divin, comme les Italiens le donnent aujourd'hui à leur charmant fou d'Arioste, qui est pourtant plus intelligible que Platon' (*OCV*, t.69, p.460). Il reproche au platonisme de ne présenter aucune originalité et d'avoir servi de nœud et de 'premier développement du christianisme' (*OCV*, t.69, p.462).

La raison de sa critique de la philosophie 'à la grecque' est mentionnée dans une note à l'opuscule de Voltaire, *Songe de Platon*: 'Ainsi Platon et Aristote après avoir été longtemps l'objet d'une espèce de culte, durent devenir presque ridicules aux premières lueurs de la vraie philosophie. [...] C'est contre ces rêveries seules que M. de Voltaire s'est permis de s'élever quelquefois, et aux dépens desquelles il ne croyait pas que le respect, qu'on doit au génie de Platon ou d'Aristote dût l'empêcher de faire rire ses lecteurs' (*K*, t.45, p.436; voir aussi *OCV*, t.17, p.539-49).

Ce que Voltaire entend par la 'vraie philosophie' se dégage dans le deuxième texte critique, contenant les *Questions sur Platon, et sur quelques autres bagatelles*: 'L'île barbare des Cassitérides, où les hommes vivaient dans les bois du temps de Platon, a produit enfin des philosophes autant au-dessus de lui que Platon était au-dessus de ceux de ses contemporains qui ne raisonnaient pas' (*M*, t.20, p.229). Voir aussi *Lettres philosophiques*, treizième lettre sur M. Locke (*LP*, t.1, p.166-76).

283

2° De là descendant à ses ouvrages, et rentrant dans moi-même, j'ai dit, il est impossible que dans aucun des mondes infinis qui remplissent l'univers, il y ait un seul être qui se dérobe aux lois éternelles; car celui qui a tout formé doit être maître de tout. Les astres obéissent; le minéral, le végétal, l'animal, l'homme obéissent donc de même.

3° Je ne connais le secret ni de la formation, ni de la végétation, ni de l'instinct animal, ni de l'instinct et de la pensée de l'homme. Tous ces ressorts sont si déliés qu'ils échappent à ma vue faible et grossière. Je dois donc penser qu'ils sont dirigés par les lois du Fabricateur éternel.

4° Il a donné aux hommes organisation, sentiment et intelligence. Aux animaux organisation, sentiment et ce que nous appelons instinct. Aux végétaux organisation seule. Sa puissance agit donc continuellement sur ces trois règnes.

5° Toutes les substances de ces trois règnes périssent les unes après les autres. Il en est qui durent des siècles, d'autres qui vivent un jour, et nous ne savons pas si les soleils qu'il a formés ne seront pas à la fin détruits comme nous. [31]

6° Ici vous me demanderez si je pense que nos âmes périront aussi comme tout ce qui végète, ou si elles passeront dans d'autres corps, ou si elles revêtiront un jour le même, ou si elles s'envoleront dans d'autres mondes?

A cela je vous répondrai qu'il ne m'est pas donné de savoir l'avenir; qu'il ne m'est pas même donné de savoir ce que c'est qu'une âme. Je sais certainement que le pouvoir suprême qui régit la nature a donné à mon individu la faculté de sentir, de penser, et

---

[31] Ce condensé d'idées sur l'univers déiste rassemblant tous les doutes de Voltaire se retrouve dans une série d'autres écrits rédigés surtout à la fin de sa vie, comme certains articles des *Questions sur l'Encyclopédie* ou du *Dictionnaire philosophique*, dans des écrits traitant les sujets de l'âme et en particulier dans *Tout en Dieu*, *commentaire sur Malebranche* et les *Dialogues d'Evhémère*. Concernant le cinquième point, Voltaire fait allusion à Aristote, idée qu'il reprend de façon plus critique dans le sixième dialogue d'Evhémère (*OCV*, t.80C, p.181-92).

d'expliquer mes pensées.[32] Et quand on me demande si après ma mort ces facultés subsisteront, je suis presque tenté d'abord de demander à mon tour si le chant du rossignol subsiste quand l'oiseau a été dévoré par un aigle?[33]

200

Convenons d'abord avec tous les bons philosophes que nous n'avons rien par nous-mêmes. Si nous regardons un objet, si nous entendons un corps sonore, il n'y a rien dans ces corps, ni dans nous qui puisse produire immédiatement ces sensations. Par conséquent il n'est rien, ni dans nous ni autour de nous qui puisse produire immédiatement nos pensées. Car point de pensées dans l'homme avant la sensation: 'Nihil est in intellectu quod non prius fuerit in sensu.'[34] Donc c'est Dieu qui nous fait toujours sentir et penser, donc c'est Dieu qui agit sans cesse sur nous, de quelque manière incompréhensible qu'il agisse. Nous sommes dans ses mains comme tout le reste de la nature. Un astre ne peut pas dire, je tourne par ma propre force. Un homme ne doit pas dire, je sens et je pense par mon propre pouvoir.

205

210

Etant donc les instruments périssables d'une puissance éternelle, jugez vous-même si l'instrument peut jouer encore quand il

215

---

[32] René Pomeau souligne que Voltaire modifie ici, comme dans *Tout en Dieu* (*M*, t.28, p.96), *De l'âme* (*M*, t.29, p.337-39) et dans *Le Philosophe ignorant* (*OCV*, t.62, p.54), la métaphore de la vision en Dieu. Ceci présente l'intérêt de mettre plus en valeur la subordination. Voir Pomeau, *La Religion de Voltaire* (Paris, 1968), p.415 (ci-après *La Religion de Voltaire*).

[33] Raymond Naves note que 'Voltaire marque bien ici son refus des interprétations surnaturelles' (*Dialogues et anecdotes philosophiques*, p.524-25). En ce qui concerne l'immortalité de l'âme que Voltaire renie, il nous renvoie au deuxième entretien du dialogue *ABC*, à l'article 'Ame' des *Questions sur l'Encyclopédie* et au chapitre 6 du *Traité de métaphysique*. La présomption en faveur de la mortalité de l'âme exprimée par l'exemple du rossignol se retrouve également dans le quatrième dialogue d'Evhémère (*OCV*, t.80c, p.155-63). Voir aussi *Dialogues et anecdotes philosophiques*, p.527, n.300.

[34] Cette citation, principe fondamental du sensualisme, n'est pas d'Aristote, mais figure pourtant chez saint Thomas d'Aquin (*De veritate*, question 2, article 3). Voltaire la cite également en français dans son article 'Sensation' du *Dictionnaire philosophique* de 1764 en se référant, de façon controversée, à la philosophie de Locke (*OCV*, t.36, p.529).

285

n'existe plus, et si ce ne serait pas une contradiction évidente. Jugez surtout si en admettant un formateur souverain, on peut admettre des êtres qui lui résistent.

ADÉLOS

J'ai toujours été frappé de cette grande idée. Je ne connais point de 220 système plus respectueux envers Dieu. Mais il me semble que si c'est révérer en Dieu sa toute-puissance, c'est lui ôter sa justice, et c'est ravir à l'homme sa liberté. Car si Dieu fait tout, s'il est tout, il ne peut ni récompenser ni punir les simples instruments de ses décrets absolus. Et si l'homme n'est que ce simple instrument, il 225 n'est pas libre. [35]

Je pourrais me dire que dans votre système qui fait Dieu si grand et l'homme si petit, l'Etre éternel sera regardé par quelques esprits, comme un fabricateur qui a fait nécessairement des ouvrages nécessairement sujets à la destruction; il ne sera plus aux yeux de 230 bien des philosophes qu'une force secrète, répandue dans la nature. Nous retomberons peut-être dans le matérialisme de Straton en voulant l'éviter. [36]

---

[35] Quant au problème de la liberté, Adélos ne comprend pas le discours de Sophronime, qui constitue une autre défense de la 'métaphysique' de Locke (voir aussi *LP*, t.i, p.166-76, et la troisième partie du *Poème sur la loi naturelle*, *OCV*, t.32B).

[36] Straton (né entre 330 et 340 avant J.-C., mort en 269), philosophe grec de Lampsaque, surnommé le 'Physicien', succéda à Théophraste dans la direction de l'école d'Aristote en 286 avant J.-C. Rejetant à la fois le finalisme d'Aristote et l'atomisme, il enseignait que tout ce qui est et tout ce qui se fait est le résultat de poids et de mouvements naturels. Parmi d'autres principes il admettait l'existence du vide, l'éternité du monde dans le temps et l'infinité dans la division. Il pensait aussi que tous les états d'âme, même la pensée, résultent des sensations, c'est-à-dire des mouvements imprimés à la matière psychique qu'il localisait dans le cerveau. Les objections que Straton formulait contre les arguments employés par Platon pour établir l'immortalité de l'âme faisaient probablement partie d'un ensemble de critiques dirigées contre la spéculation métaphysique (voir *La Grande Encyclopédie*, 31 vol., Paris, 1886-1902, t.30, p.539).

Dans les *Lettres de Memmius à Cicéron* (Lettre troisième, 'Contre les athées'), Voltaire examine avec beaucoup d'ironie certains principes de la pensée de Straton

SOPHRONIME

J'ai craint longtemps comme vous ces conséquences dangereuses, et c'est ce qui m'a empêché d'enseigner mes principes ouvertement 235 dans mes écoles. Mais je crois qu'on peut aisément se tirer de ce labyrinthe. Je ne dis pas cela pour le vain plaisir de disputer et pour n'être pas vaincu en paroles. Je ne suis pas comme ce rhéteur[37] d'une secte nouvelle qui avoue dans un de ses écrits que s'il répond à une difficulté métaphysique insoluble, 'ce n'est pas qu'il ait rien 240 de solide à dire, mais c'est qu'il faut bien dire quelque chose'.

J'ose donc dire d'abord qu'il ne faut pas accuser Dieu d'injustice, parce que les enfers des Egyptiens, d'Orphée, et d'Homère n'existent pas, et que les trois gueules de Cerbère, les trois Furies, les trois Parques, les mauvais Démons, la roue d'Ixion, 245 le vautour de Prométhée sont des chimères absurdes. Les

---

tout en posant la question principale qui le préoccupe comme ses deux interlocuteurs, c'est-à-dire la preuve d'un Dieu Géomètre: 'Il était bien hardi ce Straton, qui, accordant l'intelligence aux opérations de son chien de chasse, la niait aux œuvres merveilleuses de toute la nature. Il avait le pouvoir de penser, et il ne voulait pas qu'il y eût dans la fabrique du monde un pouvoir qui pensât.

Il disait que la nature seule, par ses combinaisons, produit des animaux pensants. Je l'arrête là, et je lui demande quelle preuve il en a. Il me répond que c'est son système, son hypothèse, que cette idée en vaut bien une autre.

Mais moi, je lui dis: Je ne veux point d'hypothèse, je veux des preuves. [...] Je ne sais pas si, dans la suite des temps, il se trouvera quelqu'un d'assez fou pour assurer que la matière, sans penser, produit d'elle-même des milliards d'êtres qui pensent. Je lui soutiendrai que, suivant ce beau système, la matière pourrait produire un Dieu sage, puissant et bon' (*M*, t.28, p.443-44).

Malgré les 'conséquences dangereuses' à la suite desquelles Voltaire risque de se rapprocher des idées de Straton, à savoir que 'de Dieu présent dans la nature, à la nature divinisée la transition est insensible', Pomeau souligne pourtant que Voltaire nie 'contre les modernes partisans de Straton et de Zénon' le fait 'que le mouvement soit essentiel à la matière' (voir D14292 contre les *Lettres philosophiques* de Toland, traduites par d'Holbach): 'la matière est mue, et Voltaire cite l'ancienne preuve alléguée par Clarke: le sens de rotation des planètes suppose un choix et une intelligence qui a choisi' (*La Religion de Voltaire*, p.409, 413).

[37] Il s'agit de saint Augustin. Voltaire lui reproche cette déclaration aussi dans l'article 'Economie de paroles' des *Questions sur l'Encyclopédie* (*OCV*, t.40, p.611-13).

charlatans sacrés d'Egypte qui inventèrent ces horribles fadaises pour se faire craindre, et qui ne soutinrent leur religion que par des bourreaux, sont aujourd'hui regardés par les sages comme la lie du genre humain; ils sont aussi méprisés que leurs fables. [38]

Il y a certes une punition plus vraie, plus inévitable dans ce monde pour les scélérats. Et quelle est-elle? c'est le remords qui ne manque jamais, et la vengeance humaine laquelle manque rarement. J'ai connu des hommes bien méchants, bien atroces; je n'en ai jamais vu un seul heureux.

Je ne ferai pas ici la longue énumération de leurs peines, de leurs horribles ressouvenirs, de leurs terreurs continuelles, de la défiance où ils étaient de leurs domestiques, de leurs amis, de leurs femmes, de leurs enfants. Cicéron avait bien raison de dire ce sont là les vrais Cerbères, les vraies Furies, leurs fouets et leurs flambeaux.

Si le crime est ainsi puni, la vertu est récompensée, non par des champs élysées où le corps se promène insipidement quand il n'est plus; mais pendant sa vie, par le sentiment intérieur d'avoir fait son devoir, par la paix du cœur, par l'applaudissement des peuples, par

250

255

260

[38] Avant de traiter le sujet le plus important après celui de l'existence de Dieu, celui de la morale, Voltaire se sépare de tout ce qui est antiphilosophique, voire ce qu'il appelle fable ou mythologie, enfer, punition, charlatanerie et superstition. Le fait que les éditions du *Dictionnaire philosophique* de 1764 et 1765 continuent d'approfondir des articles sur ces thèmes, et qui sont repris et complétés dans les *Questions sur l'Encyclopédie*, montre que la lutte contre les superstitions et pour la raison accompagne aussi les œuvres d'envergure plutôt métaphysique, comme l'indique ce dialogue. Le laconisme des déclarations polémiques ou ironiques qui caractérise des exemples souvent tirés de l'histoire dans les différents articles sur ce sujet exprime de façon encore plus concise l'idée que Sophronime évoque ici. Voir l'article 'Superstition' des *Questions sur l'Encyclopédie*: 'Le superstitieux est au fripon ce que l'esclave est au tyran. Il y a plus encore; le superstitieux est gouverné par le fanatique, et le devient' (deuxième section publiée en 1765, *M*, t.20, p.454). Voir aussi la fin de l'article 'Enfer' (1771): 'Nous avons affaire à force fripons qui ont peu réfléchi; à une foule de petites gens, brutaux, ivrognes, voleurs. Prêchez-leur, si vous voulez, qu'il n'y a point d'enfer, et que l'âme est mortelle. Pour moi, je leur crierai dans les oreilles qu'ils seront damnés s'ils me volent: j'imiterai ce curé de campagne qui, ayant été outrageusement volé par ses ouailles, leur dit à son prône: "Je ne sais à quoi pensait Jésus-Christ de mourir pour des canailles comme vous"' (*M*, t.18, p.547-48).

l'amitié des gens de bien. C'est l'opinion de Cicéron, c'est celle de   265
Caton, de Marc-Aurèle, d'Epictète, c'est la mienne. [39] Ce n'est pas
que ces grands hommes prétendent que la vertu rende parfaitement
heureux. Cicéron avoue qu'un tel bonheur ne saurait être toujours
pur, parce que rien ne peut l'être sur la terre. Mais remercions le
maître de la nature humaine d'avoir mis à côté de la vertu la mesure   270
de félicité dont cette nature est susceptible. [40]

Quant à la liberté de l'homme que la toute-puissante et toute
agissante nature de l'Etre universel semblerait détruire, je m'en
tiens à une seule assertion. La liberté n'est autre chose que le
pouvoir de faire ce qu'on veut. [41] Or ce pouvoir ne peut jamais être   275

[39] Voltaire se montre beaucoup plus pessimiste à propos de la justice de Dieu dans
une de ses dernières œuvres, les *Dialogues d'Evhémère*: 'A l'égard de sa justice, vous
vous moqueriez trop de moi si je vous parlais de l'enfer des Grecs. Leur chien
Cerbère qui aboie de ses trois gueules, les trois Parques [...] sont des imaginations si
ridicules que les enfants en rient. [...] Dieu m'a donné assez de raison pour me
convaincre qu'il existe; [...] Je me tiens dans un respectueux silence sur les châtiments
dont il punit les criminels, et sur les récompenses des justes. Tout ce que je puis vous
dire, c'est que je n'ai jamais vu des méchants heureux, mais que j'ai vu beaucoup de
gens de bien très malheureux: cela me fâche et me confond; mais les épicuriens ont la
même difficulté que moi à dévorer. Ils doivent être comme moi en voyant si souvent
le crime triomphant, et la vertu foulée aux pieds des pervers. Est-ce donc une si
grande consolation pour d'honnêtes gens comme les bons épicuriens, de n'avoir
point d'espérance?' (*OCV*, t.80C, p.158-59).

[40] Parmi les témoins auxquels Voltaire fait appel pour sa théorie de la vertu,
Cicéron prend une fonction d'autorité. Dans la préface de Voltaire de 1753 pour
Rome sauvée, dans laquelle il dresse son portrait, il l'appelle 'un homme vertueux'
(*OCV*, t.31A, p.146). Dans les différents écrits qui traitent de cette notion dans son
contexte philosophique, Voltaire revient toujours à la même conception. Dans le
septième *Discours en vers sur l'homme*, 'Sur la vraie vertu', il l'appelle 'bienfaisance'
(*OCV*, t.17, p.530); le chapitre 9 'De la vertu et du vice' du *Traité de métaphysique*
donne une définition très claire du concept: 'La vertu et le vice, le bien et le mal
moral, est donc en tout pays ce qui est utile ou nuisible à la société' (*OCV*, t.14,
p.475), et l'article 'Vertu' du *Dictionnaire philosophique* de 1764 reprend la définition
du *Discours en vers sur l'homme*: 'Qu'est-ce vertu? Bienfaisance envers le prochain'
(*OCV*, t.36, p.581). Le fait que cette attitude ne mène pas au bonheur parfait, mais à la
'philosophie d'usage', illustre un des messages importants des *Dialogues d'Evhémère*.
Pour l'ensemble du problème de la morale, voir *La Religion de Voltaire*, p.225-32.

[41] Parmi les grands thèmes métaphysiques que Sophronime évoque dans son tour

celui de contredire les lois éternelles établies par le grand Etre. Il ne peut être que celui de les exercer, de les accomplir. Celui qui tend un arc, qui tire à lui la corde, et qui pousse la flèche, ne fait qu'exécuter les lois immuables du mouvement. Dieu soutient et dirige également la main de César qui tue ses compatriotes à 280 Pharsale, et la main de César qui signe le pardon des vaincus. [42] Celui qui se jette au fond d'une rivière pour sauver un homme noyé et pour le rendre à la vie, obéit aux décrets et aux règles irrésistibles. Celui qui égorge et qui dépouille un voyageur leur obéit malheureusement de même. Dieu n'arrête pas le mouvement du 285 monde entier pour prévenir la mort d'un homme sujet à la mort. Dieu même, Dieu ne peut être libre d'une autre façon, sa liberté ne

---

d'horizon dans lequel on découvre la position de Voltaire, surtout par rapport au déisme, la liberté de l'homme prend une importance de premier ordre. La définition de la liberté, sous cette forme qu'il emprunte à Locke, précède le deuxième *Discours en vers sur l'homme*, 'De la liberté': 'On entend par ce mot Liberté le pouvoir de faire ce qu'on veut. Il n'y a et ne peut y avoir d'autre Liberté. C'est pourquoi Locke l'a si bien définie Puissance' (*OCV*, t.17, p.471). Déjà dans le chapitre 7 de son *Traité de métaphysique* il en était venu aux premières définitions de la liberté, toujours en admettant qu'un Dieu créateur existe: 'La liberté est uniquement le pouvoir d'agir'; 'Vouloir et agir, c'est précisément la même chose qu'être libre'; 'La liberté est la santé de l'âme'; 'faire ce qui fait plaisir c'est être libre' (*OCV*, t.14, p.460-66). L'article 'Franc arbitre' des *Articles du fonds de Kehl* reprend la définition à deux reprises à peu près dans les mêmes mots (*M*, t.19, p.197, 199), et l'article 'Liberté' paru dans le *Dictionnaire philosophique* de 1764 présente exactement la même formule que Sophronime (*OCV*, t.36, p.290). Dans le *Philosophe ignorant* de 1766, dans lequel Voltaire revient à tous ses doutes sur les questions métaphysiques, la réponse à la treizième question, 'suis-je libre?', est ainsi formulée: 'Etre véritablement libre, c'est pouvoir. Quand je peux faire ce que je veux, voilà ma liberté; mais je veux nécessairement ce que je veux' (*OCV*, t.62, p.44). En ce qui concerne les variations de Voltaire sur la question de la liberté dans un ordre chronologique, voir H. Hettner, *Geschichte der französischen Literatur im 18. Jahrhundert* (Braunschweig, 1894). La discussion philosophique entre Voltaire et le jeune Frédéric II sur ce problème qui engendre une sévère confrontation avec la philosophie de Leibniz et Wolff se retrouve dans leur correspondance (D1413, D1432, D1459, D1468, D1482) et joue sans aucun doute un rôle non négligeable pour la position choisie par Voltaire.

[42] Voir l'allusion ironique dans une note de Voltaire de 1762 au chant 4 de *La Pucelle* (*OCV*, t.7, p.323).

peut être que le pouvoir d'exécuter éternellement son éternelle volonté. Sa volonté ne peut avoir à choisir avec indifférence entre le bien et le mal, puisqu'il n'y a point de bien ni de mal pour lui. S'il ne faisait pas le bien nécessairement par une volonté nécessairement déterminée à ce bien, il le ferait sans raison, sans cause, ce qui serait absurde. [43]

J'ai l'audace de croire qu'il en est ainsi des vérités éternelles de mathématique par rapport à l'homme. Nous ne pouvons les nier dès que nous les apercevons dans toute leur clarté, et c'est en cela que Dieu nous fit à son image; ce n'est pas en nous pétrissant de fange délayée comme on dit que fit Prométhée.

> Mixtam fluvialibus undis
> Finxit in effigiem moderantum cuncta deorum. [44]

Certes ce n'est pas par le visage que nous ressemblons à Dieu représenté si ridiculement par la fabuleuse antiquité avec tous nos membres et toutes nos passions. C'est par l'amour et la connais-

---

[43] L'absurdité de l'argument est également soulignée dans le *Traité de métaphysique*: 'Vouloir et agir, c'est précisément la même chose qu'être libre. Dieu lui-même ne peut être libre que dans ce sens. Il a voulu et il a agi selon sa volonté. Si on supposait sa volonté déterminée nécessairement; si on disait: Il a été nécessité à vouloir ce qu'il a fait, on tomberait dans une aussi grande absurdité que si on disait: Il y a un Dieu, et il n'y a point de Dieu; car si Dieu était nécessité, il ne serait plus agent, il serait patient, et il ne serait plus Dieu.' Voltaire ne parle pas de la liberté *de* Dieu, mais de la liberté *dans* Dieu, c'est-à-dire du 'pouvoir de penser toujours tout ce qu'il veut, et d'opérer toujours tout ce qu'il veut' ainsi que de la 'liberté donnée de Dieu à l'homme' (*OCV*, t.14, p.462). Quant à la nécessité morale, Voltaire a changé d'opinion. Si, dans le *Traité de métaphysique*, la morale est déterminée par la nature humaine dans le sens positif, 'La vertu et le vice, le bien et le mal moral, est donc en tout pays ce qui est utile ou nuisible à la société' (*OCV*, t.14, p.475), le *Philosophe ignorant* choisit une position semblable à celle de Sophronime: 'La nécessité morale n'est qu'un mot, tout ce qui se fait est absolument nécessaire. Il n'y a point de milieu entre la nécessité et le hasard; et vous savez qu'il n'y a point de hasard: donc tout ce qui arrive est nécessaire' (*OCV*, t.62, p.46). Dans les *Lettres de Memmius à Cicéron*, il revient à la conclusion: 'Il est bon qu'un Dieu ne puisse faire le mal' (*M*, t.28, p.452). Voir *La Religion de Voltaire*, p.414-16.

[44] 'Il pétrit de la fange délayée dans l'eau du fleuve et lui donna la figure des dieux tout-puissants' (Ovide, *Métamorphoses*, I.82-83).

sance de la vérité que nous avons quelque faible participation de son être, comme une étincelle a quelque chose de semblable au soleil, [45] et une goutte d'eau tient quelque chose du vaste océan. 305

J'aime donc la vérité quand Dieu me la fait connaître; je l'aime lui qui en est la source, je m'anéantis devant lui qui m'a fait si voisin du néant. Résignons-nous ensemble, mon cher ami à ses lois universelles et irrévocables, et disons en mourant, comme Epictète: [46] 310

'O Dieu! je n'ai jamais accusé votre providence. J'ai été malade parce que vous l'avez voulu, et je l'ai voulu de même. J'ai été pauvre parce que vous l'avez voulu, et j'ai été content de ma pauvreté. J'ai été dans la bassesse, parce que vous l'avez voulu, et je n'ai jamais désiré de m'élever. 315

Vous voulez que je sorte de ce spectacle magnifique, J'en sors, et je vous rends mille très humbles grâces de ce que vous avez daigné m'y admettre pour me faire voir tous vos ouvrages, et pour étaler à mes yeux l'ordre avec lequel vous gouvernez cet univers.' 320

---

[45] Dans ces remarques, Voltaire est très proche de ce qu'il démontre dans le chapitre 'Dieu inséparable de toute la nature' de son *Tout en Dieu, commentaire sur Malebranche* de 1769 (*M*, t.28, p.98-100). Pomeau explique ce qu'il appelle 'l'enthousiasme cosmique' de Voltaire de la façon suivante: 'Et la grandeur de l'homme, quelle sera-t-elle sinon de participer à la lumière divine par la connaissance rationnelle? Voltaire s'enthousiasme, assez bizarrement, pour l'argument de Clarke: 'J'existe, donc quelque chose existe de toute éternité'; c'est, prétend-il, 'un élancement divin de notre raison' (*Première Homélie, Sur l'athéisme*). Le mysticisme des lumières est évidemment une mystique de la raison; mystique qui condamne en l'homme tout ce qui n'est pas raison, c'est-à-dire presque tout l'homme' (*La Religion de Voltaire*, p.421). Voir aussi *OCV*, t.62.

[46] Cette prière déiste qui clôt le dialogue se retrouve avec certaines variantes dans le premier entretien du *Dîner du comte de Boulainvilliers* où Voltaire traite la question du salut des païens (voir aussi les *Anecdotes sur Bélisaire* de 1767, *OCV*, t.63A). Les paroles d'Epictète signalent l'attitude vertueuse des philosophes païens, tels que Marc-Aurèle, Scipion, Cicéron, Caton, mais sont utilisées par le comte dans un sens purement polémique, tandis que, dans la bouche de Sophronime, elles forment la conclusion de ce que Meister appelle 'la profession de foi' de Voltaire. Voir aussi l'article 'Idole, idolâtre, idolâtrie', *DP* (*OCV*, t.36, p.226-27); *Dîner du comte de Boulainvilliers* (*OCV*, t.63A, p.348, n.8).

292

L'Hôte et l'hôtesse

Critical edition

by

Thomas Wynn

CONTENTS

INTRODUCTION

Featuring a parade of dancing Chinese, Tartars, Europeans and Laplanders, and including a ballet of the four elements, the one-act divertissement *L'Hôte et l'hôtesse*, a *galante* celebration of Marie-Antoinette, might appear to be one of the lighter confections in Voltaire's œuvre. Yet this piece, intended to form part of the festivities in early October 1776 at the comte de Provence's château de Brunoy, represents a key element in his plans of securing new protection in the wake of Turgot's downfall in May that year, and of returning to Paris. Turgot's removal from office deprived Voltaire of his 'protecteur' (D20142), the man to whom he 'devai[t] tout' (D20157), and left him pessimistic for his future and that of his community, as he wrote to La Harpe on 10 June (D20163):

> J'ignore encore ce que va devenir mon pauvre petit pays de Gex, et ce Ferney dont j'avais fait un séjour charmant. Je ne vois plus que la mort devant moi, depuis que Monsieur Turgot est hors de place. Je ne conçois pas comment on a pu le renvoyer. Ce coup de foudre m'est tombé sur la cervelle et sur le cœur.

When considered in the light of these circumstances, the apparently frivolous *L'Hôte et l'hôtesse* can be seen to form part of Voltaire's strategy to present himself as an established man of letters, as a loyal subject of the Crown, and especially as a servant of the queen. The received account of *L'Hôte et l'hôtesse*'s production is that Voltaire wrote it at great speed, that he then sent some supplementary verses which would be declaimed at the end of the original piece, but that these arrived too late to be used, and that a slightly modified version of the divertissement was performed to great acclaim from Louis XVI and Marie-Antoinette.[1] A close reading of the correspondence and the

---

[1] See *M*, vol.7, p.308; and *VST*, vol.5, p.208-209.

dearth of information about the piece suggests, however, that this conventional account is amiss, not least in that *L'Hôte et l'hôtesse* was never performed.

I. *Context*

Voltaire wrote to d'Argental on 27 August of his 'furieuse passion' to have the queen as protector, and that such protection would be 'comme une égide nécessaire qui me défendrait contre des ennemis acharnés' (D20271). His appeal to Marie-Antoinette is somewhat ironic, given that some contemporaries ascribed to her the decision to dismiss Turgot. For instance, her mother Maria-Theresa was informed by the ambassador Claude Florimond de Mercy-Argenteau on 16 May that:

> Le projet de la reine était d'exiger du roi que le sieur Turgot fût chassé, même envoyé à la Bastille, le même jour que le comte de Guines serait déclaré duc, et il a fallu les représentations les plus fortes et les plus instantes pour arrêter les effets de la colère de la reine, qui n'a d'autre motif que celui des démarches que Turgot a cru devoir faire pour le rappel du comte de Guines. [2]

It is unclear whether Voltaire was aware of such rumours. To Condorcet's lengthy account of Turgot's dismissal, which relates that the queen 'a déclaré hautement qu'elle n'était pour rien dans le renvoi de M. Turgot' (D20194), Voltaire replies that he had hitherto known of the affair only 'par des récits infidèles' (11 July, D20213); both these statements allow for gossip regarding royal interference in the minister's dismissal. Nonetheless, the following months witnessed Voltaire's attempts to win Marie-Antoinette's favour, a strategy that culminates with *L'Hôte et l'hôtesse*.

It is fitting that relations between the *philosophe* and the queen

---

[2] *Correspondance secrète entre Marie-Thérèse et le comte de Mercy-Argenteau, avec les lettres de Marie-Thérèse et de Marie-Antoinette*, ed. Alfred d'Arneth and M. A. Geffroy, 3 vol. (Paris, 1874), vol.2, p.446.

were strengthened as a result of a theatrical enterprise. A new theatre at Ferney, designed by Racle under the charge of Saint-Gérand, had been constructed by mid-June 1776. According to Voltaire, Saint-Gérand hoped that Henri Lekain would inaugurate the new playhouse (D20169), although he too shared this wish, as he disclosed to d'Argental on 5 August (D20243): 'je me gardai bien de me le demander en mon nom. Cette témérité m'aurait paru trop forte.' Stretching back decades, Voltaire's previous attempts to play the courtier had been generally unsuccessful; he wrote on 17 October 1725 of 'maudissant la vie de courtisan, courant inutilement après une petite fortune qui semblait se présenter à moi' (D252), his *Divertissement pour le mariage du Roi Louis XV* was never performed,[3] and his dedication of *Tancrède* (1761) to Mme de Pompadour backfired when an anonymous letter denounced his insincerity: 'Voltaire fut dès ce moment perdu dans l'esprit de Madame et dans celui du roi, et il n'a certainement jamais pu en deviner la cause.'[4] Nonetheless his claim that 'il y a bien longtemps que j'ai renoncé aux cours, et je n'en ai jamais su le langage' (D20206, 6 July),[5] seems disingenuous given the attention he paid to ensuring Lekain's presence at Ferney. The actor's absence from Paris necessitated a dispensation from the maréchal de Duras, yet this was not forthcoming, as Mme de Saint-Julien explains to Voltaire towards the beginning of July (D20197):

Le motif de son refus était que la reine s'y opposait parce qu'elle avait du plaisir à l'entendre et à l'entendre souvent. J'ai pris le parti de faire négocier auprès d'elle. C'est une charmante princesse qui s'en est chargée. La reine a répondu d'abord avec sa bonté et ses grâces

---

[3] See *OCV*, vol.3A, p.123-40.

[4] *Mémoires de Madame Du Hausset sur Louis XV et Madame de Pompadour*, ed. Jean-Pierre Guicciardi (Paris, 1985), p.86. See also *OCV*, vol.49B, p.127-33.

[5] The cardinal de Bernis remarked that Voltaire 'n'a l'air d'un écrivain qu'avec les écrivains; dans le monde, c'est un courtisan poli, spirituel et instruit'. See *Mémoires du cardinal de Bernis*, ed. Jean-Marie Rouart and Philippe Bonnet (Paris, 1980), p.78-79.

ordinaires. Elle a demandé si véritablement c'était vous qui désiriez d'avoir Lekain, qu'elle ne pouvait faire le sacrifice de son plaisir qu'au vôtre. On n'a pu lui donner que des témoignages verbaux. Il serait nécessaire que vous écrivissiez un mot à madame la princesse d'Henin [*sic*], qui confirmât vos désirs, et qui contiendrait un hommage pour la reine. J'imagine que c'est une occasion favorable dont vous serez très aise de profiter. Votre galanterie aura de quoi s'exercer sur les agréments et les qualités de la reine qui joint à la figure la plus aimable et des qualités rares et désirables dans les souverains, bienfaisance et sensibilité.

Thus began a chain of influence leading from the court to Ferney; the queen was to be approached through the princesse d'Hénin, who was accessed through Mme de Saint-Julien, who was Voltaire's contact (see D20230). Despite Voltaire's claims to be ill adept at such protocol, he conducted himself appropriately, thanking Mme de Saint-Julien for permitting him to write to the princesse d'Hénin (D20206), and on the same day sending some verses to the latter (D20205), requesting her protection, and appropriately mentioning that he 'ne dispute rien à S.M'. This protocol, as Mme de Saint-Julien recognizes, operates under the sign of *galanterie*, an ethos and aesthetic sustained by a commitment to sociability and urbanity, understatement and honour, pleasure and measure. *Galanterie* may have been on the wane by the late 1770s, but as a practice associated with France and in particular with the court of Louis XIV,[6] it was ideally suited to a princely divertissement at Brunoy that was created to welcome a foreign princess, and also arguably evinced French refinement. This practice is apparent not only in the context of the genesis of *L'Hôte et l'hôtesse*, but also, as we shall see, in its content. Marie-Antoinette's agreement to Lekain's absence did indeed come, and signals her esteem for Voltaire, as d'Argental observed (D20224, 24 July): 'La reine ne l'a cédé qu'avec peine et uniquement par considération pour vous. Elle aime infiniment le spectacle, elle préfère vos ouvrages à tous les autres et elle trouve que nous

---

[6] See Alain Viala, *La France galante* (Paris, 2008).

n'avons qu'un seul véritable comédien.' Marie-Antoinette's acceptance to allow temporary leave to her favourite actor was
interpreted as a show of support for Voltaire, who wrote to
D'Alembert on 13 August (D20253): 'Je dois surtout prendre la
reine pour ma protectrice, puisqu'elle a daigné renoncer à Lekain,
pendant un mois, en ma faveur.' The queen's favour was acknowledged by d'Argental, who contended that Turgot's dismissal was
now no cause for concern, but who recommended nonetheless that
Voltaire pay his respects in person (D20275, 2 October). Voltaire
was not to arrive in Paris until 10 February 1778, but he expressed
his gratitude to the queen by using his poem 'A monsieur Lekain'
to celebrate her generosity and humanity. [7]

By late summer 1776 Marie-Antoinette thus represents a new
and very significant figure of support for Voltaire. Her support was
directly invoked during Voltaire's principal quarrel of that time,
the debate over Le Tourneur's translation of Shakespeare and the
ensuing polemic regarding the relative merits of French and
English tragedy. In early September the *Mémoires secrets* observed
that the preceding months had seen signs of Voltaire's intention to
return to Paris. Mme Denis's arrival that week with the ostensible
aim of seeking medical advice from Tronchin was nothing more
than a 'jeu concerté' between Voltaire's friends and protectors to
prepare for his return to the capital, and this trip formed part of a
more general campaign to keep Voltaire in the public eye:

On a pu remarquer que M. de La Harpe a donné un avant-goût de ce
triomphe à la fin de son discours de réception, l'affectation du vieux
patriarche de la littérature de faire lire en pleine académie une de ses
lettres le jour de la Saint-Louis, et celle tout récemment d'amener assez
gauchement l'éloge de la reine dans de mauvais vers au sieur Lekain, sont
autant de diverses circonstances qui fortifient la conjecture: mais le clergé
se dispose à s'y opposer vigoureusement. [8]

---

[7] *M*, vol.10, p.596.
[8] *Mémoires secrets pour servir à l'histoire de la république des lettres en France
depuis 1762 jusqu'à nos jours, ou journal d'un observateur*, 36 vol. (London, 1771-1789),
vol.9, p.206.

The reference to the Académie concerns Voltaire's response to Le Tourneur's recent translation of Shakespeare, a work against which Voltaire fulminated repeatedly (see, for instance, D20220, D20253, D20271). [9] Like the *Commentaire historique sur les œuvres de l'auteur de la Henriade*, published anonymously that summer, the *Lettre* presented Voltaire as a solidly French man of letters. Read by D'Alembert to the Académie on 25 August, the *Lettre* was a patriotic, if not chauvinistic, declaration of the superiority of French drama: 'Ma Lettre était d'un bon Français qui combattait pour sa patrie, et qui ne voulait pas que Paris fût subjugué par Londres' (D20331). To have Le Tourneur's translation condemned, Voltaire could appeal neither to the newly installed Jacques Necker, apparently an admirer of Shakespeare (D20331, D20368), nor to Louis XVI, given that 'Ce maraud [i.e. Le Tourneur] a trouvé le secret de faire engager le roi, la reine, et toute la famille royale à souscrire à son ouvrage' (D20220). Moreover, he suspected that the *dévot* faction might have suggested to the king that the *Lettre* was hostile to religion. [10] Given the king's cool attitude towards Voltaire, he turned instead to the young queen, whom he invokes at the end of the *Lettre*: 'Je fais plus, j'ose demander justice à la reine de France, à nos princesses, aux filles de tant de héros, qui savent comment les héros doivent parler.' [11] Marie-Antoinette may not have successfully intervened in the quarrel, in which there is no indication that she took any interest, but she remained a key figure whose protection should be cultivated. It is with reference to these questions of royal protection, *galanterie* and theatre that Voltaire's celebratory *divertissement* should be viewed.

[9] *VST*, vol.5, p.196-202.
[10] *VST*, vol.5, p.202; and see D20321.
[11] See above, *Lettre de Monsieur de Voltaire à Messieurs de l'Académie française*, lines 395-97.

2. Genesis

The comte de Provence, brother of Louis XVI and the future Louis XVIII, organised a series of festivities in honour of Marie-Antoinette at his château de Brunoy, to the south of Paris and since destroyed. Jules David Cromot Du Bourg, Monsieur's *surintendant des finances*, commissioned Voltaire to write a contribution for these festivities, and to do so with the utmost urgency.[12] By the time Voltaire replied, he had little over two weeks until the scheduled performance, and given the time available, he proposed a piece of entertainment that would not only lend itself to improvisation, but would also evoke an old German form of theatre (D20304, 20 September):

Il y a une fête fort célèbre à Vienne, qui est celle de *L'Hôte et l'hôtesse*: l'empereur est l'hôte, et l'impératrice est l'hôtesse: ils reçoivent tous les voyageurs qui viennent souper et coucher chez eux, et donnent un bon repas à table d'hôte. Tous les voyageurs sont habillés à l'ancienne mode de leur pays; chacun fait de son mieux pour cajoler respectueusement l'hôtesse; après quoi tous dansent ensemble. Il y a juste soixante ans que cette fête n'a pas été célébrée à Vienne: Monsieur voudrait-il la donner à Brunoy?

Les voyageurs pourraient recontrer des aventures: les uns feraient des vers pour la reine, les autres chanteraient quelques airs italiens; il y aurait des querelles, des rendez-vous manqués, des plaisanteries de toute espèce.

Un pareil divertissement est, ce me semble, d'autant plus commode, que chaque acteur peut inventer lui-même son rôle, et l'accourcir ou l'allonger comme il voudra.

The tradition to which Voltaire refers here is the *Wirtschaft*, a form of masquerade popular at German courts in the seventeenth century which involved the court dressing up as shepherds and shepherdesses or, as Voltaire notes, as peasant visitors to an inn

---

[12] We have not been able to locate the original commission.

with the ruling prince often taking the role of the innkeeper.[13] Voltaire had previously described this genre in his history of Peter the Great, a passage worth citing at length in that it illuminates how Voltaire both follows and adapts the tradition:

> Il n'y eut rien de manqué dans son séjour à Vienne, que l'ancienne fête de l'*hôte* et de l'*hôtesse*, que Léopold renouvela pour lui, et qui n'avait pas été en usage pendant son règne. Cette fête qui se nomme *Wurtchafft* [*sic*] se célèbre de cette manière. L'empereur est l'hôtelier, l'impératrice l'hôtelière, le roi des Romains, les archiducs, les archiduchesses sont d'ordinaire les aides, et reçoivent dans l'hôtellerie toutes les nations vêtues à la plus ancienne mode de leur pays: ceux qui sont appelés à la fête tirent au sort des billets. Sur chacun de ces billets est écrit le nom de la nation, et de la condition qu'on doit représenter. L'un a un billet de mandarin chinois, l'autre de mirza tartare, de satrape persan, ou de sénateur romain; une princesse tire un billet de jardinière, ou de laitière; un prince est paysan ou soldat. On forme des danses convenables à tous ces caractères. L'hôte et l'hôtesse et sa famille servent à table.[14]

Voltaire retains several elements of this genre in *L'Hôte et l'hôtesse*; the setting is an inn, at which arrives a sequence of foreign visitors, some of whom are exotic, the dress tends towards the traditional, there is singing and dancing. In Voltaire's reworking of the *Wirtschaft*, however, the court does not simultaneously present itself as both spectacle and spectator, as is also the case in certain examples of French *théâtre de société* such as Voltaire's own *La Fête de Bélébat* (1725); there is, for instance, no indication that Marie-Antoinette herself appeared in *L'Hôte et l'hôtesse*. All interpretation of the work should nonetheless be as attentive to the social activities in which the play was conceived and performed, as to the text that remains: 'Le théâtre de société naît, se compose, s'élabore pour un commanditaire, pour un lieu, à une date et à une occasion

---

[13] See Claudia Schnitzer, *Höfische Maskeraden: Funktion und Ausstattung von Verkleidungsdivertissements an deutschen Höfen der Frühen Neuzeit* (Tübingen, 1999).

[14] *Histoire de l'empire de Russie sous Pierre le Grand*, *OCV*, vol.46, p.596-97.

qu'il a choisies lui-même ou que sa société lui offre en hommage.'[15]
The French court beholds acts of generosity but does not, even
fictitiously, participate in them.

3. *Performance*

Two days after accepting the royal commission, Voltaire wrote
again to Cromot Du Bourg to stress that the divertissement would
be open to modifications by the performers, and made an almost
anxious appeal for the quality of his work, which suffers from the
age and distance from Paris of its author (D20309). He also denied
that 'cette fête exige de grandes dépenses', a claim that may have
been intended to ensure its realization at Brunoy, but which also
chimes with concerns expressed a week earlier by Mercy-Argenteau:

Parmi les bruits qui s'élèvent contre la gloire et la considération
essentielle à une reine de France, il en est un qui paraît plus dangereux
et plus fâcheux que les autres. Il est dangereux, parce que de sa nature, il
doit faire impression sur tous les ordres de l'Etat, et particulièrement sur
le peuple; il est fâcheux, parce qu'en retranchant les mensonges et les
exagérations inséparables des bruits publics, il reste néanmoins un
nombre de faits très authentiques auxquels il serait à désirer que la
reine ne se fût jamais prêtée: on se plaint assez publiquement que la reine
fait et occasionne des dépenses considérables.[16]

The larger programme of celebrations at Brunoy, of which *L'Hôte
et l'hôtesse* was intended to form part, was a costly endeavour, and
which in conception and execution continues the tradition of the
fêtes galantes of Louis XIV's reign. Mme Campan, member of
Marie-Antoinette's entourage, called it 'la fête la plus noble et la

---

[15] Marie-Emmanuelle Plagnol-Diéval, *Le Théâtre de société: un autre théâtre?*
(Paris, 2003), p.18-19.
[16] *Correspondance secrète entre Marie-Thérèse et le comte de Mercy-Argenteau*,
vol.2, p.493.

plus galante qui ait été donnée à la reine'. She related that in the gardens of the château the queen came across 'des chevaliers armés de toutes pièces, endormis au pied d'arbres auxquels étaient suspendus leurs lances et leurs écus', and that the sound of her voice sufficed to rouse them; there followed a spectacle featuring fifty dancers (including Auguste Vestris and Charles Le Picq), twenty-five black horses and twenty-five white horses, and a joust. The event finished on a magnificent note:

Un spectacle suivi d'un ballet pantomime et un bal terminèrent la fête où ne manquèrent ni le feu d'artifice ni l'illumination. Enfin, un échafaudage d'une prodigieuse hauteur, placé dans un endroit très élevé, soutenait dans les airs, au milieu d'une nuit très noire et par un temps très calme, ces mots: *Vive Louis, vive Marie-Antoinette!*[17]

The accounts of the event that Siméon-Prosper Hardy relays in his journal accentuate the chivalric quality of the festivities, and point to the queen's participation:

On parlait entre autres choses d'un tournoi dans lequel nombre de chevaliers galamment vêtus s'étaient livrés différents combats: Le dernier demeure vainqueur de tous sur l'arène, s'y promenant d'un air glorieux et triomphant. On avait vu, disait-on, se présenter à la barrière un jeune chevalier qui n'ayant point encore combattu venait lui proposer le défi; ce chevalier s'étant escrimé avec beaucoup d'adresse avait remporté une victoire complète sur celui qui avait demeuré d'abord vainqueur de tous; ce dernier chevalier n'était autre que la reine elle-même.[18]

Another version of the festivities appears in the *Mémoires secrets*:

Le principal objet était de plaire à la reine par des spectacles allégoriques propres à rappeler ses vertus. Ils ont été divisés en cinq actes, entre lesquelles un tournoi en l'honneur de la belle des belles est ce qu'il y a du mieux exécuté. On y a reconnu le génie du sieur Noverre pour la

---

[17] *Mémoires de Madame Campan, première femme de chambre de Marie-Antoinette*, ed. Jean Chalon (Paris, 1988), p.110-11.

[18] Siméon-Prosper Hardy, *Mes loisirs ou journal d'événements tels qu'ils parviennent à ma connaissance commençant à l'année 1775*, Bibliothèque nationale, Microfiche, fonds français, FR 6682, p.280.

composition; et le sieur Pic, qui était resté *ad hoc*, y a brillé singulière-ment.[19]

Featuring chivalric characters and feats, set in gardens and incorporating dancing and fireworks, the splendid events at Brunoy clearly echo *Les Plaisirs de l'île enchantée* of Versailles in 1664. The later festivities deliberately continue and promote a tradition of *galanterie* (by this point rather old-fashioned), which celebrates and legitimises the monarchy in spectacular fashion.[20] Despite the profusion of the celebrations, one element is missing from these three accounts, namely *L'Hôte et l'hôtesse*. The *Mémoires secrets* note that the Parisians were unhappy 'à raison de la disette des comestibles et des rafraîchissements, du peu d'ordre, et de plusieurs parties qui ont manqué comme le bal'.[21] It appears that some of the events planned were not realised, and Voltaire's contribution, judging by a report published some eleven years later, was one of those: 'On ne sait si l'esquisse de Voltaire a été adoptée; il y a grande apparence que non, car tous les journaux n'auraient pas manqué d'en parler et n'en ont rien dit.'[22] Indeed at the time of the festivities, the *Mémoires secrets* remarked that 'on parle beaucoup de la fête de Brunoy',[23] but we have yet to uncover a contemporary source that discusses the *divertissement*'s perfor-mance. A thorough survey of the comte de Provence's activities at Brunoy similarly finds nothing in the period's printed or manu-script material.[24] Campan's vague reference to a 'ballet-panto-mime' would hardly do justice to a work by Europe's most famous living writer for the queen of France. Moreover, the manuscript

---

[19] *Mémoires secrets*, vol.9, p.316-17.
[20] See Viala, *La France galante*, p.84-110.
[21] *Mémoires secrets*, vol.9, p.233-34.
[22] *Mémoires secrets*, vol.35, p.356.
[23] *Mémoires secrets*, vol.9, p.233.
[24] Robert Dubois-Corneau, *Le Comte de Provence à Brunoy (1774-1791)* (Paris, 1909), p.65-84. See also Philippe Curtat, *Brunoy côté jardin 1722-1795* (Paris, 1984), p.40-42; and Jean-Pierre Altounian and Jacques Gauchet, *Fêtes à Brunoy et dans la région* (Saint-Cyr-sur-Loire, 2004), p.18-19.

includes a marginal note in Wagnière's hand that confirms that 'on n'en fit pas usage parce qu'on n'eut pas assez de temps'. One may thus surmise that *L'Hôte et l'hôtesse* was not performed, at least not in any kind of complete state.

4. *'Baucis et Philémon sont votre heureux modèle'*

Something by Voltaire was nonetheless performed at Brunoy, for he was able to boast to d'Argental on 18 October that some 'petits versiculets, tout plats qu'ils sont, n'ont pas été mal reçus de la belle et brillante Antoinette et de sa cour' (D20353). Henri Lagrave argues that this would have been the divertissement, 'quelque peu remanié par Cromot Du Bourg' which 'remporta un plein succès'.[25] He also posits that Voltaire then sent couplets to be addressed to the royal family following *L'Hôte et l'hôtesse*, but that these arrived too late at Brunoy. A close reading of the correspondence reveals that this may not have been the case. Attention to the chronology of the letters, and to passing references to other letters not published in the correspondence, allows a different account of Voltaire's contribution to the *fête de Brunoy* to emerge. Some of that chronology is worth repeating.

Voltaire responded to Cromot Du Bourg's commission on 20 September (D20304), and on 22 September (D20309) he wrote to him again, probably including the divertissement itself, as implied in the recommendation 'vous verrez que le canevas peut être étendu ou resserré à volonté'. Using information gleaned from Voltaire's letters to d'Argental (D20353) and to Mme de Saint-Julien (D20374, 30 October), which reflect on the events earlier that month, it would appear that the decision was taken on around 3 October to change the plans for the celebration. There would now feature a bust of the queen 'dans une machine' on a pedestal which 'devait être soutenu par les mains des amours, des grâces et des plaisirs' (D20353). Alternatively, the sculpture would be

[25] *VST*, vol.5, p.526.

carried 'par des filles qui représentaient les grâces, et entouré de petits garçons qui figuraient les amours, et la compagnie tant répétée des jeux et des ris' (D20374). In any case, the bust would carry an inscription by Voltaire:

> Amours, grâces, plaisirs, nos fêtes vous admettent,
> Volez à ce portrait, vous pouvez l'adorer;
> Un moment devant lui vous pouvez folâtrer,
> Les vertus vous le permettent.

The chronology that may be teased out from the correspondence is, however, ambiguous at this point. Voltaire certainly sent the new verses to Cromot Du Bourg on 10 October (D20339), although it is unclear whether he received the frustrating news about the supper that same day: 'Cette idée de fêter le buste de la reine tandis qu'on avait sa personne, n'était venue à messieurs de Brunoy que quatre jours avant ce beau souper. Le souper fut le 7ᵉ du mois, et celui qui envoya l'inscription ne fut informé de tout cela que le dix; ainsi il ne put avoir l'honneur de cajoler le beau buste d'Antoinette' (D20353). Moreau and Lagrave treat these verses as a coda to *L'Hôte et l'hôtesse*, but the textual evidence does not support this analysis. Despite its short length the divertissement features distinct episodes (the inn, the dance of the 'génies des quatre éléments', the collapse of the temple of happiness and a fireworks display), but these are strung together with a modicum of narrative continuity. The verses of 10 October gesture towards no such narrative; the Bohemians, for instance, make no reference to the inn, and are employed to predict, rather ironically, the future happiness of the royal family. The letter does not state if or where these verses should be inserted or added to the original divertissement: 'Vous me faites voir que vous savez admirablement profiter des temps, des lieux, et des personnes: votre disposition est charmante; tout est varié et brillant.' Voltaire's polite and self-deriding words imply that there has been a change of plan with which he is complying. Moreover, the register and references of the verses contained in this letter are different from those of *L'Hôte et l'hôtesse*; rather than mocking ugly Laplanders, these new verses refer to the literary figures Bradamante (from Ariosto's *Orlando furioso*), and Baucis and Philémon (from book VIII of Ovid's *Metamorphoses*, they are ideal hosts to Zeus and Hermes). Arguably therefore the verses of 10 October do not supplement but supplant *L'Hôte et l'hôtesse*, developing the divertissement's theme of hospitality in a more classical, learned and literary style, and one more in keeping with the self-consciously *galant* aesthetic of the festivities.

Contrary to Voltaire's expectations (D20353), d'Argental did not attend the festivities, although the latter did note that the 'versiculets' were a success: 'C'est la seule production qu'on ait citée avec éloge. Antoinette et Louis en ont été également charmés' (D20366, 24 October). Given that the alternative verses were not recited at Brunoy, what was Voltaire's contribution that pleased Louis XVI and his queen? An absence of clear evidence precludes a definitive answer, but one solution may be proffered, based on Voltaire's comment to d'Argental: 'Je ne m'en tiens pas à des inscriptions pour des bustes ni à de petits quatrains sur le bonheur qui ont été récités à la fête de Brunoy' (D20353). This description matches the lines sung by 'Démogorgon, le souverain des Génies' which close *L'Hôte et l'hôtesse*. In short, after submitting firstly a divertissement intended to recall Marie-Antoinette's native culture and secondly a set of traditionally *galant* verses, it would appear that Voltaire's contribution to the celebration of the new queen amounted to no more than twenty lines of poetry.

Despite the limited success of Voltaire's contribution to the festivities at Brunoy, he still entertained hopes that Marie-Antoinette would prove a useful figure of protection. Describing himself in the third person, he wrote to d'Argental: 'Il s'imagine encore que dans certaines occasions certain vieux amateur de certaines vérités, pourrait se mettre sous la sauvegarde de certaine famille contre les méchancetés de certains pédants en robe noire, qui ont toujours une dent contre un certain solitaire' (D20353). And he confessed to Mme de Saint-Julien that he still had 'une violente passion pour la reine' (D20374). His hopes and this passion were to remain, however, unfulfilled, for when Voltaire made his triumphant return to Paris in early 1778, Marie-Antoinette refused to see him. According to Mme Campan, the queen declared that Voltaire would not meet a single member of the royal family, and that his writings 'portaient une attaque trop directe à la religion et aux mœurs';[26] and Mercy-Argenteau wrote that although the queen had been asked to give Voltaire a distinguished reception at Versailles, 'S. M. s'y est refusée très nettement, et a déclaré qu'elle ne voulait en aucune façon d'un homme dont la morale avait occasionné tant de troubles et d'inconvénients'.[27] Voltaire's attempt to play the courtier had failed once again.

5. *Manuscripts and editions*

Further information on the collective editions may be found on p.339-41 below.

MS 1

L'hôte et l'hôtesse; / esquisse pour un / Divertissement.

The manuscript comprises seven pages (184mm x 140mm), in the hand of Wagnière. It is incomplete (see variants).

See Fernand Caussy, *Inventaire des manuscrits de la bibliothèque de Voltaire conservés à la bibliothèque impériale de Saint-Pétersbourg* (Paris, 1913), p.6.

St. Petersburg, GpbV: 5-240 (vol.1, f.432).

K84

Volume 12 (*Poèmes et discours en vers*): 397-411 *L'Hôte et l'hôtesse, divertissement.*

The base text for this edition.

---

[26] *Mémoires de Madame Campan*, p.125.
[27] *Correspondance secrète entre Marie-Thérèse et le comte de Mercy-Argenteau*, vol.3, p.181.

6. Principles of this edition

The base text is K, although we have not included the letters which Cromot Du Bourg sent to Voltaire. Variants are taken from MS1, and we have included as an appendix the verses that appear in Voltaire's letter to Cromot Du Bourg, dated 10 October 1776 (D20339).

Treatment of the base text

The punctuation of the base text has been retained. The following orthographical aspects of the base text have been modified to conform to modern usage:

I. Consonants

— *t* was not used in: brillans, élémens, enfans, passans.
— a single consonant was used in: houpes.
— a double consonant was used in: appanage, fidelle, sallon.

II. Vowels

— *e* was used instead of *ai* in: feseur.
— *éa* was used instead of *ée* in: Européans.

III. Accents

1. The grave accent
— The grave accent was not used in: fidelle, e (Italian verb form).
2. The circumflex accent
— The circumflex accent was used in: gaîement.
— The circumflex accent was not used in: ame.

IV. Hyphenation

— was used in: contre-temps, passez-là, très-bien, très-fidelle.
— was not used in: au dessus, étaient ils.

V. Capitalisation

— an initial capital was attributed to: Bonheur, Félicité, Génie, Madame, Monsieur, Reine, Roi.
— initial capitals were not used in: allemand, allemande, bohémien,

bohémiens, chinois, chinoise, espagnol, espagnole, italien, italienne, lapon, lapone, opéra, tartare.

VI. Various

— the ampersand was used throughout.

L'HÔTE ET L'HÔTESSE

DIVERTISSEMENT

(Au fond d'un salon très bien décoré, on voit les apprêts d'un festin.)

La symphonie commence, et L'ORDONNATEUR *chante:*

Allons, enfants, à qui mieux mieux;
Jeunes garçons, jeunes fillettes,
Dépêchez, préparez ces lieux;
Trémoussez-vous, paresseux que vous êtes.
    Mettez-moi cela   5
        Là;
    Rendez ce buffet
        Net;
Songez bien à ce que vous faites.

Allons, enfants, etc.   10

Il faut que tous les curieux
Soient bien traités dans nos guinguettes.
    Mettez-moi cela
        Là;
    Rendez ce buffet   15
        Net. [1]

a-b   MS1: L'hôte et l'hôtesse; / Esquisse pour un / Divertissement
c-d   MS1: *D'abord on peut presenter dans le fond d'une salle les aprets*

[1] In the manuscript's margin, Wagnière adds the following note relating to lines 1-16: 'Ce commencement est le même que celui des *Deux tonneaux*. M. de Voltaire fit ce petit divertissement pour l'envoyer à M. Cromot surintendant de Monsieur, frère du roi qui donnait une fête à la reine mais on n'en fit pas un usage parce qu'on n'eut pas assez de temps.' The reference is to Voltaire's opéra-comique *Les Deux Tonneaux*, whose opening is almost the same as that of the divertissement. Roger Cotte suggests

Que tous les étrangers soient reçus poliment;
Chevaliers, écuyers, jeunes, vieux, femme, fille:
Que d'auprès de notre famille
Jamais aucun mortel ne sorte mécontent.   20

LE MAÎTRE D'HÔTEL *de l'hôtellerie.*

C'est bien dit. Le maître et la maîtresse de la maison ne cessent de
me recommander d'être bien honnête, bien prévenant, bien
empressé: mais comment être honnête une journée toute entière?
rien n'est plus insupportable. On est accablé de gens qui, parce
qu'ils n'ont rien à faire, croient que je n'ai rien à faire aussi qu'à   25
amuser leur oisiveté. Ils s'imaginent que je suis fait pour leur plaire
du soir au matin. Ils ont ouï dire que nous aurons ici une voyageuse
qui passe tout son temps à gagner les cœurs, et à qui cela ne coûte
aucune peine. On accourt pour la voir de tous les coins du monde.
Ecoutez, garçons de l'hôtellerie, la foule est trop grande; ne laissez   30
entrer que ceux qui viendront deux à deux; que cet ordre soit crié à
son de trompe à toutes les portes.

Musique

Chacun et chacune
Entrez deux à deux:
C'est un nombre heureux: 35
Un tiers importune.
Voyager seul est ennuyeux.
Soit blonde, soit brune,
Entrez deux à deux:
C'est un nombre heureux.   40

Ah, cela réussit! il y a moins de foule. Voyons qui sont les curieux
qui se présentent. Voilà d'abord deux personnes qui me paraissent
venir de bien loin.

(*Ces deux personnages qui entrent les premiers sont vêtus à la*

---

28   MS1: temps <dans cette occupation> ↑à gagner les cœurs+

*chinoise, coiffés d'un petit bonnet à houppes rouges; ils se courbent
jusqu'à terre, et font des génuflexions.*)

LE MAÎTRE D'HÔTEL

Ces gens-là sont d'une civilité à faire enrager.
(*Il leur rend leurs révérences.*)
Messieurs, peut-on, sans manquer au respect qu'on vous doit, vous   45
demander qui vous êtes?

LE CHINOIS

Chi hom ham hi tu su.[2]

LE MAÎTRE D'HÔTEL

Ah, ce sont des Chinois! ils seront bien attrapés: il est vrai qu'ils
verront notre belle voyageuse, mais ils ne l'entendront pas...
Mettez-vous là, Monsieur et Madame.   50
(*Il y a une ottomane qui règne le long de la salle. Le Chinois et la
Chinoise s'y accroupissent. Un Tartare et une Tartare paraissent sans
saluer personne; ils ont un arc en main et un carquois sur l'épaule; ils se
couchent auprès des Chinois.*)

LE MAÎTRE D'HÔTEL

Ceux-ci ne sont pas si grands faiseurs de révérences. Messieurs les
Tartares, pourquoi êtes-vous armés? Venez-vous enlever notre
voyageuse? nous la défendrions contre toute la Tartarie, enten-
dez-vous?

LE TARTARE

Freik krank roc, roc krank freik.   55

52-54a   MS1: voyageuse très enlevable? / LE TARTARE

---

that these lines were composed as a parody of 'Allons danser sous les ormeaux' in
Rousseau's *Le Devin de village* (1752); see *OCV*, vol.66, p.654.
    [2] Nonsensical pseudo-Chinese.

315

LE MAÎTRE D'HÔTEL

J'entends, vous le voudriez bien; mais vous ne l'osez pas. Ah! voici
deux Lapons; comment ceux-là peuvent-ils venir deux à deux? il
me semble que, si j'étais Lapon, mon premier soin serait de ne me
jamais trouver avec une Lapone... Allons, passez là, pauvres
gens. [3]   60

(*Ils se placent à côté des Tartares.*)

Ah! voici de l'autre côté des gens de connaissance; des Espagnols,
des Allemands, des Italiens; c'est une consolation.

(*Un Espagnol et une Espagnole, un Allemand et une Allemande:
un Italien et une Italienne, paraissent sur la scène à la fois.
L'Espagnol, vêtu à la mode antique, salue la reine en disant:*)

Respecto y silencio.

(*L'Allemand dit:*)

Sihe the liebe Tochter von unserigen kaisaren. [4]

60a   MS1: *les deux lapons se placent à côté des deux Tartares.*
63   MS1: Respe↑c⁺to

---

[3] Regnard gives a singular description of the Laplanders in his *Voyage de Laponie*
(where he travelled in 1681): 'Ces hommes sont faits tout autrement que les autres. La
hauteur des plus grands n'excède pas trois coudées, et je ne vois point de figure plus
propre à faire rire. Ils ont la tête grosse, le visage large et plat, le nez écrasé, les yeux
petits, la bouche large, et une barbe épaisse qui leur pend sur l'estomac. Tous leurs
membres sont proportionnés à la petitesse du corps, les jambes sont déliées, les bras
longs, et toute cette petite machine semble remuer par ressorts. [...] Voilà, Monsieur,
la description de ce petit animal qu'on appelle *Lapon*, et l'on peut dire qu'il n'y en a
point après le singe, qui approche plus de l'homme.' See Jean-François Regnard,
Œuvres, new ed., 3 vol. (Paris, 1731), vol.1, p.129-30. Voltaire possessed this edition,
although his own description of the Laplanders in the *Histoire de Pierre le Grand* is
less harsh: 'ils semblent faits pour leur pays montueux, agiles, ramassés, robustes; la
peau dure, pour mieux résister au froid; les cuisses, les jambes déliées; les pieds
menus, pour courir plus légèrement au milieu des rochers dont leur terre est toute
couverte' (*OCV*, vol.46, p.436). The sexual mores of Laplanders were renowned in
this period; see Martin Wåhlberg, 'L'Anthropologie des Lumières et le mythe de
l'hospitalité lapone – Regnard, Buffon, Maupertuis, Voltaire, Sade', *SVEC* 2007:12,
p.277-302.

[4] Moland gives this phrase more correctly but without capitals as 'Sieh die liebe

(*L'Italienne dit:*)
Questi parlano, e noi cantiamo.   65
(*elle chante:*)
Qui regna il vero amore.
Non è tiranno,
Non fa inganno,
Non tormenta il cuore,
Pura fiamma s'accende,   70
Non arde ma risplende.
Qui regna il vero amore.
Non tormenta il cuore. [5]

(*Les Asiatiques et les Européens se prennent par la main et dansent:
le fond de la salle s'ouvre: une troupe de danseurs de l'Opéra paraît: un
chanteur est à la tête, et chante ce couplet:*)

Quoi! l'on danse en ces lieux, et nous n'en sommes pas!
    Nous dont la danse est l'apanage!   75
    Le plaisir conduit tous nos pas.
Je vois des étrangers, dans ces heureux climats,
    Courir aux fêtes de village.
    Partageons, surpassons leurs jeux:
    C'est au peuple le plus heureux   80
        A danser davantage.

    Le menuet est sur son déclin; [6]

---

tochter von unsern kaisern', the sense of which is 'See the beloved daughter of our emperors' (*M*, vol.7, p.311).

[5] The Italian translates as 'These people speak, and we sing. / True love reigns here. / It is no tyrant / It does not fool, / It does not torment the heart, / A pure flame lights up, / It is not scorching but resplendent. / True love reigns here. / It does not torment the heart.'

[6] 'Actuellement on ne danse plus guère de menuets, par la même raison que le renard donnait, en refusant de manger les raisins' (J. J. O. de Meude-Monpas, *Dictionnaire de musique*, Paris, 1787, p.94). This is a reference to the disdainful fox in La Fontaine's fable 'Le Renard et les raisins' (Jean de La Fontaine, *Fables, contes et nouvelles*, ed. René Groos and Jacques Schiffrin, Paris, 1954), p.83.

Hélas! nous avons vu la fin
De la courante et de la sarabande: [7]
Nous pouvons célébrer de plus nobles attraits;   85
Aimons, adorons à jamais
La divine Allemande.
(*Tous les personnages ensemble.*)

Aimons, adorons à jamais
La divine Allemande.

Grand ballet

(*Après ce divertissement on passe dans un bosquet illuminé.
L'ordonnateur demande au guide des étrangers, ou à celui qui
représente l'hôte, dans quel pays tous ces voyageurs comptent aller...
Celui-ci répond:*)

Monsieur, ces messieurs et ces dames, tant Chinois que Tartares,   90
Lapons, Espagnols, ou Allemands, courent le monde depuis
longtemps pour trouver le palais de la félicité. Des gens malins
leur ont prédit qu'ils courraient toute leur vie. C'est ici qu'habitent
les génies des quatre éléments; Gnomes, Salamandres, Ondins, et

87a   MSI: *personages de l'Europe et de l'asie qui sont sur les ailes répetent*
89b   MSI: *(après ce divertissement si le temps le permet on pourrait aller dans*
89c   MSI: *pourrait demander*
89e   MSI: *répondrait*

[7] According to Rousseau's *Dictionnaire de musique* (1767), the 'courant[e] [...]
n'est plus en usage, non plus que la danse dont il porte le nom', and the 'sarabande [...]
n'est plus en usage, si ce n'est dans quelque vieux opéra français' (*Ecrits sur la
musique, la langue et le théâtre*, ed. Bernard Gagnebin and Marcel Raymond, Paris,
1995, p.746, 1031). That these three dances are, respectively, 'le moins gai de tous les
genres de danses usités dans nos bals', 'très grave', and 'grave, lent et sérieux',
suggests that fashion favours more playful dances; see Charles Compan, *Dictionnaire
de danse* (Paris, 1787), p.109, 231, 346.

Sylphes. [8] Si le bonheur habite quelque part, on peut s'en informer à   95
eux.
(*Entrée des quatre espèces de Génies qui président aux éléments.*
Après la danse, DÉMOGORGON, [9] *le souverain des génies, chante:*)

    Vous cherchez le parfait bonheur;
    C'est une parfaite chimère.
    Il est toujours bon qu'on l'espère,
    C'est bien assez pour votre cœur.   100

    On court après, il prend la fuite;
    Il vous échappe tous les jours.
    A la chasse et dans les amours,
    Le plaisir est dans la poursuite.

    Mortels, si la félicité   105
    N'est pas toujours votre partage,
    En ce lieu du monde écarté,
    Contemplez du moins son image.

    Vous voyez l'aimable assemblage
    De la vertu, de la beauté;   110
    L'esprit, la grâce, la gaîté;
    Et tout cela dans le bel âge.

    Quiconque en aurait tout autant,
    Et qui même serait sensible,

100-19c   MS1: cœur.//

[8] These creatures represent earth, fire, water and air respectively. See Nicolas de Montfaucon de Villars, *Le Comte de Gabalis ou entretiens sur les sciences secrètes*, *nouvelle édition*, 2 vol. (London, 1742), vol.1, p.25-31.
[9] The *Encyclopédie* describes this figure less as a sovereign than as a creator: 'Sa solitude l'ennuya, et il fit un petit globe sur lequel il s'assit et s'éleva dans l'espace. Il forma le ciel dans un autre moment d'ennui. Il tira de la terre une petite portion de limon enflammé qu'il plaça dans l'espace, et les ténèbres disparurent. La nuit, le jour, et le tartare, naquirent des regards du Soleil sur la terre. *Démogorgon* engendra de lui-même Pan, les trois parques, la Discorde, et l'Erèbe' (vol.4, p.818). This description connotes the related term of 'démiurge'.

N'aurait pas tout le bien possible;
Mais il devrait être content.

(*Le temple du bonheur parfait est dans le fond, mais il n'y a point de porte.*)

L'ORDONNATEUR, *aux danseurs.*

Messieurs, qui courez par tout le monde pour chercher le bonheur parfait, il est dans ce temple; mais il faut l'escalader; on n'arrive pas au bonheur sans peine. [10]

(*Les danseurs escaladent le temple au son d'une symphonie bruyante; le temple tombe, et il en part un feu d'artifice.*)

Fin

---

[10] According to Moland, it is probably at this point that the verses in the letter to Cromot Du Bourg dated 10 October 1776 (D20339) should be recited (*M*, vol.7, p.313). See the Appendix.

APPENDIX [1]

Baucis et Philémon, [2] *s'adressant au roi et à la reine,*
ou à Monsieur et à Madame [3]

Baucis et Philémon sont votre heureux modèle;
Ils s'aimaient, ils étaient tous deux
Aussi tendres que généreux.
Que fit le ciel pour le prix de leur zèle?
A quels heureux destins étaient-ils réservés?   5
Le ciel leur accorda les dons que vous avez.

Les Bohémiens chantent au roi et à la reine

Autrefois dans ces retraites,
Nous disons à contretemps
La bonne aventure aux passants;
Mais c'est vous qui la faites.   10

Nous étions les interprètes
Du bonheur qu'on peut goûter:
Nous n'osons plus le chanter;
Car c'est vous qui le faites.

A Monsieur et à Madame, qui veulent se faire
dire leur bonne aventure; une bohémienne
regarde dans leur main

---

[1] These verses appear in Voltaire's letter to Cromot Du Bourg, dated 10 October 1776 (D20339).

[2] Characters from the eighth book of Ovid's *Metamorphoses*, this old married couple are poor yet generous hosts to Zeus and Hermes, and are rewarded for their kindness by being saved from the destruction of their town. Voltaire often compared himself and Mme Denis to these characters; see for instance D7838, D8608, D9672, D10093, D10723 and D20061.

[3] Louis Stanislas Xavier (1755-1824), brother of Louis XVI and himself the future Louis XVIII (ruled 1815-1824), and his wife Marie Joséphine Louise de Savoie (1753-1810).

Ma belle dame, 15
Mon beau monsieur,
Je lis dans votre âme;
Je vous sais par cœur.
La belle nature
Forma votre humeur; 20
De vos frères le bonheur
Est votre bonne aventure.

Pour monseigneur et madame comtesse d'Artois[4]

Je vous en dirai tout autant.
Pour vous, mon prince, allez toujours gaiement,
Gaiement, gaiement.
Vous plairez toujours, je vous jure; 25
Et je vous prédirai souvent
Une bonne aventure.

Le chevalier de la reine peut chanter ou réciter:

Jadis de Bradamante on me vit chevalier;[5]
On la croyait alors une beauté parfaite; 30
Et moi, très fidèle guerrier,
Je la quittai pour Antoinette.
Ce nom n'est pas, dit-on, trop heureux pour les vers,
Mais il le sera pour l'histoire:
Il est cher à la France, il l'est à l'univers; 35
Sitôt qu'on le prononce, il appelle à la gloire
Les plus brillants esprits et les plus fiers vainqueurs.
Quand on est gravé dans les cœurs
On l'est dans l'avenir au temple de Mémoire.

On peut écrire au-dessus du buste de la reine:

Amours, Grâces, Plaisirs, nos fêtes vous admettent. 40
Regardez ce portrait, vous pouvez l'adorer;
Un moment devant lui vous pouvez folâtrer:
Les Vertus vous le permettent.

---

[4] Charles-Philippe (1757-1836), the future Charles X (ruled 1824-1830), and his wife Marie-Thérèse de Savoie (1756-1805).
[5] One of the heroines of Ludovico Ariosto's *Orlando furioso*.

Shorter verse of 1776

Critical edition

by

Simon Davies

CONTENTS

À MONSIEUR L'ABBÉ DE LILLE

The text

This quatrain appears to have been composed in 1776. Jacques Delille (1738-1813) had become a fashionable poet in 1770 with the publication of his translation of Virgil's *Georgics*. The *philosophes* were seeking his entry in the Académie française with Voltaire's support.[1]

Editions

Journal encyclopédique [JE] (March 1777, p.329); *Mercure de France* [MF] (January 1777, vol.2, p.13); *Almanach des Muses* [ADM] (1777, p.155); *Année littéraire* [AL] (1777, vol.2, p.222); *Etrennes du Parnasse* [EP] (1778, p.58); *Evangile du jour* [EJ] (London, 1778, vol.14, p.176); K (vol.14, p.379).

Base text: K.

A Monsieur l'abbé de Lille

Vous n'êtes point savant en *us*:
D'un français vous avez la grâce:
Vos vers sont de Virgilius,
Et vos épîtres sont d'Horace.[2]

---

[1] Edouard Guitton, *Jacques Delille (1738-1813) et le poème de la nature en France de 1750 à 1820* (Paris, 1974), p.315.

[2] The *Année littéraire* (p.222-23) accompanies the poem with the following comments: 'Je ne vois là ni sel ni *grâces*, et je n'entends pas cette distinction entre les épîtres et les vers de M. l'abbé de Lille. Ses épîtres sont aussi en vers, et celles d'Horace ne sont pas en prose, quoiqu'elles nous semblent prosaïques en plusieurs endroits.'

ÉPÎTRE À UN HOMME

Turgot was dismissed from office on 12 May 1776. This was a severe setback to Voltaire's hopes of reform. On 17 May, he informed Turgot of his dismay (D20125) and, in a letter dated 17 June (D20177), sent him a 'petit écrit' which could well be this epistle. He must have sent it indirectly however for, writing from Paris on 6 July (D20208), Turgot states that he had in fact received the 'épître charmante' from Trudaine.

The epistle was widely published in the periodical press, doubtless indicating its political topicality. In July 1776 the *Courier du Bas Rhin* (p.467) commented that: 'M. de Voltaire, accusé de tourner à tout vent et d'oublier facilement ses bienfaiteurs disgraciés, a voulu prouver le contraire, en adressant à Turgot sur sa disgrâce, une épitre dont on parle avec beaucoup d'éloges.' The *Mémoires secrets* took a very different view:

[La pièce] n'a de rare que la singularité du philosophe encensant un ministre disgracié, même deux, car il dit des douceurs à M. de Malesherbes. Du reste, une déclamation cent fois répétée contre la légèreté, l'oisiveté, l'incurie des habitants de Paris, et un égoïsme non moins fréquent qui manifeste l'amour-propre de l'auteur, toujours chagrin qu'on ne s'occupe pas de lui autant qu'il désirerait, sont ce qu'on y remarque. Malgré ces retours fastidieux, on lit et l'on veut lire tout ce qui vient de ce vieillard bavard, et dont on préfère les vers à ceux de nos petits poéteraux. [1]

The text

Selecting a base text for this poem is very difficult as almost all versions contain variant readings. One is therefore tempted to

---

[1] Vol.9, p.170 (18 July 1776).

326

adopt the Kehl edition as possessing some authority. However, the Kehl edition offers variants in lines 6 and 13 not found elsewhere, where all the other collated versions are identical. The base text is therefore chosen from an octavo edition published separately (edition 1 below), as it contains the lines 6 and 13 of the periodicals but does not deviate very much from Kehl. It was unknown to Bengesco and is neither dated nor given a place of publication. The separate edition of 1776 described by Bengesco is not reproduced since it contains a variant in line 2 which is not found elsewhere.

Manuscripts

MS1: Farmington, CT: Lewis Walpole Library (copy by Wyart); autograph MS mentioned in a Rathery sale (Paris, 24 April 1876), present whereabouts unknown (uncollated); copy by Wagnière mentioned in a Cornuau sale (Paris, 17 April 1945, p.49-50, no.144[3]), present whereabouts unknown; manuscripts for the *Correspondance littéraire*, May 1776 (uncollated) – see Kölving and Carriat, *Inventaire de la Correspondance littéraire*, vol.1, *SVEC* 225-27 (1984), vol.1, p.349, 76:091; *Correspondance littéraire*, vol.1, p.347, no.260 (10 July 1776), no.261 (31 July 1776).

Editions

Epître à un homme (n.p.n.d.), Paris, BnF, Rés. Z. Beuchot 1194; *Epître à un homme* [EHG] (Genève, 1776), Paris, BnF, Ye 35002, Bengesco 831; *Gazette universelle de littérature* [GUL] (no.57, 1776, p.456); *Journal de lecture* [JL] (vol.16, 1776, p.355-56); *Esprit des journaux* [EDJ] (September 1776, p.234); *Correspondance secrète* [CS] (vol.3, 1776, p.169-70); *Almanach des muses* [ADM] (1777, p.19-20); K (vol.13, p.283-85).

Translations

English

Epître à un homme: Voltaire à Turgot. Translated by Dr D. F. Lincoln

[Voltaire's Epistle to a man]. July 13, 1899 (Boston, 1899), in-24, 11 pages.

Base text: *Epître à un homme* (n.p.n.d.), Paris, BnF, Rés. Z. Beuchot 1194.

Epître à un homme

Philosophe indulgent, ministre citoyen,
Qui ne cherchas le vrai que pour faire le bien;
Qui d'un peuple léger, et trop ingrat peut-être,
Préparais le bonheur et celui de son maître;
Ce qu'on nomme disgrâce a payé tes bienfaits.   5
Le vrai prix des travaux n'est que de vivre en paix.
Ainsi que Lamoignon, délivré des orages, [2]
A toi-même rendu, tu n'instruis que les sages;
Tu n'as plus à répondre aux discours de Paris.
Je crois voir à la fois Athène et Sybaris   10
Transportés dans les murs embellis par la Seine.
Un peuple aimable et vain, que son plaisir entraîne,
Impétueux, frivole, et surtout inconstant,
Qui vole au moindre bruit, et qui tourne à tout vent

2   EHG: Tu ne
6   K: prix du travail n'est
10-11   GUL:
        Qui rassemble à la fois Athène et Sybaris
        Et renferme en ses murs embellis par la Seine
13   K: Impétueux, léger et
14   JL, EDJ: bruit, qui tourne au moindre vent,

[2] Chrétien-Guillaume de Lamoignon de Malesherbes (1721-1794) resigned from his post as secretary of state in May 1776.

Il juge les guerriers, les ministres, les princes,   15
Rit des calamités dont pleurent les provinces,
Clabaude le matin contre un édit du roi,
Le soir s'en va siffler quelque moderne ou moi,
Et regrette à souper, dans ses turlupinades,
Les divertissements du jour des barricades.   20
Voilà donc ce Paris! voilà ces connaisseurs
Dont on veut captiver les suffrages trompeurs!
Hélas! au rivage de l'Inde autrefois Alexandre
Disait sur les débris de cent villes en cendre:
'Ah! qu'il m'en a coûté quand j'étais si jaloux,   25
Railleurs Athéniens, d'être loué par vous!'
    Ton esprit, je le sais, ta profonde sagesse,
Ta mâle probité n'a point cette faiblesse.
A d'éternels travaux tu t'étais dévoué
Pour servir ton pays, non pour être loué.   30
Caton, dans tous les temps gardant son caractère,
Mourut pour les Romains sans prétendre à leur plaire.
La sublime vertu n'a point de vanité.
    C'est dans l'art dangereux par Phébus inventé,
Dans le grand art des vers et dans celui d'Orphée,   35
Que du désir de plaire une muse échauffée
Du vent de la louange excite son ardeur.
Le plus plat écrivain croit plaire à son lecteur.
L'amour-propre a dicté sermons et comédies.
L'éloquent Montazet, gourmandant les impies,[3]   40
N'a point été fâché d'être applaudi par eux.

15 EHG, JL, EDJ, ADM, K: Y juge
    CS: Qui juge
23 MSI, EHG, JL, EDJ, CS, ADM, K: au bord de l'Inde
25 MSI: coûté lorsque j'étais
32 MSI, JL: prétendre leur
33 GUL: Ta sublime
41 JL, EDJ: d'être loué par

[3] Antoine Malvin de Montazet (1712-1788), archbishop of Lyon in 1758.

Nul mortel, en un mot, ne veut être ennuyeux. [4]
Mais où sont les héros dignes de mémoire,
Qui sachent mériter et mépriser la gloire?

43   JL, EDJ, ADM: héros seuls dignes de mémoire
      K: de la mémoire

[4] Dupaty quotes this line in a letter to Voltaire dated 20 September 1776 (D20306).

À MONSIEUR LE KAIN

On 2 August 1776, in D20239 (Lekain to d'Argental) the actor observes of Voltaire: 'Il vient de faire des vers à la reine, qui sont charmants et d'une fraîcheur inconcevable pour son âge'.

Echoing him, in a letter dated 5 August 1776 (D20243) Voltaire informs d'Argental of Lekain's acting successes at Ferney and elsewhere in the immediate area: 'Vous aurez cru en jettant les yeux sur ma lettre à madame la princesse d'Hénin et sur mes petits versiculets à la reine, que j'étais un vieux fou qui ne respirait que le plaisir.' He then adds that people believe that he is a 'folâtre qui a disputé Le Kain à la reine'.

The poem is therefore a twin eulogy of both actor and Marie-Antoinette.

The poem appeared in the *Correspondance littéraire* in June 1776 and in the *Journal de politique et de littérature* the following August. The latter version was reproduced in the Kehl edition and was the one adopted in most publications. It has therefore been adopted as the base text.

The text

Manuscripts

MS1: Paris, BnF: n.a.fr. 24342 f.165^r (copy by Wagnière); manuscripts for the *Correspondance littéraire*, June 1776 (uncollated) – see Kölving and Carriat, *Inventaire de la Correspondance littéraire*, *SVEC* 225-27 (1984), vol.1, p.350, 76:110; *Correspondance littéraire*, vol.1, p.348, no.263 (31 August 1776).

Editions

Journal de politique et de littérature [JPL] (August 1776, p.559); *Mercure de*

France [MF] (September 1776, p.166-67 and January 1777, vol.2, p.12-13);
Journal encyclopédique [JE] (October 1776, p.121); *Esprit des journaux*
[EDJ] (October 1776, p.250); EJ (vol.14, p.176); K (vol.14, p.386).
Base text: K. Collated texts: MS1, EDJ, EJ.

A Monsieur Le Kain

Acteur sublime et soutien de la scène,
Quoi! vous quittez votre brillante cour,
Votre Paris, embelli par sa reine!
De nos beaux-arts la jeune souveraine
Vous fait partir pour mon triste séjour!   5
On m'a conté que souvent elle-même,
Se dérobant à la grandeur suprême,
Sèche en secret les pleurs des malheureux;
Son moindre charme est, dit-on, d'être belle.
Ah! laissons là les héros fabuleux: 10
Il faut du vrai, ne parlons plus que d'elle.

7   EDJ, EJ: à sa grandeur
10   MS1: là nos héros
     EJ: Eh! laissons là

ÉPITRE À MADAME NECKER

Suzanne Necker organised the subscription for a statue of Voltaire,[1] alluded to in the second line of this poem. The poem also reflects the differences in economic thought between her husband and Turgot.[2] The poem was sent as a letter to her from Ferney on 1 November 1776 (D20379). Condorcet knew of it by 14 November and complains about M. Necker's conduct (D20403). In a rejoinder (D20415), Voltaire claims that these lines of verse were for private consumption only and not composed to 'mettre dans le Mercure'. By 28 November Condorcet had seen a copy forwarded by Caton (Turgot) but Necker had not done likewise since he 'n'a pas trouvé l'encens assez fort pour les montrer'.[3] Mme Necker, in a letter of 18 January 1777, records her gratitude at the tribute as she usually experiences merely the 'lumière réfléchie' of her husband (D20525).

The text

The poem appeared with a number of minor variants in the next few years but the letter supplies the most appropriate choice of base text.

---

[1] Voltaire refers to this in his *Commentaire historique sur les œuvres de l'auteur de la Henriade* (*M*, vol.1, p.111).

[2] Necker wrote 'anti-Turgot' economic tracts; see Colin Jones, *The Great Nation: France from Louis XV to Napoleon 1715-99* (London, 2002), p.311.

[3] Turgot wrote to him on 21 November: 'nous sommes ici plus au courant que vous, car nous avons les vers à Mme Necker, et l'on en fait actuellement une copie qui partira avec cette lettre', *Correspondance inédite de Condorcet et de Turgot*, ed. C. Henry (Paris, 1883), p.292.

Manuscripts

MS1: D30379; MS2: Paris, BnF: n.a.fr. 24342 f.325; manuscripts for the *Correspondance littéraire*, October 1776 (uncollated) – see Kölving and Carriat, *Inventaire de la Correspondance littéraire, SVEC* 225-27 (1984), vol.1, p.354, 76:173.

Editions

Journal encyclopédique [JE] (15 December 1776, p.497-98); *Correspondance secrète* [CS] (November 1776-June 1777, p.102-103); *Mercure de France* [MF] (January 1777, vol.2, p.34-35); *Esprit des journaux* [EDJ] (February 1777, p.239-40); *Almanach des muses* [ADM] (1777, p.203); EJ (vol.14, p.177-78); *Calendrier de Paphos* [CP] (Paris, 1778), p.71-73; K (vol.13, p.285-86).

Base text: D20379. Collated texts: MS2, JE, CS, MF, EDJ, ADM, EJ, CP, K.

Epître à Madame Necker

J'étais nonchalamment tapi
Dans le creux de cette statue
Contre laquelle a tant glapi
Des méchants l'énorme cohue.
Je voulais d'un écrit galant   5
Cajoler la belle héroïne
Qui me fit un si beau présent
Du haut de sa double colline.
Mais on m'apprend que votre époux
Qui sur la croupe du Parnasse   10

---

8   MS2, JE, CS, EDJ, EJ, CP, K: de la double
10   MF, ADM, CP: sur la cime du

S'était mis à côté de vous,
A changé tout à coup de place.
Il va de la cour de Phébus,
Petite cour assez brillante,
A la grosse cour de Plutus   15
Plus solide et plus imposante.
Je l'aimai lorsque dans Paris
De Colbert il prit la défense,
Et qu'au Louvre il obtint le prix [4]
Que le goût donne à l'éloquence.   20
A monsieur Turgot j'applaudis,
Quoiqu'il parût d'un autre avis
Sur le commerce et la finance. [5]
Il faut qu'entre les beaux esprits
Il soit un peu de différence;   25
Qu'à son gré chaque mortel pense,
Qu'on soit honnêtement en France
Libre et sans fard dans ses écrits.
On peut tout dire, on peut tout croire;
Plus d'un chemin mène à la gloire   30
Et conduit même en paradis.

13   K: Qu'il va
16   CS, EDJ, K: et plus importante
17   MS2: Je l'aimais lorsque
     CS: Je l'admirai lorsque
28   MF: écrits.//
31   K: Et quelquefois au paradis.

[4] The *Esprit des journaux* comments: 'L'Eloge de Colbert, par M. Necker, a été couronné, il y a quatre ans, par l'Académie française'.
[5] The *Esprit des journaux* states: 'Il s'agit ici d'un livre de M. Necker sur la liberté du commerce et des grains, qui était en contradiction avec les principes de M. Turgot.'

À MONSIEUR ***

It has, unfortunately, been impossible to discover the addressee of this octet. It is likewise impossible to provide any evidence of its date of composition. In line 2, Voltaire refers to himself as a 'vieux hibou', an epithet also used in his epistle to the prince de Ligne written in late 1776 (D20466). It is conceivable that this poem was drafted at a similar time, but that can only be speculation. It received its first publication in the Kehl edition (vol.14, p.371), whose text is reproduced here.

A Monsieur ***

Beau rossignol de la belle Italie,
Votre sonnet cajole un vieux hibou,
Au mont Jura retiré dans un trou,
Sans voix, sans plume, et surtout sans génie.
Il veut quitter son pays morfondu;   5
Auprès de vous, à Naple il va se rendre:
S'il peut vous voir, et s'il peut vous entendre,
Il reprendra tout ce qu'il a perdu.

À MONSIEUR LE PRINCE DE LIGNE

Voltaire was fond of referring to himself as a 'vieux hibou', and the phrase occurs half a dozen times in his correspondence between 1771 and 1776. The last known instance is in a letter to the prince de Ligne dated 13 December 1776 (D20466) which may well reflect the approximate date of the composition of this poem. He refers to de Ligne as an 'aigle autrichien', and is evidently replying to a letter from the prince of 25 November which has not come down to us. De Ligne penned a reply in verse in January 1777 (D20522).

The text

Jeroom Vercruysse has discovered a 'brouillon autographe' of this poem and commented on Voltaire's stylistic changes.[1] Vercruysse's note presents two manuscript versions which are compared below. Voltaire's piece was first printed in the Kehl edition (vol.14, p.387), the text of which is reproduced here.

Manuscripts

MS1: Brussels, Bibliothèque royale: Ms III.67 (original draft); MS2: amended draft mentioned in Cornuau sale (Paris, 23 February 1954, no.80) – photocopy Geneva, ImV.

Edition: K (vol.14, p.387).

Base text: K. Collated texts: MS1, MS2.

---

[1] 'L'atelier poétique de Voltaire: vers pour le prince de Ligne (1776)', in *Le Siècle de Voltaire: hommage à René Pomeau*, ed. C. Mervaud and S. Menant, 2 vol. (Oxford, 1987), vol.2, p.927-31.

A Monsieur le prince de Ligne

Sous un vieux chêne, un vieux hibou
Prétendait aux dons du génie;
Il fredonnait, dans son vieux trou,
Quelques vieux airs sans harmonie:
Un charmant cygne, au cou d'argent,   5
Aux sons remplis de mélodie,
Se fit entendre au chat-huant,
Et le triste oiseau sur-le-champ
Mourut, dit-on, de jalousie.
Non, beau cygne, c'est trop mentir;   10
Il n'avait pas tant de faiblesse:
Il eût expiré de plaisir,
Si ce n'eût été de vieillesse.

1   MS1, MS2: Dans un vieux
3   MS1: il <chantait au fonds de> ↑fredonnait dans <un> son vieux⁺ son trou
4   MS1: <et navait pas grande> ↑<des airs> quelques vieux airs sans⁺ harmonie
5   MS1: un <beau> ↓<[*illegible*]>⁺ ↑charmant⁺ cigne
7   MS1: <se fit> entendre au chat huant ↓<se fit montrer dans [*illegible*]>⁺
8   MS1: <et len triste> ↓et le triste⁺ oiseau
10-13 MS1:
        <je lai connu dans son sejour>
        <je scais> non beau cigne <non> et ↑<[*illegible*]>⁺ cest trop mentir
        il navait pas trop de faiblesse
        <il serait mort d'amour pour vous>
        <puisquil est mort, cest de plaisir>
        <si ce neut eté de vieillesse>
        il eut expiré de plaisir
        si ce neut eté de vieillesse.

COLLECTIVE EDITIONS OF VOLTAIRE'S WORKS REFERRED TO IN THIS VOLUME

Where no reference is made to Voltaire's participation in an edition, no evidence has been found to indicate that he played any part in its production. In some cases, it is difficult to judge whether or not differences in a text from one edition to another were the result of Voltaire's intervention. Variants are included on the assumption that readers appreciate their sometimes uncertain status.

w68

Collection complette des œuvres de M. de Voltaire. [Geneva, Cramer; Paris, Panckoucke,] 1768-1777. 30 or 45 vol. 4°.

Volumes 1-24 were produced by Cramer under Voltaire's supervision. Volumes 25-30 were probably printed in France for Panckoucke. Volumes 31-45 were added in 1796 by Jean-François Bastien.

Bengesco 2137; BV3465; Trapnell 68; BnC 141-44.

Geneva, ImV: A 1768/1 (vol.1-30), A 1768/2 (vol.1-45). Oxford, Taylor: V1 1768 (vol.1-45); VF (vol.1-45). Paris, BnF: Rés. m. Z 587 (vol.1-45), Rés. Z Beuchot 1882 (vol.1-30), Rés. Z 1246-74 (vol.1-30). St Petersburg, GpbV: 9-346 (vol.1-7, 10, 11, 13, 15-30), 10-39 (vol.1-24), 10-38 (vol.1-17, 19-24).

EJ

L'Evangile du jour. Londres [Amsterdam, M.-M. Rey], 1769-1780. 18 vol. 8°.

The earlier volumes were probably edited by Voltaire; some went through two editions.

Bengesco 1904; BV3593; Trapnell EJ; BnC 5234-81.

Geneva, ImV: 1769/1 (vol.1-2, 3-10, 12-15). Oxford, Taylor: V8.E8.1769 (vol.3-8). Paris, BnF: Z Beuchot 290 (vol.1-18), D2-5300 (vol.1-12),

Z Bengesco 378 (vol.1-2, 4-15), Z Beuchot 291 (vol.1-2), Z Bengesco 377 (vol.5-10). St Petersburg, GpbV: 9-144 (vol.1-15).

W70G

Collection complette des œuvres de Mr. de Voltaire. [Geneva, Cramer,] 1770. 10 vol. 8°.

A new edition of w64G with few changes.

Bengesco 2133; Trapnell 64, 70G; BnC 90-91.

Geneva, ImV: A 1770/1 (vol.2-10.1). Oxford, Taylor: V1 1770 G/1 (vol.1-10.2). Paris, BnF: Z 24742-54 (vol.1-10.2).

W70L

Collection complette des œuvres de Mr. de Voltaire. Lausanne, Grasset, 1770-1781. 57 vol. 8°.

Voltaire complained about this edition to d'Argental (D18119) and to Elie Bertrand (D18599), but some volumes, particularly those containing his plays, were produced with his participation.

Bengesco 2138; BV3466; Trapnell 70L; BnC 149.

Geneva, ImV: A 1770/2 (vol.1-48), A 1770/4 (vol.48-57). Oxford, Taylor: V1 1770L (vol.1-54). Paris, BnF: 16 Z 14521 (vol.1-6, 25), Rés. Z Bengesco 124 (vol.14-21). St Petersburg, GpbV: 10-18 (vol.1-48).

K84

Œuvres complètes de Voltaire. [Kehl,] Société littéraire-typographique, 1784-1789 (only vol.70 bears the date 1789). 70 vol. 8°.

The first issue of the Kehl edition, based in part upon Voltaire's manuscripts. The Kehl editors amended Voltaire's text on the basis of sources which are sometimes no longer extant, and the variants which they supply are therefore recorded for historical and documentary reasons. Even though many Kehl amendments appear to be editorial corrections to Voltaire's text in points of grammar or fact, all such changes are included in the variants, since their status cannot be known with certainty. See S. Taylor, 'The definitive text of Voltaire's works: the Leningrad *encadrée*', *SVEC* 124 (1974), p.7-132 (128-29).

Bengesco 2142; Trapnell к; BnC 167-69, 175.

Geneva, ImV: A 1784/1 (vol.1-70). Oxford: VF (vol.1-10, 12, 13, 15-17, 20-43, 46-70). Paris, BnF: Rés. p. Z 2209 (vol.1-70).

к85

Œuvres complètes de Voltaire. [Kehl,] Société littéraire-typographique, 1785-1789. 70 vol. (only vol.70 bears the date 1789). 8°.

Bengesco 2142; Trapnell к; BnC 173-88.

Geneva, ImV: A 1785/2 (vol.1-70). Oxford, Taylor: V1 1785/2 (vol.1-70); VF (vol.1-70). Paris, BnF: Rés. Z 4450-519 (vol.1-70), Rés. p. Z 609 (vol.1-70).

к12

Œuvres complètes de Voltaire. [Kehl,] Société littéraire-typographique, 1785-1789. 92 vol. (only vol.70 bears the date 1789). 12°.

Bengesco 2142; Trapnell к; BnC 189-93.

Geneva, ImV: A 1785/3 (vol.1-92). Oxford, Taylor: V1 1785/1 (vol.1-92); VF (vol.1-92).

LIST OF WORKS CITED

L'Almanach des Muses (Paris, 1765-1833).

Altounian, Jean-Pierre, and Jacques Gauchet, *Fêtes à Brunoy et dans la région* (Saint-Cyr-sur-Loire, 2004).

Angold, Michael, *Church and society in Byzantium under the Comneni, 1081-1261* (Cambridge, 2000).

L'Année littéraire (Paris, 1754-1802).

Arrest de la Cour de Parlement qui condamne une brochure intitulée 'Les Inconvénients des droits féodaux à être lacérée et brûlée au pied du grand escalier du Palais par l'exécuteur de la Haute-Justice', *Extrait des registres du Parlement du 23 février 1776* (Paris, 1776).

[Bachaumont, L.-P. de, Pidansat de Mairobet, M.-F., Mouffle d'Angerville, *et al.*], *Mémoires secrets pour servir à l'histoire de la république des lettres en France depuis 1762 jusqu'à nos jours, ou journal d'un observateur, contenant des analyses des pièces de théâtre qui ont paru durant cet intervalle, les relations des assemblées littéraires, les notices des livres nouveaux, clandestins, prohibés*, 36 vol. (London, 1771-1789).

Bernis, François-Joachim de Pierres, cardinal de, *Mémoires du cardinal de Bernis*, ed. Jean-Marie Rouart and Philippe Bonnet (Paris, 1980).

Besterman, Theodore, *Some eighteenth-century Voltaire editions unknown to Bengesco*, *SVEC* 111 (1973).

– *Voltaire* (London, 1969).

– (ed.), *Voltaire on Shakespeare, SVEC* 54 (1967).

– 'Voltaire's directions to the actors in *Irène*', *SVEC* 12 (1960), p.67-69.

Boncerf, Pierre-François, *Les Inconvénients des droits féodaux ou réponse d'un avocat au Parlement de Paris, à plusieurs vassaux des seigneuries de ... de ... etc.* (n.p., [1776]; n.p., 1791).

Brewer, Ebenezer Cobham, *Dictionary of phrase and fable* (London and New York, 1992).

Brown, Andrew, 'Calendar of Voltaire manuscripts other than correspondence', *SVEC* 77 (1970), p.11-101.

Bruchet, Max (ed.), *L'Abolition des droits seigneuriaux en Savoie (1761-1793)* (Annecy, 1908).

Campan, Jeanne-Louise Henriette, *Mémoires de Madame Campan, première femme de chambre de Marie-Antoinette*, ed. Jean Chalon (Paris, 1988).

Carlson, Marvin, *Voltaire and the theatre of the eighteenth century* (Westport and London, 1998).

Comnena, Anna, *Alexiad*, trans. E. R. A. Sewter (Harmondsworth, 1969).

Compan, Charles, *Dictionnaire de danse* (Paris, 1787).

Conlon, P. M., 'Voltaire's election to the Accademia della Crusca', *SVEC* 6 (1958), p.133-39.

Corneille, *Le Cid*, ed. W. D. Howarth (London, 1988).

– *Cinna* (Paris, 1643).

– *Sophonisbe* (Rouen, 1663).

Courier du Bas-Rhin (Cleves, 1767-1810).

Cujas, Jacques, *Opera Jacobi Cujacii...* (Paris, 1577), 5 vol. in 2 vol. in-folio: *De feudis libri quinque et in eos commentarii.*

Curtat, Philippe, *Brunoy côté jardin 1722-1795* (Paris, 1984).

Dawson, R. L., 'Marmontel made in Britain', *Australian journal of French studies* 38 (2001), p.107-83.

Deschanel, Emile, *Le Théâtre de Voltaire* (Paris, 1886).

De Seine, *Mémoire sur la nécessité du rétablissement des maîtrises et corporations comme moyens d'encourager l'industrie et le commerce [...] suivi d'un discours sur le même sujet prononcé devant le roi au lit de justice tenu à Versailles le mardi 12 mars 1776 par M. Antoine-Louis Séguier, avocat dudit seigneur roi, portant la parole* (Paris, 1815).

Desné, R., 'Voltaire et Shakespeare', *Revue de littérature comparée* 41 (1967), p.532-71.

Dubois-Corneau, Robert, *Le Comte de Provence à Brunoy (1774-1791)* (Paris, 1909).

Dumoulin, Charles, *Caroli Molinaei Franciae et Germaniae celeberrimi jurisconsulti, et in supremo parisiorum senatu antiqui advocati Omnia quae extant opera [...]. Editio novissima quinque tomis distributa, auctior et emendatior* (Paris, 1681).

Dunod de Charnage, François-Ignace, *Traité de la mainmorte et des retraits* (Dijon and Besançon, 1733).

Encyclopédie, ou dictionnaire raisonné des sciences, des arts et des métiers, ed. Jean

Le Rond D'Alembert and Denis Diderot, 35 vol. (Paris, 1751-1765).

L'Esprit des journaux, français et étrangers, par une société de gens de lettres (Liège, 1772-1818).

Gaiffe, F., *Le Drame en France au dix-huitième siècle* (Paris, 1910).

Garden, Maurice (ed.), *Les Edits de Turgot* (Paris, 1976).

Guicciardi, Jean-Pierre (ed.), *Mémoires de Madame Du Hausset sur Louis XV et Madame de Pompadour, Le Temps retrouvé* 44 (Paris, 1985).

Guitton, Edouard, *Jacques Delille (1738-1813) et le poème de la nature en France de 1750 à 1820* (Paris, 1974).

Halliday, F. E., *The Cult of Shakespeare* (London, 1957).

Hardy, Siméon-Prosper, *Mes loisirs ou journal d'événements tels qu'ils parviennent à ma connaissance commençant à l'année 1775*, Bibliothèque nationale, Microfiche, fonds français, FR 6682.

Henry, C. (ed.), *Correspondance inédite de Condorcet et de Turgot* (Paris, 1883).

Hettner, Herrmann, *Geschichte der französischen Literatur im 18. Jahrhundert* (Braunschweig, 1894).

Hussey, Joan M. (ed.), *The Cambridge medieval history* (Cambridge, 1966-1967).

Jones, Colin, *The Great nation: France from Louis XV to Napoleon 1715-99* (London, 2002).

Journal de Paris.

Journal de politique et de littérature.

Journal des théâtres, ou le nouveau spectateur.

Journal encyclopédique ou universel.

Kazhdan, Alexander P., *et al.* (ed.), *The Oxford Dictionary of Byzantium* (New York and Oxford, 1991).

Kölving, U., and Carriat, J., *Inventaire de la Correspondance littéraire*, *SVEC* 225-27 (1984).

Laborderie, P., 'Le procès des serfs du Mont-Jura. 1767-1777', *Feuilles d'histoire du XVIIe au XXe siècle* (Paris, 1909).

La Fontaine, Jean de, *Fables, contes et nouvelles*, ed. René Groos and Jacques Schiffrin (Paris, 1954).

La Harpe, Jean-François, *Lycée, ou cours de littérature*, 16 vol. (Paris, an VII-an XIII).

Lamirault, Henri (ed.), *La Grande Encyclopédie*, 31 vol. (Paris, 1886-1902).

Lancaster, H. C., *French tragedy in the time of Louis XV and Voltaire, 1715-1774* (Baltimore, 1950).

Laplace, Roselyne, 'Autour de la création d'*Irène*', *SVEC* 2000:05, p.47-51.

La Roche Du Maine, Jean Pierre de, marquis de Luchet, *Histoire littéraire de Monsieur de Voltaire*, 6 vol. (Kassel, 1780).

Larousse, P., *Grand dictionnaire universel du dix-neuvième siècle*, 17 vol. (Paris, 1865-1890).

Lefèvre, André (ed.), *Voltaire. Dialogues et Entretiens philosophiques, recueil complet de tous les dialogues publiés isolément, ou sous ce titre, et augmenté notablement par l'addition de tous les dialogues extraits des Œuvres complètes de Voltaire, publiés dans un ordre nouveau, avec introduction, notes et variantes, index philosophique* (Paris, 1878).

Lelong, Jacques, *Bibliothèque historique de la France* (Paris, 1719).

Le Tourneur, P., *Préface du Shakespeare: traduit de l'anglais*, ed. J. Gury (Geneva, 1990).

Lion, Henri, *Les Tragédies et les théories dramatiques de Voltaire* (Paris, 1895; Geneva, 1970).

Marie-Thérèse d'Autriche, *Correspondance secrète entre Marie-Thérèse et le comte de Mercy-Argenteau, avec les lettres de Marie-Thérèse et de Marie-Antoinette*, ed. Alfred d'Arneth and M. A. Geffroy, 3 vol. (Paris, 1874).

Mercure de France.

Mervaud, Christiane, 'Julien l'Apostat dans la correspondance de Voltaire et de Frédéric II', *RhlF* (1976), p.724-43.

–, and Menant, S. (ed.), *Le Siècle de Voltaire: hommage à René Pomeau*, 2 vol. (Oxford, 1987).

Metra, Louis-François, *Correspondance secrète, politique et littéraire, ou, mémoires pour servir à l'histoire des cours, des sociétés, & de la littérature en France depuis la mort de Louis XV*, 18 vol. (London, 1787-1790).

Meude-Monpas, J. J. O. de, *Dictionnaire de musique* (Paris, 1787).

Montagu, Elizabeth, *An essay on the writings and genius of Shakespeare, compared with the Greek and Roman dramatic poets, with some remarks upon the misrepresentations of Mons. de Voltaire* (London, 1769); trans. *Apologie de Shakespeare en réponse à la critique de M. de Voltaire* (Paris, 1777).

Montfaucon de Villars, Nicolas de, *Le Comte de Gabalis ou entretiens sur les sciences secrètes, nouvelle édition*, 2 vol. (London, 1742).

Moureau, F., *La Plume et le plomb* (Paris, 2006).

Ordonnance de Louis XIV, roi de France et de Navarre, donnée à Saint-Germain-en-Laye au mois d'avril 1667 (Paris, 1667).

Pauw, Corneille de, *Recherches philosophiques sur les Egyptiens et les Chinois*, 2 vol. (Berlin, 1768-1770; London, 1774).

Pessard, Gustave, *Nouveau dictionnaire historique de Paris* (Paris, 1904).

Peyronnet, Pierre, 'Voltaire comédien', *Revue d'histoire du théâtre* 3 (1973), p.262-74.

Plagnol-Diéval, Marie-Emmanuelle, *Le Théâtre de société: un autre théâtre?* (Paris, 2003).

Pomeau, René, *La Religion de Voltaire* (Paris, 1968).

Quérard, Joseph-Marie, *La France littéraire, ou dictionnaire bibliographique des savants historiens et gens de lettres de la France*, 10 vol. (Paris, 1827-1839).

Regnard, Jean-François, *Œuvres*, new ed., 3 vol. (Paris, 1731).

Riccoboni, Louis, *Histoire du théâtre italien*, vol.1 (Paris, 1728).

Robinove, Phyllis S., 'Voltaire's theatre on the Parisian stage, 1789-1799', *French review* 32 (1959), p.534-38.

Rosset, F. de, 'Horrible et espouventable sorcelerie de Louys Goffredy, prestre de Marseille' (*Histoires tragiques de notre temps*, ch.2, Paris, 1614).

Rousseau, André M., *L'Angleterre et Voltaire*, *SVEC* 145-47 (1976).

Rousseau, Jean-Jacques, *Dictionnaire de musique*, in *Ecrits sur la musique, la langue et le théâtre*, ed. Bernard Ga-

gnebin and Marcel Raymond (Paris, 1995).

Rudd, N., *The Satires of Horace* (Cambridge, 1966).

Rymer, Thomas, *A Short view of tragedy; its original, excellency, and corruption* (London, 1693); ed. J. V. Price (London, 1994).

Sanderson, Anne, 'In the playwright's workshop: Voltaire's corrections to Irène', *SVEC* 228 (1984), p.129-70.

Schnitzer, Claudia, *Höfische Maskeraden: Funktion und Ausstattung von Verkleidungsdivertissements an deutschen Höfen der Frühen Neuzeit* (Tübingen, 1999).

Seconde requête au roi et à nos seigneurs de son Conseil, in *Collection des mémoires présentés au Conseil du roi par les habitants du Mont-Jura et le chapitre de S. Claude avec l'arrêt rendu par ce tribunal* (n.p., 1772).

Sgard, J. (ed.), *Dictionnaire des journaux (1600-1789)* (Oxford, 1999).

Shakespeare, William, *The Complete plays*, ed. S. Wells and G. Taylor (London, 1997).

Smith, Sir William (ed.), *Dictionary of Greek and Roman antiquities* ([London], 1870).

Spink, John, 'The reputation of Julien the "Apostate" in the Enlightenment', *SVEC* 57 (1967), p.1399-415.

Stone, George Winchester, 'Garrick's long lost alteration of *Hamlet*', *PMLA* 49.3 (1934), p.890-92.

Tissot, P. A. (trans.), *Les Douze Livres du Code de l'Empereur Justinien de la seconde édition*, 4 vol. (Metz, 1806-1810).

Tronchin, François, *Les Comnènes*

(n.p.n.d.), in *Mes Récréations dramatiques*, 5 vol. (Geneva, 1779-1787).

Velly, Paul-François, *Histoire de France depuis l'établissement de la monarchie jusqu'au règne de Louis XIV*, 30 vol. (Paris, 1755-1786).

Vercruysse, J., 'L'atelier poétique de Voltaire: vers pour le prince de Ligne (1776)', in *Le Siècle de Voltaire: hommage à René Pomeau*, ed. C. Mervaud and S. Menant, 2 vol. (Oxford, 1987), vol.2, p.927-31.

– 'Turgot et Vergennes contre la lettre de Voltaire à Boncerf', *SVEC* 57 (1969), p.65-71.

Viala, Alain, *La France galante* (Paris, 2008).

Vincent-Buffault, Anne, *Histoire des larmes* (Paris, 2001).

Voltaire, François-Marie Arouet de, *Agathocle*, *OCV*, vol. 80C.

– *Alzire*, *OCV*, vol. 14.

– *Anecdote sur Bélisaire*, *OCV*, vol.63A.

– *Articles du fonds de Kehl*, *M*, vol. 19.

– *Au roi en son Conseil* [...], *OCV*, vol.72.

– *Brutus, tragédie*, *OCV*, vol.5.

– *Commentaires sur Corneille*, *OCV*, vol.53-55.

– *Coutume de Franche-Comté sur l'esclavage imposé à des citoyens par une vieille coutume*, *OCV*, vol.73.

– *De l'âme*, *M*, vol.29.

– *Des singularités de la nature*, *M*, vol.27.

– *Les Deux Tonneaux*, *OCV*, vol.66.

– *Dialogues d'Evhémère*, *OCV*, vol.80C.

– *Dialogues et anecdotes philosophiques*, ed. R. Naves (Paris, 1939; reprint 1955).

– *Dictionnaire philosophique*, *OCV*, vol.35-36.

– *Dieu et les hommes*, *OCV*, vol.69.

– *Le Dîner du comte de Boulainvilliers*, *OCV*, vol.63A.

– *Discours de l'empereur Julien contre les chrétiens*, *OCV*, vol.71B.

– *Discours en vers sur l'homme*, *OCV*, vol.17.

– *Discours prononcé à l'Académie française*, *OCV*, vol.30A.

– *Divertissement pour le mariage du roi Louis XV*, *OCV*, vol.3A.

– *Du 'Timée' de Platon, et de quelques autres choses et Questions sur Platon, et sur quelques autres bagatelles*, *M*, vol.20.

– *Épître au prince royal de Prusse*, *OCV*, vol.16.

– *Essai sur la poésie épique*, *OCV*, vol.3B.

– *Essai sur les mœurs*, ed. R. Pomeau, 2 vol. (Paris, 1990); *OCV*, vol.22.

– *Extrait d'un Mémoire pour l'entière abolition de la servitude en France*, *M*, vol.29.

– *Fragments sur l'Inde*, *OCV*, vol.75B.

– *Fragment sur l'antiquité du dogme de l'immortalité de l'âme*, *M*, vol.17.

– *Les Guèbres*, *OCV*, vol.66.

– *Histoire de Jenni*, 1775, in *Romans et contes*, ed. Frédéric Deloffre and Jacques van den Heuvel (Paris, 1979).

– *Histoire de l'empire de Russie sous Pierre le Grand*, *OCV*, vol.46.

– *Histoire de l'établissement du christianisme*, *M*, vol.31.

– *L'Homélie sur l'athéisme*, *OCV*, vol.62.

– *L'Ingénu*, *OCV*, vol.63C.

– *Lettres de Memmius à Cicéron*, *M*, vol.22.

– *Lettres philosophiques*, *M*, vol.22.

– *Les Lois de Minos*, *OCV*, vol.73.

– *La Mort de César, tragédie*, *OCV*, vol.8.

– *Nanine, ou l'homme sans préjugé*, *OCV*, vol.31B.

– *Le Philosophe ignorant*, *OCV*, vol.62.
– *La Philosophie de l'histoire*, *OCV*, vol.59.
– *Poème sur la loi naturelle*, *OCV*, vol.32B.
– *Poème sur le désastre de Lisbonne*, *OCV*, vol.45A.
– *Précis de l'Ecclésiaste*, *M*, vol.9.
– *Précis du Cantique des cantiques*, *M*, vol.9.
– *Prix de la justice et de l'humanité*, *OCV*, vol.80B.
– *La Pucelle*, *OCV*, vol.7.
– *Questions sur l'Encyclopédie*, *M*, vol.18-20, and *OCV*, vol.38-40, 41.
– *Questions sur Platon, et sur quelques autres bagatelles*, *M*, vol.20.
– *Requête au roi pour les serfs de Saint-Claude, etc.*, *M*, vol.30.
– *Rome sauvée*, *OCV*, vol.31A.
– *Le Siècle de Louis XIV*, *M*, vol.14.
– *Le Songe de Platon*, *OCV*, vol.17.
– *Sophonisbe*, *OCV*, vol.71B.
– *Le Temple du goût*, *OCV*, vol.9.
– *Tout en Dieu, commentaire sur Malebranche*, *M*, vol.28.
– *Traité de métaphysique*, *OCV*, vol.14.
– *Traité sur la tolérance*, *OCV*, vol.56C.
– *Zadig*, *OCV*, vol.30B.
– *Zaïre*, *OCV*, vol.8.

Wagnière, Jean-Louis, and Sébastien Longchamp, *Mémoires sur Voltaire et sur ses ouvrages*, 2 vol. (Paris, 1826).
Wåhlberg, Martin, 'L'anthropologie des Lumières et le mythe de l'hospitalité lapone – Regnard, Buffon, Maupertuis, Voltaire, Sade', *SVEC* 2007:12, p.277-302.
Walpole, Horace, *Correspondence*, ed. W. S. Lewis, Robert A. Smith and Charles H. Bennett (New Haven, 1961).
Warburton, William, 'Note to *Richard III*', *The Plays of William Shakespeare* (London, 1765; reprint New York, 1968).
Willems, M., *La Genèse du mythe shakespearien 1660-1780* (Paris, 1979).
Willens, Lily, 'Voltaire's *Irène* and his illusion of theatrical succes', *SVEC* 185 (1980), p.87-101.
Williams, David, *Voltaire: literary critic*, *SVEC* 48 (1966).
– 'Voltaire's war with England: the appeal to Europe 1760-1764', *SVEC* 79 (1979), p.79-100.
Wiltshire, F. M., 'Garrick's role in the Shakespeare controversy in France', in *L'Age du théâtre en France*, ed. D. Trott and N. Boursier (Edmonton, 1988), p.219-30.

INDEX OF VERSE INCIPITS

INDEX